【法意文丛】

总主编 谢晖

跨国商法研究
——理论、编纂与适用

◎ 姜世波 著

厦门大学出版社
XIAMEN UNIVERSITY PRESS
国家一级出版社
全国百佳图书出版单位

总 序

在人世生活中寻求法意
——"法意文丛"总序

去岁中,周赟君来信告诉我,厦门大学出版社拟出版一套以法学理论和法律史学术论著为收录对象的学术文丛,问我有没有意向组织书稿、担任主编。我回信说容我思考数日再说。若干天后,他又来信询及此事,我回信说最好见过出版社相关人员后再做决定。去岁中秋期间,我亲赴厦门,和该社负责这套丛书的编辑甘世恒君详细磋商了有关细节,决定组织并编辑这套丛书,并把丛书命名为"法意文丛"。

之所以选择这一丛书名,一为遵循法理、法史探索之宗旨,二为倡导在生活意义中探寻法理意义。众所周知,自从严译《法意》以来,这个多少带有浪漫色彩,但又不乏中性温情的词汇,就在中国法律学人心中,有了其独特的地位——它一反法律就是专政工具,就是刑杀镇压一类"词的暴政",而道出了法律以勾连交往行为中人们的日常生活为使命这一真谛。法律不是日常生活的外在之物,而是日常生活方式的规范提纯、精神萃取,从而成为日常生活的内在构成性因素。然而,验之以学术史,这种对法意的理解框架并非一以贯之。一方面,所谓神意论、自然精神论、理性论等等,都给法律涂上了一层神圣的光环,从而使法律为什么有权威这样的现实考虑有了预设和保障。另一方面,所谓法律虚无论、阶级意志论、主权者命令说等等,又把法律从天庭拉到凡世,不仅如此,而且法律不过是实践人间既得利益者需要的工具,是当权者随其所需任意打扮的婢女,因之法律进入令文人不齿的境地,这不禁令人想起苏轼"读书不读律"的遗训。此种情形,为有人借机打破人间一切法律秩序,作好了前提性准备。

介于两者之间的,乃是把法律作为一种社会——政治契约。法律就是选民和选民、选民和政府间达成的社会——政治交往的契约,是社会——政治交往的规范构成要素,人类只要不能舍弃社会——政治交往,也就无法舍弃法律。所以,法律是社会构造的必要性和构成性因素,而非选择性和权宜性因素;法律是主体交往行为的规范根据,而非镂刻在精美石头上的装饰物;人因为法律所布置的交往路线和逻辑构图而显示其存在,显示其主体身份,取消了这一交往路线和逻辑构图,势必就模糊了人存在的意义,消隐了人的主体身份。这样,法律就摆脱了被置诸神界的虚无缥缈,也摆脱了被置诸魔界的面目狰狞。法律回到了它应有的生活场景——法律是人们日常生活不可或缺的构成性因素。所以,法律既是世俗的,它强调以清晰的概念表达"群己权界";也是值得"信仰"的,因为人类离开法律,其交往就会事倍功半。

当下我国对法意的处理,一面是想方设法将其意识形态化,"依法治国,建设社会主义法治国家"的响亮口号,成功地从法学家的意识形态走向官方意识形态。不时自我表扬一番"我们是法治国家",既是表扬者的时髦,也可以隐约看出其对法治的某种崇仰,或者至少在其看来,法律和法治不会是什么坏东西。于是乎,法治、法律之类,俨然再度显示出其神圣面貌。另一面却自觉不自觉地将其工具化,譬如广受学界质疑的所谓法治"五句话",对世所公认的法治原则视而不见,转而以"权治"精神,解构法治理念,从而法律及法治又轻飘飘自天庭落入凡世。遗憾的是,此番落入凡世的法律,并非世人必需之交往规范,而只是强化一元化领导的一种可替代的手段。

一旦公民利用这种手段从事"合法斗争",便立马会遭到"依法办事,不是说几毛钱的纠纷也要诉诸法院"一类的无理指责!这样,法治这个标签就如同当年的人权一般,只剩下在国际社会对敌斗争的场合,偶露峥嵘。由此必然导致的结局是当年西北政法学院图书馆前的一幅雕塑所引发的、流传法学界已多年的那个隐语:"宪法顶个毬球"——法律虚无论又隐隐死灰复燃,教化意识形态和权术治理又想方设法,粉墨登场。

这一切,自然表达的也是一种"法意",但和近代以来法学家心目中的法意以及法治实践中的法意大相径庭;同时也表明,按照日常生活之规范需要,对法意的继续探寻和深入钻研,依然是法学家任重道远的使命。如何按照世俗生活的要求,撷取法意,又以法意之内容,安排世俗生活,使世俗生活和法律精神相得益彰——以世俗生活彰显法律精神,以法律精神光照世俗生活,让人们生活在自治、自由、文明、有序的法律交往体系中,既是法学家的使命所在,也是全体公民之福祉所系。

本丛书即着眼于此种追求。书稿标准,唯学术是尚,不论大腕名流,抑或无名小卒,倘可提供自生活之活水源头,求索法意之学术作品,概可纳入计划。选题范围,可着眼宏大,可着手细微,宏则法治路线、法律传统,微则法条诠释,疑案精解,只要源于生活,富含法意,皆入选题范围。研究方法,可崇尚思辨,可奉行实证,无论逻辑辩驳,还是事实白描,但能反映生活,突出法意,尽在欢迎之列。期待相关有志者,能贡献一家之言;也期待作者、编者和出版者锲而不舍,能助窥天人之际。

是为序。

陇右天水学士　谢　晖
序于公元 2011 年 4 月 10 日

前 言

自美国著名国际法学者、前国际法院大法官菲利普·C.杰塞普教授在1956年提出"跨国法"这一概念以来,在西方,对于跨国法是否真的存在,其与国际法、国内法的关系是什么就没有停止过争论。虽然争论不休,但这并没有妨碍西方学界对这一概念的接受。但西方学者所研究的"跨国商法"与杰赛普的"跨国法"涵义并不一致。跨国商法仅指国际商事领域中由商人社会发展起来的私人自治的法律体系,并不包括杰赛普"跨国法"概念中所包含的国际公法、国内法中调整涉外问题的法律,如冲突法、涉外民商法、涉外行政法、经济法等。

即便对源自跨国法理念的"跨国商法"(Transnational Commercial Law)这一概念,西方学界认识也不统一。从整体而言,大多数学者还是将其与"新商人习惯法"(New Lex Mercatoria, New Law Merchant)相等同。不过,以德国科隆大学跨国法研究中心为代表的跨国商法学派,主张跨国商法与新商人习惯法还是存在一定的区别。他们认为,后者是与中世纪商人习惯法相对应的概念,而商人习惯法最受诟病之处就是它的内容的不确定性,因此,这些学者避开使用 Lex Mercatoria 这一说法,创立了"跨国商法"这一概念,以体现现代国际商法已经进入超越编纂商事惯例,进而通过比较国内法获得一般法律原则,加以逐步编纂以实现法典化的新阶段。

我国对跨国商法的研究基本还停留在国外上世纪八九十年代的水平，其典型标志是在这一领域的研究至今没有突破2001年郑远民出版的《现代商人法研究》一书的水平，而该书实际上是对之前西方这方面研究成果的一个梳理和总结。对于之后西方的研究进展，一是在其后再也没有系统的研究专著出版，二是其后发表的零星论文基本都没有离开商人习惯法与国际商事仲裁的关系，而对于"跨国商法"这一新学说的理论基础的研究基本没有反映。这从中国期刊网以及google网络检索中也看得出来。

前述西方跨国商法概念的提出是在激烈的争论中发展的。这场跨国商法的性质之争至今依然硝烟未尽，因此，我们十分有必要将其展现出来。这种展现至少具有如下意义：第一，它让我们了解西方学者建构跨国商法体系的种种不同的哲学法学、经济学、社会学理论基础，开阔中国学界对跨国商法这一新兴法律部门的认识视野；第二，跨国商法是否构成一个自足的法律体系之争实际上显现的是国家与市民社会、以国家主权为中心形成的国际法（国家间法）与全球市民社会形成所要求的全球民主治理之间的冲突与协调关系，而这恰恰构成了当代国际法发展的新主题；第三，通过研究跨国商法在国际商事仲裁和ADR实践中的适用，洞察这一新兴法律部门的生机与活力，同时，为我国国际商事仲裁事业的发展提供借鉴与启示，也为在我国立法中如何确立商人习惯法的地位提供理论依据，并提出修改相关法律规定的建议；第四，跨国商法理念的澄清也将对国际法学的教学改革，尤其是课程设置、实践教学等方面产生深远影响。比如是否需要开设此类课程，课程体系如何构建，如何在国际法教学中置入"跨国法"的观念等。

本研究总体分为以下三大部分：

第一部分是对"跨国商法"的理论阐释。该部分对"跨国商法"这一核心概念进行了梳理和澄清。重点对跨国商法与跨国法、商人习惯法、新商人习惯法、国际商法等既有密切联系，又有一定区别的概念进行分析。这种分析将从不同学者的不同理解、历史起源、各个概念所蕴含的政治、经济乃至文化上的背景诸因素的影响情形展开。此外，该部分还对理论上颇具争议的跨国商法的民间性、跨国性和体系性进行了深入阐释，提出这些属性的相对强势和非绝对性。

第二部分是对跨国商法的编纂进行了较为系统的考察。借鉴国外研究成果，本部分对美国和欧洲地区迅速发展的民间跨国商法编纂运动进行了介绍，展现了编纂活动的主要成果及其特点，回应跨国商法反对者提出的跨国商法没有确定的法律规则的质疑，最后指出我国也应关注跨国商法的编纂成果，借鉴国际编纂成果来丰富和完善我国的商事立法。

第三部分是跨国商法规范的适用。面对学界对跨国商法规范不确定性的指责，科隆大学跨国法中心专门对跨国商法在各国法院和仲裁机构以及在国际商事仲裁中的适用展开了实证研究，取得了丰硕成果，本部分将对他们的研究予以评介。最后也指出了我国也应加强对跨国商法适用的研究，更新和改革国际法课程体系、教学内容、教学方式，加大对跨国商法内容和适用的宣传，为我国的国际商事仲裁和司法审判提供指南。

本研究得到了山东大学自主创新基金的资助。本书第一章至第六章由我本人撰写。我指导的研究生徐连隆和展文文根据我所提供的外文资料和写作要求分别对"跨国商法的编纂"和"跨国商法的适用"两个问题进行了研究，并以此为主题完成了硕士论文。这两篇论文经本人修改后成为了本书的第七章和第八章。

姜世波
2013 年 5 月 12 日

目 录

第一章 跨国商法的概念和渊源 ………………………………………… 1
第一节 跨国商法的概念辨析 ……………………………………… 1
第二节 跨国商法的范围(渊源) …………………………………… 17

第二章 新商人习惯法理论的产生和发展 ……………………………… 46
第一节 新商人习惯法的产生 ……………………………………… 46
第二节 新商人习惯法理论的新发展 ……………………………… 67

第三章 当代商人习惯法的理论纷争 …………………………………… 82
第一节 "lex mercatoria"含义上的分歧 ………………………… 83
第二节 商人习惯法理论有没有坚实的方法论基础? …………… 87
第三节 适用新商人习惯法会导致大量衡平裁决的产生? ……… 96
第四节 新商人习惯法的制定缺乏必要的透明度吗? …………… 103
第五节 国内立法者和法院是否承认和适用了新商人习惯法? …… 111

第四章 跨国商法的"体系性"问题 …………………………………… 123
第一节 体系之争 …………………………………………………… 123
第二节 理解"法律体系" ………………………………………… 126
第三节 跨国商法的体系性分析 …………………………………… 132
第四节 跨国商法体系的开放性 …………………………………… 139

第五章 跨国商法的民间法性质 ………………………………………… 145
第一节 跨国民间规制的兴起 ……………………………………… 147

第二节　跨国民间造法的合法性 …………………………… 154
　　第三节　跨国商法是跨国民间造法的产物 ………………… 161

第六章　跨国商法的自治性研究 ……………………………………… 169
　　第一节　"自治"(autonomy)的涵义 ……………………… 170
　　第二节　跨国商法是个自创生系统 ………………………… 172
　　第三节　跨国商法的自治性质疑 …………………………… 175
　　第四节　跨国商法是个半自治的法律体系 ………………… 183

第七章　跨国商法的编纂 ……………………………………………… 192
　　第一节　跨国商法的编纂进程 ……………………………… 192
　　第二节　编纂的新模式 ……………………………………… 207
　　第三节　编纂方式的选择 …………………………………… 216

第八章　跨国商法的适用 ……………………………………………… 221
　　第一节　跨国商法适用的理论意义 ………………………… 221
　　第二节　跨国商法适用的方式 ……………………………… 223
　　第三节　商人习惯法适用情形的调查及启示 ……………… 233
　　第四节　促进跨国商法适用的建议 ………………………… 240

第一章

跨国商法的概念和渊源

 ## 第一节 跨国商法的概念辨析

一、对跨国商法概念的不同界定

(一)西方学者的不同理解

按照古德教授(Roy Goode)教授的说法,跨国商法(transnational commercial law)的概念是由伯霍特·戈德曼(Berthold Goldman)、克利夫·施米托夫(Clive Schmitthoff)和亚历山大·哥德斯坦因(Aleksander Goldstajn)在 20 世纪 60 年代初首先倡导的。① 发展至今天,"跨国商法"这一用

---

① Roy Goode, Usage and Its Reception in Transnational Commercial Law, *The International and Comparative Law Quarterly*, Vol. 46, No. 1 (Jan., 1997), p.1. 但在我看来,虽然这三个人实际上确立了跨国商法的理念(当然他们的理论是有区别的,参见本书第三章),但他们并没有直接用"跨国商法"来命名自己的理论。如施米托夫教授用的是"国际贸易法"(international trade law)。

语已经出现在大量的文献之中。① 对于跨国商法这一法律部门,国外学者的称谓并不统一,已经出现的称谓包括"新商人习惯法"(new lex mercatoria)②、"现代商人习惯法"(modern lex mercatoria)、"国际商法"(international commercial law)③、"跨国法"(transnational law)④、国际商事交易的"一般法律原则"(general principles of law)⑤等;国内学者一般习惯称其为"现代商人法"、"商事习惯法"、"国际商事惯例"、"国际商法"等等。

首先,我们这里需要指出的是,对于"跨国商法(transnational commercial law)"这一概念的使用,我们是借鉴了克劳斯·彼德·伯杰教授(Klaus Peter Berger)的用语。那么,伯杰教授为什么会避开多数学者常用的新商人习惯法(new lex mercatoria,以下简称新商人习惯法)这一用语,而经常适用"跨国商法"这一概念呢?这得从他对新商人习惯法的理解分析。

---

① 除了前注引用的文献,还有诸如 Klaus Peter Berger,"The Concept of the 'Creeping Codification' of Transnational Commercial Law",available at www. trans-lex. org/000004;Ross Cranston,Theorizing Transnational Commercial Law,*Texas International Law Journal*,Vol. 42,pp. 597~618;Roy Goode,Rule,Practice and Pragmatism in Transnational Commercial Law,*the International and Comparative Law Quarterly*,Vol. 54,2005,pp. 539~562.

② Michael J. Miistill,"The New Les Mercatoria:The First Twenty-five Years",in (1988) 4 *Arbitration International* 86;Berthold Goldman,"Nouvelles réflexions stir la Lex Mercatoria",in Etudes de Droit International en l'Honneur de Pierre Z,diire (1993) 241;Emmanuel Gaillard,"Thirty Years of Lex Mercatoria:Toawds the Selective Application of Transnational Rules",in 10 *ICSID Reriew-FZlJ* 208. (1995)

③ Francis Rose (ed.),Lex Mercatoria:Essays on International Commercial Law in Honour of Francis Reynolds,Informa Publishing,2000,xiv.

④ Peer Zumbansen,Piercing the Legal Veil:Commercial Arbitration and Transnational Law,*European Law Journal*,September 2002,Volume 8,Issue 3,pp. 400~432;Norbert Horn & Clive M. Schmitthoff,The Transnational Law of International Commercial Transaction,Vol. 2,Deventer:Kluwer,1982.

⑤ Emmanuel Gaillard,Transnational Law:A Legal System or a Method of Decision Making? *Arbitration International*,Vol. 17,No. 1.

针对上世纪 60 年代后兴起的"新商人习惯法"研究的热潮,伯杰教授指出了在这场旷日持久的讨论中,涌现出了诸多不同的关于新商人习惯法的理解。伯杰教授在 2010 年的新版著作《新商人习惯法的逐步编纂》一书中①把跨国商法与新商人习惯法并用,就是为了避开新商人习惯法概念中的各种分歧。用这一概念是为了来表达现代商人习惯法作为一种超越国家之外的自治的商人法体系这一特点。

对于这一法律部门的内涵,国内外学者见解不一。就西方学者而言,大体可分为以下几类:

第一,把跨国商法定义为超越国内法的自主的法律体系。如戈德曼就认为,新商人习惯法是在国际贸易范围内自发地适用或制定的,不受某特定国内法律制度干涉而形成的一系列原则和习惯规则;②雷伊(Julian Lew)认为跨国商法是用来管辖国际贸易中并非由某国内法规范的事项,并由仲裁员加以适用的非国内的或跨国的商法;③伯杰教授也把跨国商法理解为这是一个独立于国内法和国际法,由国际商人社会根据国际商业需要自主创立的法律体系。④ 彼德·诺斯(Peter North)则更加简洁地认为,现代商人法是一系列并不属于任何国家的法律规范。⑤ Gralf-Peter Calliess 提出:"跨国法应当被界定了超越国内法和国际法的第三个层面的自治的法律体系,它由正在兴起的全球公民社会创立和发展,建立在一般法

---

① Klaus Peter Berger, *The Creeping Codification of the Lex Mercatoria*, Kluwer Law International, 2010, pp.61~62.

② B. Goldmann, "The Applicable Law: General Principles of the Law-the Lex Mercatoria", in Lew (ed.), *Contemporary Problems in International Arbitration*, 1986, p.116.

③ Julian Lew, *The Case for the Publication of Arbitration Awards*, in Schultsz and van den Berg (ers.), 1982, p.231.

④ Klaus Peter Berger, *The Creeping Codification of the New Lex Mercatoria*, 2nd Revised Edition, Kluwer Law International, 2010.

⑤ 黄进、胡永庆:《现代商人法——历史和趋势》,载《比较法研究》1997 年第 2 期。

律原则和社会惯例的基础上,并由民间争端解决服务提供者来实施,民间编法机构进行编纂。"①

第二,把跨国商法理解为并不能取代国内法,但可以用来解决国内法无法解决的跨国法律问题的统一法。如施米托夫把国际贸易法界定为在与国家无原则性利害关系的任意性法律的范围内,在不同国家法律制度中发展起来的调整平等当事人之间关系的统一法;②洛文费尔德认为:"商人习惯法与其说是一个自足的、涵盖国际商法所有方面而排斥国内法的体系,毋宁说它是一个由习惯和惯例、公约、先例以及很多国内法所构成的法律渊源。商人习惯法……可以为那些人为地和非包容性地寻求替代冲突法者提供一种方案,也可以提供一种不愿适用与国际商业需要和国际惯例不一致的法律规则的方式,并且会得到个别国家国内而不是国际交易的认可。"③大多数反对跨国商法理论者,也承认存在诸多商事习惯法适用于跨国商事争端的解决的情形,但并不承认商人习惯法可以构成一个独立的法律体系。

第三,把跨国商法主要看作是一种替代国内法适用时发现法律的方法而不是一套规则体系。奥雷·兰多(Ole Lando)对跨国法的适用有如下描述:国际合同当事人有时同意不以国内法来管辖他们的争议。相反,他们使用由国际贸易的习惯和惯例或国际贸易中所有国家或大多数国家所共同的法律规范来管辖。在这些共同的法律规范不能确切地查明时,仲裁员则选择对于他来说是最为恰当和公平的方法和规范。其中,仲裁员用比较

---

① Gralf-Peter Calliess, Reflexive Transnational Law: The Privatisation of Civil Law and the Civilisation of Private Law, in: Zeitschrift für Rechtssoziologie, Vol. 23, 2002, Heft 2, S. p. 188.

② [英]施米托夫:《国际贸易法文选》,赵秀文译,中国大百科全书出版社1993年版,第264页。

③ Andreas F. Lowenfeld, "Lex Mercatoria: An Arbitrator's View", in Thomas E. Carbonneau (ed.), *Lex Mercatoria and Arbitration*, 2nd ed., The Hague, 1998, pp. 84~85.

法的方法考察众多法律体系中的法律。这个裁决过程部分是法律规范的适用,部分是一个选择性的、创造性的过程,我们称之为商人法的适用。①伊曼纽尔·盖拉德(Emmanuel Gaillard)根据晚近出现的编纂商人习惯法的趋势和动态,并考察了在国际仲裁裁决中对跨国规则的适用,指出与其把跨国商法看作一系列规则,不如把它看作是一种裁决方法。这种方法在任何特定案件中不是从当事人按照传统法律选择过程所选定的特定法律中寻找实体解决方案,而是从比较法分析中寻找答案,这种比较法分析使仲裁员能够适用最广泛接受的规则,而不是某一法律体系所特有的规则或者没太多广泛接受的规则。他进一步把这种方法分成三步:第一步,应当给予当事人的意图以最大的注意。他们可能就是提出了一种方法论,例如限于两个法律体系的比较法分析,或者一个地区的比较法分析。他们可能使用了笨拙的术语;这些术语需要仲裁员加以解释才能让当事人的真正意图得以实现。在所有这些方面,仲裁员的第一步任务就是要实现当事人的指示。第二步,仲裁员将根据前面提到的比较法资源,决定当事人所提出的争论观点是否受到广泛承认的规则的支持,还是只是反映了一个法律体系的特异性,如果是这样的话,其观点就应当拒绝。第三,在决定某一规则是否足够广泛接受而成为一条一般法律原则时,决不需要所有法律体系的一致接受。学者们普遍认为要求普遍一致是不可行的,那将会使这种方法变得没有什么意义了。一般法律原则方法的真正功能是让仲裁员们能够在获得广泛承认的规则之间和那些某一体系特有的规则或者有限数量的法律体系所有的规则之间作出区分。②

第四,仅把跨国商法界定为商事习惯法者。如伯尔曼和考夫曼(Bermann & Kaufmann)认为,跨国商法是建立在主要由所有国家的生产商、

---

① Ole Lando,The Lex Mercatoria in International Commercial Arbitration,34 *Int & Comp. L. Q.*,1985,p.747.

② Emmanuel Gaillard, Transnational Law: A Legal System or a Method of Decision Making? *Arbitration International*, Vol.17, No.1, p.63.

运输商、保险和金融企业所组成的国际社会对商业的理解和合同惯例基础上的一个国际法律体系。[1] 乔伊(J. Jew)指出新商人习惯法是规制和促进国际贸易关系而发展起来的规则,以及获得国际贸易界普遍(或者至少是十分广泛)承认的习惯和惯例。[2] 蒂塔(Tita)认为新商人习惯法是一个由国际商人们巩固和统一起来的,以习惯为基础来调整商事活动的惯例体系。[3]

诸如此类的定义还有很多,从研究跨国商法者对这一领域的理解来看,我们完全可以说,有多少跨国商法的支持者,恐怕也就有多少跨国商法的定义。这些定义当然反映了不同学者对这一新兴法律部门的不同理解,但这些定义本身并不能促进我们对跨国商法理论的理解。而且,定义的分歧恰恰给跨国商法理论的批判者们提供了攻击的靶子,因为这恰恰说明跨国商法的概念仍然是混乱不清的、不确定的、没有真正的实质内容。如果要进一步追寻让人难以捉摸的商人习惯法的概念,可能还要进一步考察这一法律体系的法律特征及其特定渊源。

我国学者所提出的定义大体上是对西方学者观点的一种中国式的表达。例如有学者通过综合性定义的方法,认为现代商人法是指在国际贸易交往中逐渐自发产生的,到目前仍未完善的,以国际贸易惯例、一般法律原则和一般交易条件等形式体现出来的,独立于国际公法与国内法之外的,支配国际贸易合同当事人权利与义务的法律;[4] 这里既表明了来源、法律渊源,同时也给出了这一法律部门的性质。还有学者仅简明扼要地把现代

---

[1] Bermann & Kaufmann, The Law of International Commercial Transactions, *Harvard International Law Journal*, 1978, 221, p. 273.

[2] J. Lew, *Applicable Law in International Commercial Arbitration: A Study in Commercial Arbitration Awards*, 1978, p. 436.

[3] Tita, A Challenge for World Trade Organisations, *Journal of World Trade Law*, 1995, p. 84.

[4] 徐国建:《现代商人法论》,载《中国社会科学》1993年第2期。

商人法定义为是调整国际商事关系的跨国法;①也有学者从起源、调整对象及其性质三方面定义的,如郑远民就指出,现代商人法是指在国际商事实践中逐渐自发产生的、以国际商事关系为调整对象的、相对独立于国内法的"自治性"的法律体系或法律部门。②

虽然中外学者对跨国商法的定义不尽相同,但大致也可以找到一些共同点:(1)的确存在着一些适合解决跨国商事法律问题的法律规则;(2)这些规则是在国际贸易领域中由商人社会自行创制的;(3)这是一个或独立于国内法,或补充国内法适用的"任意性"或具有"自治性"的法律部门。

(二)跨国商法是由国际商人社会和比较法学家们精心编纂的一个正在发展中的民间规则体系

虽然有上述不同学者的定义,但我们认为,对跨国商法的定义既要关照它的本源,即商人习惯法,又要体现商人习惯法在当代的发展。因为首先跨国商法的称谓是当代一些学者对跨国商人规范现代发展的描述,因此,对跨国商法的定义必须体现它的历史性和渊源,同时也要体现它在当代形成的方式。这种形成方式已经超越了传统商人习惯法自发形成的过程,而且也表现为法学家人为编纂的方式。我们的上述定义即体现这些特点:

首先,这一定义体现了跨国商法的历史传承。跨国商法的早期形态是中世纪商人习惯法,至上世纪60年代后,新商人习惯法复兴,商人习惯法的成文化趋势日益明显,诸多国际组织开展了大规模的商人习惯法编纂活动,形成了很多成文化的商事惯例和商事条约。而当代跨国商法又呈现出新的特点,不仅由国际商人社会自主自发创生的商人习惯法仍在不断生成,这些习惯规则的编纂和成文化不断得到发展,而且成文化的方式也有了新发展。其中最为重要的变化是由比较法学家们通过比较研究各个国

---

① 黄进,胡永庆:《现代商人法——历史和趋势》,载《比较法研究》1997年第2期。
② 郑远民:《现代商人法研究》,法律出版社2001年版,第34页。

家的国内商法后精心概括出的被称为"一般法律原则"、通则、示范法、行动守则之类的成文法。因此,当代跨国商法是由国际商人社会和法学家们共同创造的。

其次,跨国商法是一个民间法体系。由上述对跨国商法的形成描述可以看出,跨国商法的渊源主要由国际商事惯例构成,这是跨国商法的主体。另外,由比较法学家们基于比较法研究归纳形成的一般法律原则(通则)、示范法等构成迅速发展的新渊源。但不管怎样,这些渊源都是民间规则,非由国家意志制定,不同于国际条约这类体现国家意志的法律渊源。尽管这些一般法律原则随后可能被各个主权国家所采纳。

最后,跨国商法是一个正在发展中的超国家法体系。跨国商法虽然正在以不同于传统商人习惯法的自生自发的方式发展,在由法学家们通过人为地演绎构建而更加系统化,但妄言它已经形成了一个成熟的法律体系还为时过早,它仍是一个正在发展过程中的法律体系。这个法律体系所赖以存在的理论基础是跨国民间规制理论,体现了全球公民社会与国家间社会间的互动,但它要成为一种正式的法律体系,仍然需要得到国家意志的承认。我们说它是一个超国家法体系,是从其事实存在的意义上说的,这个规则体系无论国家法是否承认,它都实实在在地支配着跨国商人们的商业实践和交易过程。国家虽然可以不承认它但又不得不承认它,因为在这个经济全球化的时代,商事交易的规则正趋于统一,没有哪一个国家可以游离于普遍的跨国商事交易规则之外而独善其身,除非施行的是闭关锁国的政策。当然,我们说这是一个超国家的体系,并非完全排斥国家法体系对它的促进作用。实际上只有与国家法体系联姻,这个跨国民间规则体系才能发挥更加有效的作用。

虽然我们对跨国商法作出了如此界定,跨国商法这一用语的使用也比比皆是,但对于它的内涵和外延却似乎并没有一致的看法。分歧集中于它真的是"跨国"的吗?如果是,这个体系的构成要素是什么?这些构成要素之间是否形成了一个结构有序、内在和谐统一的法律体系?这些问题有待于进一步澄清。

二、跨国商法属于"跨国法"范畴吗？

(一)跨国商法的跨国性

国际法学界一般认为,"跨国法"一语首先是由美国哥伦比亚大学国际法教授菲利普·杰赛普(Philip C. Jessup)在他1956年出版的《跨国法》一书中首先提出来的。在该书第136页杰赛普写道:"我将使用'跨国法'这个术语来取代'国际法',用来表示所有超越国家边界的行动和事件(actions or events)。无论是国际公法还是国际私法都包括在其中,也包括其他不完全符合这一标准分类的其他规则。"他认为,传统国际法所用的"国际的"的这个词常理解为"国家间的",这一理解会引人误解,因为它只会让人关注国家间的关系,而忽视了其他具有跨国性而又不纯粹是国家间的法律行为或事件。正因为如此,他使用了"跨国法"这个词来代替国际法,用来包容"超越国家边界的行为和事件"。随着跨国法概念的提出,后来关注跨国法律问题的学者又对这一概念的内涵进行了思索。

比如,为了弄清这一概念中的"跨国"内涵,加拿大约克大学法学院教授克雷格·斯科特(Craig Scott)在他的《跨国法作为原概念:三个概念》("Transnational Law" as Proto-Concept: Three Conceptions)一文中,把"跨国"的语义归结为六个方面:第一,将杰赛普的跨国"行动"或"事件"扩大到那些超越一国国界的跨国问题(the notion of transnational "issues"),他自己称之为非"行动"或"事件"所能涵盖的现象(phenomena)或者情形(situations)。第二,跨国"行动"或"事件"还应包括那些一个或多个行为体与其行为地国以外的国家具有某种联系的情境。第三,"跨国法"(transnational)不仅是指国家间(inter-state)的法,更准确的是恢复其民族间(inter-national)(有时也称土著人民间的法)规范这一本义,或者称为不同社会间的规则(intersocietal rules)。第四,"跨国"的"跨"(trans-)应包括

"across"、"beyond"或"through"等多重涵义,不是仅指"between"之意。第五,有的学者则把跨国法理解为国际公、私法的通称,而国际私法也被广泛地理解为跨国私法(transnational private law),从而把非国家行为体(non-state actors)置入了问题的中心。第六,现在常使用的"跨政府间"(trans-governmental)的关系,如跨政府网络、跨政府治理、跨政府间规制中,常常由一些公共服务官员来执行,他们在某种程度上独立于国家机构。他们所制定的国际规则常常以建议(recommendations)、指南(guidelines)、示范法(model Laws)等等形式出现,它们起到了促进各国国内行政执行和加强立法的作用。跨政府间进程足够削弱国家(或正式的国家间)规制的力量,因为这种进程伴随着像跨国公司、咨询顾问、利益相关者以及激进的游说团体这样的非国家行为体的参与,与正式参与者展开对话。[①]

尽管克雷格·斯科特教授的解释未必符合杰赛普教授的本意,但杰赛普提出的"跨国法"理念的确引起了人们对传统国际法的反思,揭示了二战后国际社会出现的一些不能为传统国际法在内容上所涵盖的新的法律规范,如特许协议的性质、国际行政法、规制战争罪行的法律、经济发展法等。上述现象均表明对国际法的传统理解以及对国内法和国际法进行划分的传统方法已经不能适应现实生活的发展需要。确有必要确立一种新的国际法理念,在跨国的情势下,法律关系的主体应比传统国际法更加广泛,除了国家之外,还应包括个人、公司、国际组织以及其他主体。同时,传统的国际法与国内法截然二分的观念也应当打破,国内案件和国际案件具有某种基本的相似性,解决国内案件的经验和方法有助于我们解决国际性案件,二者要融合起来才能解决跨国问题。杰赛普所提出的跨国法观念对于发展国际法的意义是重大的。[②] 正是在他的这一观念的引领下,在上世纪

---

① Craig Scott, "Transnational Law" as Proto-Concept: Three Conceptions, *German Law Journal*, Vol. 10, No. 7, 2009, pp. 864~868.

② 颜林:《论杰塞普的跨国法思想及其对现代国际法的贡献》,载《比较法研究》2008年第5期。

90年代全球化时代加快到来之后，这种观念更加受到学术界的重视。应当说，"跨国商法"的概念的提出显然也受到了这一思潮的影响。纵观前述克雷格·斯科特对跨国涵义的理解，其突出之处依然是强调对"跨国"的广义理解，从杰赛普的跨国行动或事件，扩大到所有跨国问题，尤其是将非国家行为体包容到跨国造法的主体中来。杰赛普的所谓"并不完全符合这一标准分类的其他规则"，或许也定然包括这种由非国家行为体所造就的商事规则。只不过单就商法本身而言，无论如何他的这一描述都太过宽泛了，因为它不仅包括了国际公法，而且还包括一国调整国际贸易的国内法和一国国内冲突法规则。相反，那些主张"跨国商法"存在的人则普遍将这一法律体系理解为那些并非源自任何一个特定法律体系但又代表了取自一个个法律体系的共同趋势的规则，就其更为广泛的成分来说，它是完全非国家的凭借国际惯例及其商人团体的遵守而发生效力的规则的总和，它是些规则，而不仅仅是些跨越国家的行动或者事件。

应当承认，杰赛普虽然主张打破国内法和国际法之间的根本区分，但并没有明确提出跨国法是可以在它们之间产生并超越它们的"第三种法律秩序"。不过，杰赛普的跨国法观念已经把个人和公司等私法性主体为一方，以国家或国际组织等公法性主体为另一方的跨国性经济纠纷，如英伊石油公司案、联合国与私人签订的商品采购合同纠纷、联合国与其雇员签订的国际行政雇佣合同纠纷等作为主要研究对象。通过对这些案例的分析，作者试图说明在新的历史时代，国家与私人之间的跨国关系已经成为无法忽视的国际法律关系，但作者当时对于这些私人组织的造法活动似乎还没有给予更多的关注。这或许与当时的跨国民间造法活动还并没有发展成为一种大规模的、重要的、活跃的国际现象有关。但对非国家行为体在跨国关系中的重要地位的强调构成了对在国际舞台上国家间关系的法律观点的补充。这种对私人行为者在跨越国境的关系中的联系的不断增长的确认或承认必然为后来跨国商法观念的确立奠定了基础。因此，虽然杰赛普没有明确提出"跨国商法"的概念，但就其跨国法的论述而言，这种跨国法从发展观点看必然包含了"跨国商法",我们似乎可以将跨国商法视为跨国法的一部分。实际上,跨国商法(新商人习惯法)理论的最初创意也是基于国家与私人之间的争端的特殊性而提出来的,多数跨国商法的支持者也把国家与私人之间的法律关系作为主要研究对象,并把调整它们之间关系的法律规范作为跨国商法的重要内容。所谓的国际商事仲裁判例造法也多是以这种法律关系的判例为例来加以说明的。甚至有的反对跨国商法者正是基于在处理这种关系的国际仲裁实践中所存在维护发达国家利益的倾向,指责跨国商法理论是由欧洲的法学教授们发展起来的、维护北南政治和政治不平衡的手段:"以商人习惯法之名承认重大原则……不仅允许西方企业在面临第三世界的力量上升能够赢得时间(在20世纪60年代和70年代的石油危机中),而且让其发明者们(欧洲的教授们成为具有超凡魅力的贵族和国际仲裁的先锋)在面对新兴的律师事务所进攻国际仲裁市场时也能赢得时间保持其地位。"[1]也有人认为,新商人习惯法理论有利于在20世纪70年代的重大石油仲裁中规避第三世界的当地法律,而且其灵活性已经服务于克服合同的严格解释,从而在20世纪60年代和70年代部分压制了发展中国家提出的对抗西方石油和建筑公司的诉求。[2]可见,跨国商法所关注的部分问题已经在跨国法的关注之中。即使杰赛普并未单独论及国际商人社会的自治性造法,但从前面斯科特对跨国法的广泛阐释中也可以认为跨国法包括了跨国商法。有的学者甚至也把跨国商法简单地称为跨国法,如伯杰教授在2001年出版的《跨国法的实践》。[3]

---

[1] Yves Dezalay, Bryant G. Garth, *Dealing in Virtue: International Commercial Arbitration*, University of Chicago Press, 1998, p.89.

[2] Yves Dezalay, Bryant G. Garth, *Dealing in Virtue: International Commercial Arbitration*, University of Chicago Press, 1998, p.109.

[3] Klaus Peter Berger, *The Practice of Transnational Law*, The Hague, Boston: Kluwer Law International, 2001.

(二) 跨国商法的法律性

虽然很多学者都赞成跨国商法的存在,但对于跨国商法的含义及其内容并未形成统一的认识。最为流行的观点是把它与新商人习惯法等同起来。[①] 前面所提到的创立跨国商法的三位教授 Berthold Goldman、Clive Schmitthoff 和 Aleksander Goldstajn 所提出的跨国商法也是在这一意义上说的,即商人习惯法在上个世纪六七十年代的复兴。但即使在 20 世纪 60 年代这种观点也有不同的学者赋予其不同的涵义。如 Berthold Goldman、Clive Schmitthoff 两位新商人习惯法的领军人物对新商人习惯法的看法就有所不同(见本书第二章)。然而,诚如古德教授所指出的,如果跨国商法意味着是通过各种途径,包括公约和其他国际文件形成的商法规则的共同趋向的产物的话,那么其范围就远比由商人所塑造的法律更加广泛。不过,那的确是商人习惯法的本质。就其性质来说它是未经编纂的、不成文的和非公约式的法。体现在国际公约中的规则可以正当地称为跨国商法的组成部分,但作为公约法,并不是商人习惯法的组成部分,因为公约只有通过成为其缔约方的各国的意志并信守它才发挥作用。

然而,德国的伯杰教授似乎仍然把新商人习惯法和"跨国商法"完全等同起来。针对上世纪 60 年代后兴起的"新商人习惯法"研究的热潮,伯杰教授指出了在这场旷日持久的讨论中,涌现出了诸多不同的关于对新商人习惯法的理解。但在他 2010 年的新版著作《新商人习惯法的逐步编纂》一书中[②]则似乎把跨国商法与新商人习惯法并用,将二者等同起来。他用"跨国商法"这一概念来表达现代商人习惯法作为一种超越国家之外的自治的商人法体系的特点。对于现代商人习惯法或者跨国商法的不同见解,伯杰教授在该书中把众多学者对新商人习惯法的不同理解划分为三类:

[①] Ole Lando, "The Lex Mercatoria in International Commercial Arbitration", *International and Comparative Law Quarterly*, Vol. 34, 1985, p. 748 et seq.

[②] Klaus Peter Berger, *The Creeping Codification of the New Lex Mercatoria*, 2nd Revised Edition, Kluwer Law International, 2010, pp. 61~62.

第一种理解是,有些学者使用新商人习惯法这个词只是指存在着那么一大批缺乏任何内在一致性和系统性的商事习惯规则和原则。这些规则和原则只起补充其他可适用的国内法的作用,并不构成一个独立的法律体系。它们的效力来自主权国家的承认,这些规则通过合同当事人在合同中选择适用而在当事人之间产生法律效力,因为合同法上的意思自治原则已经被世界上所有主要国家所接受。

第二种看法把新商人习惯法视为能满足国际商业需要的贸易惯例的总和,而且它构成了一种"事实上的共同法"(factual ius commune)。有时候,这种惯例和习惯做法的总和被认为是一种"自治的世界贸易法"。

第三种观点是把新商人习惯法看成是一种独立的、超国家的法律体系,其正当性和效力源于其自身自主的存在。其中,多数人认为这种跨国法体系处于国内法和国际法之间。不过,也有些支持自治路径的人把新商人习惯法视为国际公法的一部分。

而国际仲裁庭和部分法国学者的理论甚至想把所有三种观点联合起来,把新商人习惯法视为国际贸易惯例的总体,又认为它们具有独立法律体系的特点,而其正当性则源自国内法的承认。[1]

然而,在伯杰教授看来,这三种观点有着鲜明的区别。他认为,第一种观点,与传统的法律渊源理论没有什么区别,即它把新商人习惯法发展的基础委系于国内立法机关的认可,这个基于当事人意思自治而形成的原则和规则的集合,其合法性源自国家。这种观点建立在当事人意思自治与某一特定国内法体系联系在一起的基础上。如《德国民法典》第346节和其他国家的类似规定都表明了必须把贸易惯例放在某一特定国内法背景下来看待。如此,贸易惯例、习惯法和跨国法之间就是有区别的,必须加以区

---

[1] Klaus Peter Berger, *The Creeping Codification of the New Lex Mercatoria*, 2nd Revised Edition, Kluwer Law International, 2010, pp. 61~62. 关于支持这三种不同观点的主要学者及其文献也请参见该书第61~62页的相关注释。

分的。贸易惯例并不具有法的性质。它与其他事实上的法律渊源,如一般交易条件或习惯一样,只是形成习惯法和创立新商人习惯法的第一阶段。如此来说,所有国际贸易习惯法都有贸易惯例的性质,但并不是所有贸易惯例都是习惯法。也就是说,贸易惯例要获得法律上的效力,还必须获得国家法律的认可,或者并入到国内法中。在西方法理学观念上说,这显然是一种法律实证主义的立场。

应当区分贸易惯例和贸易习惯法的观点在我国研究习惯法的学者中也同样存在。在我国研究习惯法的学者中,还进一步区分了"习惯"、"习惯性规范"和"习惯法"三个概念。如王新生在其所著《习惯性规范研究》一书中就认为,习惯和习惯性规范是有区别的,习惯只是一种社会事实,尽管它同时具有规范属性,但仅仅是具有规范性的社会常规,而"应当遵守习惯"才是一种社会规范。也就是说,一个具体的习惯性规范通常包含两个组成部分,一个是规范性常项,即"共同体成员应当为习惯行为";一个描述性变项,即"某行为是共同体的习惯行为"。前者是规范问题,后者是事实问题。①

而从习惯性规范向习惯法的转变则变得复杂起来。从法律实证主义立场来看,这种转变必须具有国家意志的介入,即国家认可并由国家强制力保证实施的习惯。如《中国大百科全书·法学卷》对"习惯法"就是这样界定的。② 而从法社会学立场看,习惯法则被看作是一种规范实存,从秩序功能而言,不管国家法是否认可一种习惯性规范,它都在客观地规范着人们的生活,约束着特定共同体的行为,并在这种规范被违反时,共同体内存在着一种特定的惩罚机制。这种对习惯法的定义把习惯法作为一种民间规范或民间法,置于与国家制定法平行的地位。我国多数研究民间法的

---

① 王新生:《习惯性规范研究》,中国政法大学出版社2010年版,第63~64页。
② 《中国大百科全书》总编辑委员会:《中国大百科全书·法学卷》,中国大百科全书出版社1984版,第87页。

学者多持这一立场。①

　　法实证主义视角下对习惯性规范的观察显然是将习惯规范置于国家法的框架之下。习惯规范要进入国家司法体系,要么必须被国家制定法所接纳,要么得到国家体制内的司法体系的承认。否则,未得到国家法承认的习惯规范将无法成为法律渊源。如果以这种视角来看新商人习惯法,诚如伯杰教授所认为的,前述对新商人习惯法内涵的三种理解中,头两种看法并不存在合法性,因为他们把跨国商法看成是一种纯异质的商事规则和原则的集合,或者只是一些贸易惯例,未得到国家法承认就不具有合法性。比如,新商人习惯法的祖先 lex mercatoria 在中世纪就被理解为一种国际性的或者至少是地区性公认的商事规范,但这种商事规范由习惯和贸易惯例构成,它们传统上被认为是游离于当时的正式法,如教会法、封建法、庄园法、王室法之外的规则体系。这种通行于地区性和跨国贸易的商人团体内的"法律体系"便是后来商法的雏形,但这些跨国法观念还远没有被假定是一个自治的法律体系。按照法实证主义理论,这些商人规则和原则的法律性要根据个案、按照当时可适用的国内法为基础来决定。遵循这种观点的法官和仲裁员们追随的是与其在纯粹国内的案件中同样的方法。在商人习惯法经历了近代的国内化运动后,冲突规则便成为各国选择适用于解决商事纠纷的基本方法,而冲突法仍然是国内法。按照这种对新商人习惯法术语的使用,国际案件必须首先要被"国内化",因为它们要受制于国内法,而新商人习惯法理论支持者们的主要目标恰恰是要补救跨国案件只能根据冲突规则适用国内法这一弊端。②

　　对于跨国商法的支持者们来说,"New Lex Mercatoria"这个词主要与第三种观点联系在一起,即新商人习惯法这个词意味着一个独立的介于国

---

　　① 从这种视角对民间习惯法的研究可从谢晖、陈金钊主编的《民间法》(1—10 卷)(山东人民出版社出版)上所发表的诸多论文中看到。

　　② Friedrich K. Juenger, The Lex Mercatoria and Private International Law, *Louisiana Law Review*, Summer, 2000, Vol. 60, pp. 1133~1150.

内法和国际法之间的"第三种"超国家法体系,这个法律体系是由国际商业社会的造法力量创造和发展的,它的范围将超过传统的商人习惯法。正如古德教授对跨国商法的理解那样,我们采用"跨国商法"这个表述的目的是用来描述整体上的原则和规则,不管是习惯的、公约的、合同的还是任何其他什么渊源,它们是诸多法系所共有的,而"商人习惯法"这个词用于指明跨国商法的一部分,即那些未经编纂的,由习惯商法、习惯证据规则和程序规则以及一般商法原则所构成的规则,包括国际公共政策。① 这也是我们在本书中所持的立场,即简单地说,跨国商法是从各类不同的具体渊源中所抽象出来的一般法律原则和规则。

第二节　跨国商法的范围(渊源)

一、跨国商法的不同渊源观

虽然支持跨国商法的学者一般都认为它构成一个独立的法律体系,但这个法律体系具体由哪些法律渊源构成,学界仍然存在一定分歧。当然,这种分歧部分与学者们所持的跨国商法的定义不同有关。譬如,有的学者就主张区分跨国商法与新商人习惯法,他们把新商人习惯法看成完全是由商人自治规则构成的法律体系,公约法并不是新商人习惯法的组成部分,因为它们还需要国家法的承认,体现了国家意志性。如前文我们就已经提到,古德教授就认为,跨国商法仅指商人社会自己创造的规则,不包括国家

---

① Roy Goode, "Usage and Its Reception in Transnational Commercial Law", *The International and Comparative Law Quarterly*, Vol. 46, No. 1 (Jan., 1997), p. 4.

参与制定的公约法,"如果跨国商法意味着是通过各种途径,包括公约和其他国际文件形成的商法规则的共同趋向的产物的话,那么其范围无疑就要比由商人所创造的法律更加广泛。商人习惯法就其性质来说它是未经编纂的法、不成文的法和非公约式的法。体现在国际公约中的规则可以正当地称为跨国商法的组成部分,但作为公约法,并不是商人习惯法的组成部分,因为公约只有通过成为其缔约方的各国的意志并信守它才发挥作用。"[①]而施米托夫则把新商人习惯法称为国际贸易法,也将国家视为国际贸易法的造法主体,因此,国际商事公约自然也就包含在跨国商法的范畴之内。[②]而像戈德曼教授那样只把跨国商法理解为独立于国家法和国际法之外的独立法律体系观点的学者,也不会把国际商事公约纳入跨国商法的渊源之中。

关于跨国商法渊源的范畴,被广泛引用的是法国学者奥雷·兰多(Ole Lando)教授的观点。在他的文章中所识别的商人习惯法的"要素"是8个,即国际公法、统一法、一般法律原则、国际组织的规则(包括由学者们和国际组织所阐释的一般原则,如 UNDROIT 编纂的《国际商事合同通则》和欧洲合同法委员会编纂的《欧洲合同法原则》、未编纂的习惯和惯例、国际组织编纂的习惯和惯例、标准格式合同和报告的仲裁裁决。[③] 按照古德教授的看法,兰多在这篇文章中所采纳的术语,只有一般原则和未编纂的惯例才构成商人习惯法,但他认为所有这些不同的要素共同构成了跨国商法,另外,他还认为,诸如欧洲共同体法院的判决,国内法院解释和适用国际文件或国际惯例的判决,这些明显要比仲裁裁决要有权威得多,它们也

---

① Roy Goode, "Usage and Its Reception in Transnational Commercial Law", *The International and Comparative Law Quarterly*, Vol. 46, No. 1 (Jan., 1997), p. 5.

② 参见本书第三章。

③ Ole Lando, "The Lex Mercatoria in International Commercial Arbitration", *International and Comparative Law Quarterly*, Vol. 34, 1985.

应当被看作是跨国商法的构成要素。①

另外，或许是为了更加准确地表述跨国商法的构成要素的多元性，使用法律渊源的概念根本无法将非传统渊源的诸多跨国商法渊源包括进来，兰多不使用"渊源"(sources)一词，而是使用了构成要素(elements)这种表述。因为很明显，他所提供的要素清单种类繁多，有些规范是传统法律渊源概念所无法涵盖的：有些是官方制定法，如公约、统一法；有些是半官方组织创造的法，如国际组织编纂的通则；有些是仲裁员宣布的法，如仲裁判例；还有些是根本不成文的惯例，甚至还有标准格式合同可能连惯例也算不上。它们当中有很多本身并不是法律而是权利的来源，有些只是法律的证据。面对如此多元化的渊源，用"法律渊源"这个词可能更容易引起学界的争议。

还有一些规则能否作为跨国商法的渊源也存在争议。例如，理查德·哈沃斯(Richard J. Howarth)就认为"友好仲裁"中适用的"公允善良"原则，有关国际强行法、国际组织自我规制的规则等就不属于商人习惯法的渊源。因为当事人授权仲裁庭适用"公允善良"原则裁判，就意味着法律权利可以搁在一边，法庭可以不适用商人习惯法，而且即使仲裁庭作出的裁决不公正，也应当得到强制执行。而强行法通常只是适用于国家层面的国际公法上的强制性规则，如禁止武装侵略、禁止奴役、禁止破坏国际电信等。至于国际组织的自我规制的规则，因其只适用于该组织内部的成员而不能适用于他人，不被认为是正式的商人习惯法的渊源。② 然而，相反的观点是它们同样也可以适用于跨国商事活动。如伯杰教授就认为，授权国际仲裁员依"公允善良"原则裁判并不是说让仲裁员只把目光集中在个别案件的具体情势上来确定公平与否，而是要对与案件有关的法律体系进行

---

① Roy Goode, "Usage and Its Reception in Transnational Commercial Law", *The International and Comparative Law Quarterly*, Vol. 46, No. 1 (Jan., 1997), p. 4.

② Richard J. Howarth, Lex Mercatoria: Can General Principles Of Law Govern International Commercial Contracts? *Canterbury Law Review*, Vol. 10, 2004.

比较分析来决定何谓公平。"友好仲裁"决不意味着排斥仲裁员可以根据某一法律体系来决定当事人的相互权利,同时,仲裁员要对这种裁决赋予更多的说服力才可能不致在未来的执行阶段被否定。① 而强行法虽然是些国际公法规则,但它们可以说构成了一种国际公共政策,相应地同样可以包容对国际商事交易的规制。至于国际组织的自我规制的规则,虽然只能适用于其组织的成员,但正如早期商人习惯法规则也多数是由特定行业组织如吉尔特制定和编纂的,也主要是适用于其行业内的成员一样,不能因此就把现代的国际行业组织制定的自我规制的规则排除在现代商人习惯法之外。

对于诸多商人自治规则是否属于跨国商法渊源的争论,表面上看是对跨国商法这一部门的内涵和性质的界定所引起的,但从根本上说,本身多数属于民间规范的跨国商法规范。是否能构成"法律"渊源,这本身就是个法理问题,因此对跨国商法的渊源存在诸多不同理解,在很大程度上源于人们在法理学上对法律渊源这一概念本身就存在不同认识。

二、不同的法律渊源理论

何为法律渊源?在这一问题上,基于不同的认识视角,法学界提出了形形色色的法律渊源观。首先,英美法系和大陆法系的学者对于法律渊源的理解就有所差异。英国早期分析法学派代表人物霍兰德(Thomas Ersking Holland)认为,"法律渊源"一词有四层涵义:

(1)它是指我们获悉法律知识的来源;
(2)它是指赋予法律强制力的最终权威,即国家;
(3)它是指那些使已取得法律强制力的规则得以自发产生的原因,即

---

① Klaus Peter Berger, *The Creeping Codification of the New Lex Mercatoria*, Kluwer Law International, 2010, pp. 81~82.

习惯、宗教和科学论述;

(4)它是指一些国家机关,通过这些机构,国家可以认可以前无权威的规则具有法律效力,或者国家自身创制新的法律,即判例法、衡平法、制定法。

美国法理学家约翰·齐普曼·格雷(John Chipman Gray)以英美判例法为立论基础,认为法律是法院通过其判决权威所确立的规则,法律渊源就是法官在制定构成法律的规则时所习惯依赖的某些法律和非法律的资料,它包括立法机关的法规、司法判例、专家意见、习惯和道德原则(包括公共政策的箴规)。[1]

约翰·威廉·萨尔蒙德(John William Salmond)提出,应区分法律的正式渊源和材料渊源。前者是指法律规则从中取得强制力和效力的渊源,即国家的意志和权力;而后者是指法律从中取得材料而不是效力的渊源。法律的正式渊源只有一个,而材料渊源却可以有很多,这又可以分为法定渊源和历史渊源。法定渊源是指那些法律自身所认可的渊源。历史渊源是指那些事实上存在但缺乏法律认可的渊源。它最终把法律渊源等同于那些业经制定的法律规则通常得以衍生其强制力的官方的和权威性的文本,包括宪法、法规、条约、行政命令和条例、司法意见和法庭规则。[2]

综合法理学代表性人物美国法学家埃德加·博登海默(Edgar Bodenheimer)明确地将法律渊源划分为正式渊源和非正式渊源。前者指那些可以从体现为权威性法律文件的明确文本形式中得到的渊源。主要有宪法和法规、行政命令、行政法规、条例、自主或半自主机构和组织的章程与规

---

[1] Gray, *The Nature and Sources of the Law*, 2d ed. New York, 1921, pp.123~125.转引自[美]博登海默:《法理学:法律哲学与法律方法》,邓正来译,中国政法大学出版社2004年版,第428页。

[2] Gray, *The Nature and Sources of the Law*, 2d ed. New York, 1921, pp.123~125.转引自[美]博登海默:《法理学:法律哲学与法律方法》,邓正来译,中国政法大学出版社2004年版,第428页。

章(授权立法和自主立法)、条约和其他协议以及司法先例。后者是指那些具有法律意义的资料和值得考虑的材料,而这些资料和值得考虑的材料尚未在正式法律文件中得到权威性的或至少是明文的阐述与体现,如正式标准、推理和思考事物本质的原则、衡平法、公共政策、道德信念、社会倾向和习惯法等。博登海默认为非正式渊源作为一种辅助渊源,具有矫正和补充正式法律渊源空白的作用。[1]

纯粹法理论的提出者汉姆斯·凯尔森(Hams Kelsen)则根据它的基本规范论提出了一个规范渊源的等级。他认为,法律渊源不仅用来指习惯和立法(广义)这两种创造法律的方法,而且也是用来说明法律效力的理由,尤其是最终理由,因而基础规范是法律的渊源,任何"高级"法律规范就是"低级"法律规范的渊源,法律的渊源始终是法律本身。在他看来,道德规范、政治原则、法律学说、法学专家的看法不属于法律渊源。[2]

另有少数法学家则把法律文件和文献资料的贮藏处认定为法律渊源,如法令全书、司法判例集、判例法摘要、条约集、百科全书和法律期刊等;或者,将法律渊源等同于某些法律体系,这些体系被当作是法律规则和原则的传统贮藏所,如普通法、衡平法、商法和学院法。英国法学家戴维·M.沃克(David M. Walker)所编的在英美法学界比较权威的《牛津法律大辞典》中将法律渊源归纳为五种涵义:[3]

一是指法的历史渊源,即引起特定法律原则和规则产生的过去的行为和事件;

二是指影响了法律、促进过立法和推动过法律改革的理论原则和哲学

---

[1] [美]博登海默:《法理学:法律哲学与法律方法》,邓正来译,中国政法大学出版社2004年版,第429~430页。

[2] [奥]凯尔森:《法与国家的一般理论》,沈宗灵译,中国大百科全书出版社1996年版,第149页。

[3] [英]戴维·M.沃克:《牛津法律大辞典》,李双元等译,法律出版社2003年版,第1048~1050页。

原则；

三是指法律的形式渊源；

四是指法律的文件渊源，即含有对法律规则权威性解释的文件，人们可以在其中找到对法律的权威性解释；

五是指法律的文献渊源，即法律文献和内容为有关各种问题的法律资料的书籍，这里法律并没有被权威性地解释。如果加上经济根源，则法律渊源有六种涵义。

这基本上是前述诸多学者观点的概括。由此可见，英美学者对法律渊源的理解是比较多元化的。这可能与英美法作为判例法体系，法官在司法过程中不可能像大陆法系国家的法官那样，有现成的成文法可以援引。虽然他们一般适用遵循先例原则，但当面临新案件或者适用既有判例可能导致不公正时，他们往往需要依靠"法官造法"，而在这种"造法"过程中，法官显然需要证成其判决结果，在论证判决过程中法官所援引的说服力渊源是很多的，既有以往的判例，也有制定法和政策，甚至权威学说和道德。

在大陆法系国家，法律渊源词义的分歧不像英美法系国家那样突出，因为大陆法系一般从立法意义上说，法官可以援引的裁判依据只能是制定法，或者经制定法所认可的规范，如习惯、条约等。因此比较一致的意见是，法律渊源乃指法律的效力渊源。那些未经国家法所承认的社会规范即使实际上存在，约束着社会成员的行为，为群体成员所自觉遵守，也不能视为法律渊源。但近年来，欧陆学者也开始重新认识法律渊源。如瑞典著名法哲学家亚历山大·佩岑尼克就把法律渊源界定为一种权威的理由：凡法律人必须、应当或者可以提供的作为权威性理由的所有文本和惯例（practice）等，任何支持特定立法决定、司法裁决或者其他根据情势而不是其内容所作出的裁决的权威理由都是法律渊源的范畴。他把法律渊源分为必然渊源（must-sources）、应然渊源（should-sources）和或然渊源（may-sources）。它们之间的关系是：必然渊源在形式上具有法律上的约束力，应然渊源则无；忽视应然渊源的后果通常比忽视必然渊源的后果更轻微；

必然渊源比应然渊源更重要,而应然渊源又比或然渊源更重要。但法律渊源的等级并不是绝对的,而是可以被废止的(defeatable),而且,佩岑尼克提出,法律学说同样可以因其具有较高的认知度、融贯性和公正性而成为一种具有相对从属地位的法律渊源。① 这种对法律渊源的理解是比较广义的,作者虽然没有对这三种渊源给出具体定义,但在我看来,必然渊源类似于传统法源论上的正式渊源或形式渊源,而应然渊源接近自然法学上的渊源观,而或然渊源则可能包括的范围更广。

我国法学界关于法律渊源的理解也多是从立法视角上来观察的,但大体上也反映了如上西方学者的看法。如李肇伟教授认为,"法律之渊源,乃产生法律内容之原因或依据也,就现代法律而言,除道德、正义、宗教、外国法律等等,足以构成法律者外,则有制定法与非制定法二者,学者称前者为直接法源,对后者称为间接法源。"② 刘作翔、周旺生、周永坤等教授则把法律渊源等同于法律的表现形式。如刘作翔教授认为:"法的渊源也称为法源,法律渊源,是指那些具有法的效力作用和意义的法的外在表现形式。因此,法的渊源也叫法的形式,它侧重于从法的外在形式意义上来把握法的各种表现形式。"周永坤教授也认为,法律的形式渊源与法律的形式含义相近。"法律渊源指法律的权威及强制力的来源或法律的存在形态。"他进一步指明,不同时空中的法律渊源不同,但对各种法律渊源进行归纳就可以得出法的一般渊源。法的一般渊源通常分为主要渊源和次要渊源。法的主要渊源是法源的主体,通常包括制定法、判例法、习惯。次要渊源通常包括权威的理论和公认的价值。主要渊源的效力高于次要法源,只有在无主要法源可资援引的情况下,才可适用次要法源。这就是说,次要法源可以填补主要法源的空白,并且在特殊情况下,次要法源可以纠正主要法源

---

① [瑞典]亚历山大·佩岑尼克:《法律科学:作为法律知识和法律渊源的法律学说》,桂晓伟译,武汉大学出版社 2009 年版,第 26~29 页。
② 李肇伟:《法理学》,法律出版社 1980 年版,第 12 页。

的失误。① 韩忠谟教授在讲述法的渊源时说:"从法律研究和实用立场说,所谓法之渊源就是研究或适用法律者所由取得法律之泉源,正如水之有渊然,在法学亦简称法源。我们到底从哪些方面可以看到法的来源呢?通常为成文法或不成文法两个方面。"②

诸如陈金钊教授所评价的,我国法学界在言及法律渊源时,多数是从具体表现形式着眼,看重的是静态的法律资料,而忽视法官等法律职业者在法律渊源识别、择取上的主动性。③ 当然,也有个别学者从英美法的法律渊源中受到启发,基于司法视角提出对法律渊源的看法。如庞凌认为,法律渊源"应当从法官们在制定构成法律的规则时所通常诉诸的某些法律资料与非法律资料中去寻找。"换言之,法律渊源是法律的素材,是可以成为法律判决合理基础的资料。④ 胡玉鸿教授也提出,法律渊源应当定位于"由国家或社会所形成的,能被法官适用并对法官审判有拘束力或影响力的不同效力等级的法律规范的各种表现形式。"⑤ 从这个角度看,法律渊源不仅应当是法律的具体表现形式,还是可以成为司法判决依据的法律形式。沈宗灵教授视法源为效力渊源。他认为,法律渊源多指法的效力渊源,"也即由什么国家机关制定或认可,因而具有不同法律效力或法律地位的各种法律类别,如宪法、法律、行政法规等制定法、判例法、习惯、法理等。"⑥ 陈金钊教授也从司法的视角来认识法律渊源,他认为法律渊源就是法官发现法律的场所。法律渊源既应当包括直接渊源,即官方的权威文件,也应当包括间接渊源,如正义、道德、法理学说等。前者解决了判决的合法性问题,后者解决了判决的合理性问题,这两个方面在构建裁判规范

---

① 周永坤:《法理学——全球视野》,法律出版社2000年版,第36~38页。
② 韩忠谟:《法学绪论》,中国政法大学出版社2000年版,第26页。
③ 陈金钊:《法治与法律方法》,山东人民出版社2003年版,第292页。
④ [美]博登海默:《法理学:法律哲学与法律方法》,邓正来译,中国政法大学出版社2004年版,第429页。
⑤ 胡玉鸿:《法律原理与技术》,中国政法大学出版社2002年版,第97页。
⑥ 沈宗灵:《法学基础理论》,北京大学出版社1988年版,第54页。

时都是不可缺少的。①

基于上述不同的法律渊源观,法律渊源被分成了诸如立法上的法律渊源与司法上的法律渊源并不相同,形式渊源与实质渊源,正式渊源与非正式渊源,主要渊源和次要渊源等诸如此类的区分。

实际上,无论是对于国内法,还是国际法,大家对正式渊源的认识分歧并不大,主要是对实质法律渊源,或者说是非正式渊源(次要渊源)的地位及其范围问题存在争论较多。首先,传统的法律渊源概念,主要是指正式的法律渊源,那些未得到立法和司法承认的规范并不能构成正式的法律渊源。从法哲学观上观之,这显然是一种实证主义的法律渊源观。而如果秉承自然法学的法律渊源观,法律渊源的范围则将势必扩大到那些诸如正义、道德、正当利益之类的抽象的自然法原则。而如果秉承社会学法学的法律渊源观,法律渊源将包含未体现为法律规则但却实质上支配着社会成员的生活实践的社会规则,如习惯、行规等。这样,除了正式的法律渊源外,也应承认非正式渊源的效力。就国内法而言,大陆法系国家的正式法律渊源主要是制定法(成文法),但也有一些学者提出应承认诸如习惯、政策、判例甚至法理等为国内法的非正式渊源。对英美法系国家来说,正式法律渊源主要是判例法,但晚近以来英美法的制定法也日益发达。如果从司法视角来看法律渊源,我们可以看到英美法官在判例规则的论证中所援引的规范实际上十分丰富。我们甚至经常看到法官援引《法律重述》,甚至著名学者的论述来证立其判决,虽然从严格意义上来说,它们不是法律渊源,只构成论证判决理由的说服性证据,但或许也正是从此意义上说,《国际法院规约》(以下简称《规约》)第38条所确立的国际法院司法过程中可适用的五种国际法渊源中就既包含了正式渊源(主要渊源),如国际条约、国际习惯,也列举了次要渊源,如一般法律原则和用于证明法律原则的法院判例和权威公法学家的学说。虽然如此,这也并不等于说国际法学界就

---

① 陈金钊:《法治与法律方法》,山东人民出版社2003年版,第299~230页。

对国际法的渊源没有争论了,恰恰相反,学者们对次要法律渊源的范围和地位充满了不同认识。如一般法律原则是否构成一种独立的法律渊源?《规约》的列举是否已经穷尽了国际法的渊源?在国际法得到快速发展的今天,有不少学者认为《规约》第 38 条并未穷尽国际法的渊源,还存在着第 38 条之外的法律渊源,如国家交往中经常采用的单方行为(宣言、抗议、放弃、承诺、撤回等)。至于国际组织的决议,特别是联合国大会决议的法律效力则争论更大。[①] 还有的学者甚至把人性考量、正当利益等列入国际法的渊源中去[②]。这同样是由于对法律渊源本身的理解不同所造成的。

例如,被奉为国际法经典的《奥本海国际法》就认为:"法律规则的'渊源'这一概念是重要的。因为它能使法律规则与其他规则相区别(特别是与应有规则),而且也涉及确立新的行为规则的法律效力和变更现行规则的方式……法律的渊源关系到构成该体系的特殊规则,以及这些规则可以被识别为法律规则的过程。……我们还要指出国际法的形式渊源和实质渊源之间的区别。前者——在这里与我们更为有关——是法律规则产生其有效性的原因。而后者则表明该规则的实质内容的出处。"[③]

国际法渊源这一概念的模糊不清导致了有学者甚至主张应该废弃使用它。如奥·康奈尔(O'Connell)认为,"国际法渊源的概念是不明确的。传统上,国际法的渊源有五种:习惯、条约、司法判决、学者学说和一般法律原则。但是,这五种都不是创造法律的方法,因而都不是国际法的渊源,而把它们联合在一起,作为国际法的渊源,有使国际法的性质含糊不清的倾向。"博斯(Bos)也认为,"渊源"一词根本不适合于法律领域,而应当彻底加以消除,而以"公认的法律表现"(recognized manifestation of law)取而代

---

① [德]沃尔夫刚·格拉夫·魏智通:《国际法》,吴越等译,法律出版社 2002 年版,第 89~96 页。
② [英]布朗利:《国际公法原理》,曾令良等译,法律出版社 2002 年版,第 19~20 页。
③ [英]詹宁斯 瓦茨:《奥本海国际法》(第一卷第一分册),王铁崖等译,中国大百科全书出版社 1995 年版,第 17~18 页。

之。按照凯尔森的说法,"法律的渊源这一用语的模糊不明似乎无甚用处,人们应当采用一个明确的并直接说明人们心里所想的现象的说法以代替这一会使人误解的比喻语。"因此,他用"法律的创造"来取代"法律的渊源"。[①] 在有关的法理学著作中,已没有"法律渊源"的名目,而代之以"法的形式"。因为"渊源指根源、来源、源流的意思,将法和渊源联用,其含义是指法的根源、来源、源流。这同法的形式是两回事。"[②]著名的斯堪的纳维亚法律现实主义论者托斯坦·埃克霍夫(Torstein Eckhoff)干脆用一种范围更加广泛的、影响法律裁决的"渊源要素"(source factors)概念来取代传统的法律渊源学说。[③] 当然,人们对法律渊源的涵义尽管有着不同的理解,但这并不影响法官在实际裁决案件的过程中必须对案件进行裁决,并为案件寻找正当的法律根据。因此,法律渊源应当更多地从司法的视角进行观察,司法视角的法律渊源则必须从法官(或仲裁员)对案件的裁判中所援引的规范进行考察。凡法官在裁判过程中所援引的规范依据都应当给予正当的考量,如此说来,法律渊源就必然不限于官方认可的规范依据,法官所援引的证立其裁决成立的规范依据皆应纳入法律渊源的范畴之内。如此说来,法律渊源的范围将大大扩展。

三、法律渊源理论适用于跨国商法

(一)司法视角的法律渊源观可以使跨国商法成为实质法律渊源

鉴于对法律渊源的认识存在立法视角和司法视角的观察。而对于跨

[①] [奥]凯尔森:《法与国家的一般理论》,沈宗灵译,中国大百科全书出版社1996年版,第149页。

[②] 这些学者的观点转引自王铁崖:《国际法引论》,北京大学出版社1998年版,第50页。

[③] [瑞典]亚历山大·佩岑尼克:《法律科学:作为法律知识和法律渊源的法律学说》,桂晓伟译,武汉大学出版社2009年版,第26页。

国商法来说，立法视角来观察只有国际商事条约是基于法律实证主义意义上的"国家造法"，而其他渊源几乎都不是主权者的立法，因此，如果我们把跨国商法定位于是国际商人社会自主创造的独立于国内法和国际法的"第三种法律秩序"的话，那么，在法律实证主义的法哲学观下，这个"第三种法律秩序"也只能是商人们自封的，没有主权国家的认可它们就不能成其为法律，因为法律实证主义的基本信条是法律只能产生于主权者的意志。因此，跨国商法成为法的法哲学基础只能依赖其他法哲学观。但是，如果从司法视角看，在跨国商事案件的国内司法裁判过程中，审理此类案件的国内法官当然对于法律渊源的选择会受到更多的限制。因为他们的身份属于某一主权国家的委任或指定，其所适用的法律也必然受到主权国家法律的局限，他们更多地适用于一国的国内法（通过冲突规范的指引）或者国内法所承认的国际规则（如国际商事公约和惯例），对于国内法没有明确承认的国际规则的适用则十分谨慎。因此，跨国商法在国内法官那里成为正式法律渊源是十分艰难的。然而，如果从司法视角观察，即使是国内法院的法官们在裁决案件过程中所适用的法律渊源实质上也并非仅限于国家法。当出现依据实证法导致裁决结果不公甚至谬误，或者出现法律的复数解释，或者现行法存在法律漏洞之时，法官仍然需要诉诸习惯规则、公平正义的法观念、社会舆论、道德、政策，甚至参考外国法和本国未正式核准的国际法等非正式法但却是实质上的法律渊源对案件加以处理。

  当然，对于国际商事纠纷的解决，诉诸国内法院已经不再是唯一的，甚至不是主要的争端解决方式了。相反，绝大部分的国际商事争端是通过国际商事仲裁来加以解决的，国际仲裁员更少地受到国内法的限制。[①] 因此，从仲裁的"司法"视角看，国际仲裁员们在仲裁过程中实际选择适用了

---

  ① 在这方面，最突出的表现就是国际商事仲裁中的"非国内化"理论的兴盛了。参见郭玉军、陈芝兰：《论国际商事仲裁中的"非国内化"理论》，载《法制与社会发展》2003年9卷1期。

哪些规则来裁决纠纷才是关键。这就需要从国际商事仲裁的裁决中寻找答案。这便是本书第三部分"跨国商法的适用"的主题。通过这一部分的考察我们可以发现,在国际商事仲裁中,甚至是国内法院的判决中,对跨国商法渊源的适用和承认正日益成为国际商事仲裁发展的新趋向。

(二)国际法律多元主义使非国家创制的规范成为法律渊源

在人类进入21世纪的头十年,随着全球化进程的加快,人们对法律的视野变得越来越开阔了,国际法学者们越来越认识到我们居住在一个拥有多种规范社会的世界里。除了传统上通过官方制裁的强制力和正式法律程序所强加给人们的规范,还有很多其他规范,这些规范影响的程度各不相同,但越来越清楚的是,国际社会已经无法忽视这些规范主张,它们大量的是由那些非政府实体所创造的,在严格意义上并不是"法"的规范,这种新现象就是国际法律多元主义的路径。

在国际法学界,也出现了如梅瑞斯·麦克杜格尔(Myres McDougal)、哈罗德·拉斯威尔(Harold Lasswell)、米歇尔·瑞斯曼(Michael Reisman)以及其他纽黑文学派的学者,他们都坚持法并不只存在于主权国家的强制命令。相反,法是通过不同规范生产共同体之间的争论和交往互动而不断建构的。例如麦克杜格尔就曾指出,国际关系现实主义理论就低估了规则和法律进程总体上的作用,过高估计了赤裸裸的权力的作用。① 然而,与此同时,纽黑文学派又不把规则看得那么重要,因为传统实证主义者只把规则与"法"相联系,而规则实际上只构成"世界建构进程"的一部分。他指出,权威的决策过程是一个在共同体之间的交往中形成"互惠需要,预期、身份认同和合作模式的过程",这一过程导致了"特定的制度实践",而

---

① McDougal, International Law, Power, and Policy: A Contemporary Conception, 82 Recueil Des Cours 137 (1953), at 9-10; Myres S. McDougal, Harold D. Lasswell & W. Michael Reisman, Theories About International Law: Prologue to a Configurative Jurisprudence, 8 VA. J. INT'L L. 188 (1968).

这种制度实践对于维持稳定的关系、恢复分裂的关系发挥着真正的作用。① 纽黑文学派将注意力转向了国际领域零乱的决策过程的经验分析,分析它们实际上是怎么发生的。他们把法律看作是一种社会进程,而不是一套主权者的命令,更不只是反映国家利益的工具。该学派的重要意义在于转向了对国际社会主体交往过程本身的关注,强调一系列行动者的作用,不是只关注主权者的决策,而更多地关注主权者在不同的时间作出不同决策时的方式,首先关注主权者们达成决定的过程。② 在这一过程中,主权权力的分散与许多被称之为"微小法律进程"(microlegal processes)的过程相伴,如那些我们每天所遭遇的"法则"("laws" implicated by everyday encounters)。③ 这些法则不是主权者制定的,而是诸多社会群体在交往过程中建构的规则。在这一转变过程中,纽黑文学派调整社会生活的"活法"(living law)概念很大程度上独立于"官方"的以国家为基础的法。④ 纽黑文学派对于国际法的认识至少在两个观念上向多元主义迈进了:第一,它将注意力从庞大的地理政治权力博弈转向了决策实际上如何落地的经验分析。第二,它指出了这一决策过程应当包括主权国家之外的一大串行动者。⑤

按照跨国法律进程的理论,仅仅宣示规范和澄清规范的权力(即使没有实实在在的执行权)也能产生巨大影响,随着时间的推移这也能有效地改变人们的法律意识。正如玛莎·费丽莫(Martha Finnemore)所指出的:

---

① Myres S. McDougal et al., The World Constitutive Process of Authoritative Decision, 19 *J. LEGAL EDUC.* 253, 254-255 (1967).

② Michael Reisman, A Jurisprudence from the Perspective of the "Political Superior," 23 *N. KY. L. REV.* 605, 605-608 (1996).

③ W. Michael Reisman, *Law in Brief Encounters*, Yale University Press, 1999.

④ Eugen Ehrlich, *Fundamental Principles of The Sociology of Law*, Walter L. Moll trans., 1936, pp. 14~38.

⑤ Paul Schiff Berman, A Pluralist Approach to International Law, *The Yale Journal of International Law*, Vol. 32, p. 307.

"社会建构的规则、原则和行为规范,或者共同的信念都可以向国家、个体和其他行为体提供一种理解,即他们理解什么是有价值的,什么是重要的,什么是有效的获取利益的合法途径。"①费丽莫列出了一系列没有执行权但却影响到国家决策的国际机制。她写道:

"在联合国教科文组织采取行动之前,多数国家尤其是不发达国家,并不会意识到他们需要一个国家科学局。同样,欧洲国家的领导人们直到 Henri Dunant 和国际红十字会提出问题来才意识到对战争伤员的特别关心。减轻全球贫困问题尽管很长时间以来就在抽象的意义上被人们认为是必要的,但直到世界银行在罗伯特·麦克纳马拉(Robert McNamara)领导之下使其成为发展的必要组成部分时才被看成是各国,尤其是发达国家的责任。"②

人们已经承认,伴随着商人习惯法的发展而来的是国家在国际政治和规则制定方面的统治地位的衰落,正是由于国际主权观念的式微和当事人意思自治观念的张扬,使得早已被人们遗忘的超越传统实证主义的法律渊源的理论再次升温。非实证主义的法律概念逐渐出现。它要求法律的发展必须考虑社会的复杂性、多元性,所以多元法律观念的兴起并不仅仅是国家和国际组织的推动,同时也是自然人、民间组织和联盟自治和合作的结果。以国家主权观念为中心的传统法律渊源理论正逐渐被一种承认社会有能力自治从而制定多元化的法律的观点所取代。现在人们普遍认为这是商人习惯法本身的规范性所决定的。

这些转变说明,即使那些没有强制执行力的规范所具有的说服力也可能让各国培育起它原来可能并不具备的利益、改变舆论及树立尚未意识到的观念和内容。这便是跨国民间规范对规则意识的建构作用。

---

① Martha Finnemore, *National Interests in International Society*, Cornell University Press, 1996, p. 15.

② Martha Finnemore, *National Interests in International Society*, Cornell University Press, 1996, p. 12.

事实上,国际民间规范(非国家规范)对于全球法律意识的塑造,建构国际法规范的作用也得到其他很多西方学者的关注。在贡塔·托依布纳(Gunther Teubner)1997年所编辑的《没有国家的全球法》一书中就收录了许多学者研究非国家规范对于全球治理的贡献。如 Hans-Joachim Mertens 对商人习惯法的研究(第二章),表明用来调整跨国经济交易的商人习惯法就是一部没有国家干涉的法律全球化进程中典型的成功案例;Jean-Philippe Robe 和 Peter T. Muchlinski 研究了跨国公司作为多元法律秩序的建构者、作为跨国造法团体所发挥的作用(第三章和第四章);John Flood 和 Eleni Skordaki Giddens 研究了会计和律师团体在跨国破产中的规则制定者角色(第五章);在劳动法领域,Bercusson 的研究表明,在这一领域,全球化和非正式关系相结合使跨国企业和劳工组织成为法律的主要制定者。跨国企业制定的劳动标准为国际劳工组织的劳工标准提供了基础(第六章);Andrea Bianchi 则研究了非国家行为体在人权全球化中的作用。[1]

而在其他作品中,除了上述领域,西方学者们还研究了包括跨国民间食品认证[2]、跨国森林理事会对林产品的认证[3]、贸易融资法律制定中跨国

---

[1] Gunther Teubner, Global Law without A State, Dartmouth, 1997.

[2] Tetty Havinga, Actors in Private Food Regulation: Taking Responsibility Or Passing The Buck To Someone Else? Paper for the Symposium on Private Governance in the Global Agro-Food System 23-25 April 2008, Munster Germany, available at http://www.ssoar.info/fileadmin/php/download.php?url=/ssoar/files/usbkoeln/2011/490/2008_tetty%20havinga_actors%20in%20private%20food%20regulation%20-%20taking%20responsibility%20or%20passing%20the%20buck%20to%20someone%20else.pdf.

[3] Errol E. Meidinger, Law Making by Global Civil Society: the Forest Certification Prototype, available at http://www.law.buffalo.edu/eemeid/scholarship/GCSEL.pdf; Philipp Pattberg, What Role for Private Rule-Making in Global Environmental Governance? Analysing the Forest Stewardship Council (FSC), *International Environmental Agreements*, 2005, Vol. 5, pp. 175~189.

民间组织的作用①等跨国民间规制进程。这种跨国民间规制（transnational private regulation）被指称为非国家行为体联合起来编纂、监控，在某些情况下还认证公司遵守劳动、环境、人权或其他应负责的标准的规制形态。例如，在过去20年里，关于血汗工厂、童工、热带雨林的滥采滥伐和其他问题的争论催生了一批非政府认证协会的产生，民间规制的兴起被一些学者称为是"过去50年里最富创新性和令人吃惊的制度设计"。②各类技术标准和职业规章虽然还存在微小的国际政治干涉，但是都倾向于在全球范围内越来越协调和一致；③在环境领域中，在一些与国家机构相分离的领域中也出现了法律全球化的倾向；在互联网领域，一个由信息技术人员所创造的网络空间法（lex informatica）也正在形成，在技术领域，它们发挥着政府所无法替代的规制功能；④即使是在体育领域，人们也正在讨论一个全球统一的体育法正在形成，这个全球体育法同样是由国际体育界（尤其是国际体育仲裁院）所创立的独立于主权国家的法律体系。⑤正如托依布纳

---

① Janet Koven Levit, A Bottom-Up Approach to International Lawmaking: The Tale of Three Trade Finance Instruments, *The Yale Journal of International Law*, Vol. 30, 2005, pp.125~209.

② Cashore, Benjamin, Graeme Auld, and Deanna Newsom. 2004. Governing through Markets: Forest Certification and the Emergence of Non-state Authority. New Haven, Conn.: Yale University Press, 2004, p.4.

③ 如国际标准化组织（ISO）所致力的工作、国际金融领域的巴塞尔协议以及国际律师协会律师取证规范和职业道德规范等。

④ Aron Mefford, Lex Informatica: Foundations of Law on The Internet, *Indiana Journal of Global Legal Studies*, Fall 1997, Vol.5, pp.211~237.

⑤ 参见姜世波：《Lex Sportiva：全球体育法的兴起及其法理意义》，载《天津体育学院学报》2011年第3期。

所指出的，全球布科维纳（Bukowina）①远远超越了经济领域的法律全球化。它不仅包括经济，还包括世界各个领域所形成的他们各自领域内的全球化的法律。②

如上所述，如果我们把法律的视野扩大到非国家制定的法，不再把法视为国家垄断的产品的话，那么，那些所有通过跨国民间规制所形成的规则也有理由被列入法律的范畴，如此，被指称为自主创生于跨国商人社会的独立的新商人习惯法体系也就具有了法律的属性，跨国商事习惯规则也就成为了法律渊源。

四、跨国商法的主要渊源

在本部分一开始，我们就介绍了法国学者兰多和古德教授所列明的跨国商法的渊源，指出国外不同学者对于跨国商法的渊源有着各自不同的理解。我国学者在对国外研究成果进行总结的基础上，也提出了自己对跨国

---

① 被尊为"欧洲法社会学之父"的奥地利法学家尤金·埃里希在他的《法律社会学基本原理》(1936)一书的第 390 页写道："从历史上我们就可以看出法律的发展不是依赖于国家的活动，而是依赖于社会本身的运转，并且现在也是如此。"因埃里希出生于奥地利帝国最东部布科维纳省会切尔诺维茨，基于对他所设想的一个乌托邦式的关于全球法律秩序的想法的推崇，托依布纳将其称为尤金·埃里希的"全球布科维纳主义"。这种主张坚持应主要是靠市民社会中自我运行的规则来实现法律规则的全球化，不同于以政治力量为主的勇敢的"新维也纳全球秩序"。尽管尤金·埃里希的理论在奥地利国内法上被认为是错误的，但是托依布纳认为，不论是从经验上还是从规则上，对于新出现的全球性的法律而言，该理论都是正确的。从实践经验上看，他的理论是正确的，因为政治、军事和道德相糅合的治理方式缺少足够的力量来控制市民社会中的多元化的分离趋势。从规则角度上看，他的理论也是正确的，因为只要政治体制与当地的具体情况相适应，就是民主。（参见 Gunther Teubner, "Global Bukowina: Legal Pluralism in the World Society", in Gunther Teubner (ed.) Global Law Without A State, Aldershot; Brookfield, USA: Dartmouth, 1997, p.3.）

② Gunther Teubner, "Global Bukowina: Legal Pluralism in the World Society", in Gunther Teubner (ed.) Global Law Without A State, Aldershot; Brookfield, USA: Dartmouth, 1997, p.3.

商法渊源的看法。如有学者把一般法律原则、国际贸易统一法、习惯和惯例、仲裁裁决作为跨国商法的渊源,还有人将国际公法、国际统一立法、一般法律原则、国际贸易惯例、国际标准合同以及国际合同示范条款一并纳入其中,①甚至还有学者将国内商法作为跨国商法的渊源。如有的国际经济法学者则认为现代商人法应包括国内商事立法,因为国内法规则中也可以反映出商人交易中所遵循的国际商事惯例和一般法律原则。② 我们认为,国内商法虽然可以为归纳出跨国一般法律原则和对形成国际商事惯例提供素材,但并不能因此就将国内商法也作为跨国商法的渊源。因为,在国际规则的形成过程中,虽然大国的国内法(或大商人的习惯做法)会发挥重大作用,但它一旦要演变为跨国规则,就必须融入国际社会其他成员(其他商人)的意志,融入能为其他国家(或商人)法律观念所接受的内容。也就是说,跨国法律规则必定具有超越一国国内法属性的方面,它必定是新的规则而不可能是某个或某几个国家(商人)的规则。

综合国内外学者的观点,跨国商法的渊源可以归纳为国际商事条约、一般法律原则、国际商事惯例、国际组织示范法、商事格式合同条款以及国际商事仲裁裁决等。对于这些渊源的性质及其作用,郑远民教授在其《现代商人法研究》一书中已经作出了较为详尽的论述。③ 笔者在此不再一一详论,仅指出以下两点:第一,在跨国商法诸多渊源中,国际商事惯例应当成为其主要渊源;第二,一般法律原则在当代跨国商法的渊源中正在成为发展的重点;第三,由于我们将跨国商法界定为一个民间规则体系,因此,国际商事条约不包括在我们关于跨国商法的渊源中。

(一)国际商事惯例是跨国商法的主要渊源

第一,商事惯例在国际商事交易中比公约的适用更加普遍。国际商事

---

① 黄进、胡永庆:《现代商人法——历史和趋势》,载《比较法研究》1997年第2期。
② 赵秀文:《商人习惯法及其适用》,载陈安主编:《国际经济法论丛》(第5卷),法律出版社2002年版,第366页。
③ 郑远民:《现代商人法研究》,法律出版社2001年版,第73~112页。

惯例是由跨国商人社会通过商事实践所创造的法，它反映了国际商业社会的实际需要。因此，其形成的规则更容易为商人社会所遵守，而且，这种遵守通常是发自他们对这些惯例的"法律确信"而不是像国家法那样依靠国家的强制力。而国际商事公约只有通过核准或其他采纳行为才能有效，各国达成一致的文本还只意味着是一种临时观点，只具有一种可接受性。

第二，公约规定中的任意性规则也常常会被当事人援引国际商事惯例而遭到否定。比如联合国国际贸易法委员会制定的《独立担保和备用信用证公约》中的很多规定都是任意性规则，当事人可以排除其适用。这样，由于国际商法所发布的《跟单信用证统一惯例》或《凭要求即付担保统一规则》所具有的广泛影响力，它们虽然没有法律约束力，但因常常得到当事人的援引而否定了前述公约规定的效力。

第三，国际商事惯例一直构成国际商事仲裁所适用的基本实体法。从传统上看，商人们并不太愿意把他们之间的争端提交给任何一方当事人的国内法院解决，因为他们担心法院地的法官们会对另一方抱有偏见，他们对法院的诉讼程序以及其所适用的法律不熟悉，属于一国的冲突规则的适用技术之复杂也加剧了这种担心，诉讼程序和实体法适用的复杂和冗长无法提供商业社会所企求的效率。正是因为如此，从历史上看，中世纪的商人习惯法就是与商事仲裁制度相伴而生的。一方面，商人习惯法在商人团体中通过商事实践而自发形成。另一方面，由专业优势和德高望重的商人所组成的仲裁庭就是适用着这些商事习惯规则裁决提交给他们的案件。法院和仲裁庭接受一个商事惯例通常有以下几种形式：一是该惯例是如此众所周知以至于法庭对它形成了司法认知；二是权威证人提供了书面或口头证据充分说明了惯例的存在；三是由法庭从国际公约、国际组织准备的统一规则、标准合同、学者著述等材料中引申出惯例的存在。从诉讼和仲裁这两种正式争端解决方式来看，国际仲裁员们通常比法院更容易自信地宣称国际贸易惯例的存在，而且用司法认知的方式。当然对于从有关材料中引申出商业惯例这种做法而言，仲裁员们所面临的论证任务并不轻松。

但这并不影响国际仲裁员在必要的时候宣称惯例的存在,尽管这种宣称可能会招致争议甚至指责。

一个突出的例证是 ICC1989 年第 6713 号裁决。① 货物的卖方根据 1979 年签订的一个合同提起仲裁,要求支付货款余额。买方主张货物不符合合同,有权要求抵销他所受到的损失。一个问题产生了,就是关于买方是否在合理时间里发出了货物不符的通知。仲裁庭适用了普遍接受的冲突法规则来决定调整合同的法律,即卖方国家的法律。然而,因此而确定的准据法规定了一个买方必须给出缺陷货物通知的时间要求,仲裁庭认为该时间如此之短和特别,以至于与普遍接受的贸易惯例相悖,因此拒绝适用根据冲突规则确定的准据法,代之以适用《联合国国际货物销售公约》(以下简称《维也纳销售公约》)第 38 条和第 39 条的规定。

仲裁庭认为,没有比《维也纳销售公约》规定的条款更好的确定流行的贸易惯例的渊源了,即使买、卖双方国家都不是那一公约的成员国也是如此。如果它们是的话,公约作为法律可能自然就适用于该案了,而不只是作为反映贸易惯例来适用了。《维也纳销售公约》已经有 17 个国家赋予其效力了,这可能恰恰反映了国际货物买卖中货物不符问题的贸易惯例。

仲裁庭继续认为,买方已经在第 38、39 条规定的时间内给出了货物不符的通知,那么无论如何不能再允许卖方根据第 40 条援引在那些条款中规定的时间界限了,因为他已经知道了不符却没有披露它,从而,买方有权获得赔偿,抵销卖方的索赔。可见,从高度浓缩的裁决报告中我们可以合理地推断出,如果根据准据法,买方可能并没有及时地给出不符通知。

仲裁庭让一个在当事人订立合同时尚未生效的公约的规定成为贸易惯例来否定本来可适用的准据法中的规定,这或许会让我们感到吃惊,因为它把公约的范围扩大到了它自己所说的边界以外了。仲裁庭仅以 17 个

---

① (1990) XX ICC. Arbitration Yearbook, 70; Jarvin et al, Collection of ICC Arbitral Awards, Vol. II.

国家核准公约就把公约看成既有惯例的体现,这是否也有嫌武断？但不管怎么说,国际仲裁员们有时就是如此"大胆妄为",这或许就是所谓的国际仲裁的"非国内化"使然！①

或许正是为了有助于减少确定商事惯例过程中的那种恣意,当然也便于更多地为国际商业界援引惯例,从上世纪二三十年代起,商事习惯进入了成文化编纂快速发展的时期,这使商事惯例为仲裁和法院的适用变得更加便捷、更加普遍。国际商事仲裁也越来越受到各主权国家的支持,尤其是1958年《纽约公约》的实施更大大促进了国际商事仲裁的发展。今天几乎90%的跨界贸易合同都含有仲裁条款,甚至联邦德国最高法院曾认为,在某些贸易争端解决部门通过仲裁解决争端被推定为是一种贸易惯例。这意味着法院不得不叫当事人去仲裁,即使他们没有缔结仲裁协议。② 这种做法虽然也受到指责,认为裁决违背了仲裁选择的自愿原则,但这起码体现了国际商事仲裁对法院的影响。而国际商事习惯通过仲裁得以适用并获得发展正日益得到印证,即使当事人没有明示适用某一惯例的时候。例如在国际商会第3130号裁决中,一位仲裁员在解释一个C&F销售合同时,虽然当事人并没有明确将国际商会《国际贸易术语解释通则》并入合同,但裁决仍然适用了国际商会的这一通则,仲裁员推定他们所签署的这个有争议的合同时肯定已经完全理解了一个国际C&F销售合同的特征是什么。③

第四,从与其他跨国商法的渊源的关系来看,国际商事惯例常常是其他渊源的载体。虽然在"国际商法"中,国家间的商事条约自然应当成为它的重要渊源,因为"国际"二字必然意味着它应当包含国家间的关系,包含

---

① 关于国际商事仲裁的"非国内化"的理论和实践,参见朱克鹏:《国际商事仲裁的法律适用》,法律出版社1999年版,第97～121页。

② Klaus Peter Berger, *The Creeping Codification of the New Lex Mercatoria*, 2nd Revised Edition, Kluwer Law International, 2010, p. 93.

③ ICC Award No. 3130, [1981] J. D. 931, 1980.

国家间的意志所形成的法律规则。但对于跨国商法来说,我们则把国际条约这一重要国际法渊源排除在外。这主要是因为我们把跨国商法界定为是一个民间法规则体系。但这并不意味着国际商事惯例可以与国际条约割裂开来。事实上,在国际法体系中,它们之间存在着密切联系。一方面,国际商事惯例是形成国际商事公约的基础材料。从商事公约的产生来看,很多商事公约中的规则恰恰是对跨国商事惯例的编纂。如《1924年统一提单的若干法律规定的国际公约》、《1910年关于统一海难救助若干法律规则的公约》等。另一方面,国家间的条约有其天然的局限性,它只在缔约方间有约束力,而国际商事惯例虽然通常需要当事人在合同中援引才具有法律约束力,但国际商事惯例则几乎在所有相关的商事交易中都得到了援引,因此,它取得了事实上的普遍约束力。因此,条约规则只有上升为惯例和习惯法才会成为真正的"国际法"而不是"国家间的法"。①

(二)一般法律原则成为当代跨国商法渊源发展的重点

首先,在国际商事实践中,选择适用"一般法律原则"已经越来越成为当事人规避适用国内法的法律选择。在跨国商事交易中,虽然各国都允许和确认当事人可以选择他们的合同所适用的法律,但在很多时候,当事人由于这样或那样的原因并没有明示或默示地选择合同所适用的法律,或者干脆就不想选择适用某一国家的国内法,以避免受到所选择法律所属国的"偏袒"。当事人于是笼统地提到适用"商人习惯法"、"自然正义"、"国际商法的一般原则"、"普遍公认的法律原则"或"几个法系的共有原则"等等。有时合同当事人授权仲裁员"友好仲裁"或者"公平和善良"地裁决纠纷。那么,在这些情形下诉诸国际商事仲裁时,一般认为仲裁员的义务就是适用一种国际规则来裁决争端。同时,提及适用商人习惯法和其他跨国原则不仅是当事人法律选择的结果,而且在没有这种选择时,也可以由仲裁庭

---

① 关于国际商事条约作为国际商法渊源的特点和弊端,可参见左海聪:《国际商事条约和国际商事惯例的特点和相互关系》,载《法学》2007年第4期。

依职权来裁决适用。

然而,这种一般原则或共有原则的具体内容是什么?如何发现这些一般原则?在国际商会(ICC)第7375号案中,仲裁庭面对的是伊斯兰国家和美国实体之间的合同。合同并没有包含法律选择条款,但仲裁庭认为,没有包含法律选择条款反映了回避另一方当事人国家法的默示意图。因此,仲裁庭裁决适用:"一般法律原则可适用于国际合同义务,这已经获得广泛的国际共识,包括那些把商人习惯法和UNDROINT《国际商事合同通则》构成其法律一部分的国家,它们可以视为反映了普遍接受的观念和原则。"[1]

值得指出的是,本案仲裁员适用的是ICC早期的仲裁规则,即1998年规则,它要求仲裁员适用"他认为适当的冲突法规则所指定的适当的法律"。而ICC新的仲裁规则直接引导仲裁庭适用他认为适当的"法律规则"(rules of law)。这种"法律规则"被认为天然地包括了商人习惯法或一般法律原则。无独有偶,联合国国际贸易法委员会《国际商事仲裁示范法》第28条第1款、1981年法国《民事诉讼法》第1981条、1985年《伦敦国际仲裁院仲裁规则》第13条、1991年《美国仲裁协会国际仲裁规则》第29条也采取了同样的立法选择。[2]

其次,国际编法机构(international formulating agencies)编纂一般法律原则的工作日益发展,所编纂的原则和规则代表了各主要法系国家国内法的基本法律原则,可以作为仲裁机构可适用的"法律规则",方便了仲裁庭的援用。这些编纂的共同原则,著名的如国际统一私法协会编纂的《国际商事合同通则》、欧洲合同法委员会出版的《欧洲合同法原则》、伯杰教授的科隆大学跨国法中心编纂的《跨国法原则》等都代表了学者们在这方面

---

[1] Fabrizio,Marella and Gelinas,The Unidroit Principles of International Commercial Contracts in ICC Arbitration,ICC International Court of Arbitration Bulletin,Vol.10,No.2,1999,pp.126~127.

[2] 朱克鹏:《国际商事仲裁的法律适用》,法律出版社1999年版,第227~228页。

文本化上的一种贡献,因他们的国际地位而产生相应的重要影响,也构成了指责商人习惯法模糊不清者的回应。这些编纂机构甚至个人总是不时地提供着这些规则或原则的清单。这些成就已为伯杰教授所广泛讨论。①

伯杰教授也提出了他自己的技术和清单。他的技术被他描述为"逐步法典化"(creeping codification),其实质是他的原则清单不是静态和僵化的,毋宁是开放式的,它是可以随着时间的变化而更新和扩充的。不断的更新和扩展不仅能够满足商人习惯法作为"行动中的法"的需要,而且也能扩展这一清单的有效性和价值。② 在仲裁员或国际律师面临法律选择的情况下也会产生实际问题,在这一清单中会找不到相应的规则和原则。然而,类似于 UNDROIT 通则,解决问题所必要的新规则或新法律原则就可以从已经包含在清单中的材料中引申出来。清单的主要目的不仅是向后看和提供一幅商人习惯法现状的图像,而且也是向前看的,它可以提供未来跨国商法演进为一种开放的法律体系的动力。

最后,一般法律原则正日益成为国际商事仲裁适用的重要渊源。一方面,这是因为在国际商事实践中,当事人对于"商人习惯法"这一概念还并不熟悉,而选择适用双方国内法中的共同原则、国际法上的一般法律原则、国际贸易法的一般原则、当今世界所流行的法律原则和惯例、文明国家整体上所公认的法律原则等更容易成为他们的选择。③ 这就为国际仲裁员

---

① Klaus Peter Berger, *The Creeping Codification of the New Lex Mercatoria*, 2nd Revised Edition, Kluwer Law International, 2010, pp. 149~386.

② 伯杰教授为了实现他动态、开放地编纂跨国法原则的愿望,专门建立了科隆大学跨国法中心的网站,收集并公示各国商事立法、国际商事公约和惯例、国际编法机构的编纂成果、国际商事仲裁裁决、学术文献等,并随时发布其编纂的跨国法原则的最新成果。网址:http://www.trans-lex.org。

③ Rivken, Enforceability Of Arbitral Awards Based on Lex Mercatoria, *Arbitration International*, Vol. 9, 1993, pp. 68~72.

们选择适用国际编法机构所编纂的原则和规则提供了空间。① 根据 Fabrizio. Marella. Gelinas 的研究,有 8 个 ICC 的案件已经把 UNIDRONT 通则作为准据法。在继后的研究中,Marella 发现了另外 3 个案件适用了通则作为准据法。

ICC 第 7110 号案就是一个典型例子。该案涉及一国与英国私人签订的一系列销售、供应、修改、维护和运转设备及其支持服务的合同。合同被终止,产生了双方当事人相互索赔的纠纷。每个合同都包含了一个仲裁协议,其中一个规定了海牙 ICC 仲裁,其他规定了在巴黎 ICC 仲裁。有些合同规定了仲裁但没有规定按照 ICC 规则。然而,当事人同意将所有纠纷都提交仲裁,根据 ICC 规则进行仲裁,仲裁庭设在海牙。一些合同规定了纠纷最终"根据自然正义"加以解决。这些合同并没有法律选择条款。在第一部分裁决中,关于适用的法律,仲裁庭认为在 9 个合同中有 6 个提及"自然正义",这并不是指程序规则而是指实体正义。正义的含义除了其他之外应包含适用自然法。仲裁庭还指出,当事人没有指定一个国内法来调整他们之间的交易就是对法律选择的否定,他们不想适用国内法。然而,虽然当事人排斥适用任何国内法,这并不是就能得出他们不想适用任何其他实体法规则或原则。仲裁庭指出,当事人决定根据 ICC 规则进行国际仲裁就是当事人赞成非当地化解决争端的明显证据和确信。仲裁庭还指出,合同当事人一方是一个国家,考虑到"当提交到国际仲裁的争端产生于国家契约时,当事人和仲裁员在非当地化合同和决定适用法律或规则方面比其他情况下享有更大的自主权……"。仲裁庭继续阐述说,在当下案件

---

① 关于国际仲裁庭适用国际法的一般原则、国内和国际法的共同原则、UNIDROIT《通则》的案例考察,参见 Richard J Howarth, Lex Mercatoria: Can General Principles of Law Govern International Commercial Contracts, *Canterbury Law Review*, Vol. 10, 2004, pp. 61~63; Michael Pryles, Application of The Lex Mercatoria in International Commercial Arbitration, *International Arbitration Report*, Vol. 18, No. 2, February 2003, pp. 21~46. 另参见本书第八章关于商人习惯法适用的调查。

中,实体和争端解决的正义框架的平衡是不可分割的部分,当事人在缔结国家契约约束他们时就铭记了这一点,因此,在大多数合同中提及"自然正义"和"自然正义"的"法律"或"规则"时就应当统一和一致地解释为不仅指程序正义而且也指实体正义,这是建立在适用法律的中立和当事人选择的争端解决机制以实现实体中立基础上的。后一方面可以由合同争端当事人有意包容性地提交给 ICC 国际仲裁得到进一步确认。然后,仲裁庭得出结论:"作为国际商事性质的国家契约,在合同中提及自然正义诸如此类,又没有提及任何国内法的,就只可以合理地解释为指向适用原则适合于合同、合同事实和具体情况的这种实体法律规则,而不是任何各不相同的国内法律制度,以满足当事人所关心的可适用的适当法律的中立。满足这种条件的实体规则和原则只能是关于国际合同义务普遍法律规则和原则,它们享有广泛的国际共识。"仲裁庭最后陈述了其为什么把 UNIDRONT 通则作为一般法律规则或原则的核心成分。首先,通则是适用于国际商事合同的国际法律原则的重述,它由来自主流法系国家的国际知名专家团体制定。第二,通则受到了享有广泛国际承认的国际统一法文本的启发,即 1980 年《联合国国际货物销售合同公约》。第三,通则特别适合于作为本案仲裁对象的合同,因为它们既包含了国际货物销售,又包括了服务的提供。第四,通则被构想为特别适合于诸如本案情形的国际契约,人们发现,当事人已经同意他们的交易应当受一般法律原则和规则的调整。最后,UNIDROINT 通则不再是模糊的原则或一般指南,很大程度上它是清晰阐述的特定规则,以系统的方式组织起来的融贯的规则。仲裁庭提及通则的最后理由需要特别注意。因为通则提供了一定程度的详尽规则,而这恰恰经常是被认为商人习惯法所缺乏的,因为很多人认为商人习惯法只是一种无确定形态的东西。通则还被用作补充国内法的手段。主要有三类:最多的一类情况是通则用来论证某一国内法规则是合理的,因为二者可以得出同一结果;第二种情况是法律选择条款提到某一国内法,同时还有其他考虑,诸如"正义、公平和良心"等;第三种情况是依赖通则确定与 ICC 仲裁规则第 17(2)相关的贸易惯例。通则也用于补充国际公约。至少有 5 个案件通则用于补充 1980 年《联合国国际货物销售合同公约》。①

---

① 参见 Michael Pryles, Application of The Lex Mercatoria in International Commercial Arbitration, International Arbitration Report, Vol. 18, No. 2, February 2003, pp. 40~45.

第二章

新商人习惯法理论的产生和发展

由于跨国商法只是对新商人习惯法(现代商人法)的另一种称谓,因此,跨国商法的发展历程也就是新商人习惯法的发展历程。为了体现与国外普遍的研究相一致,本章皆将跨国商法称为新商人习惯法,二者互为所用。

 ## 第一节 新商人习惯法的产生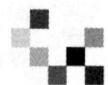

一、现代商人法理论产生的时代背景

1. 国际商法的统一工作陷入困境

在上个世纪之初,应当说跨国商事交易无论从规模上还是从复杂性来说都还处于相对较低的水平。对于所出现的跨国商事纠纷所遭遇的各国内法上的差异也主要是通过作为国内法的冲突法规则来确定应适用的法律,尽管也产生了一些地区范围内的国际商事规则的统一活动,但统一和协调法律的主要形式是国际公约。这种方式常常需要花上数十年,经历很

长的时间才能孕育成熟,最终耗时费力达成一个公约。然而,之后也并不能立即生效,还要经过各国国内复杂而漫长的核准程序,经过足够数量的国家核准才能生效。在那个时期,还没有人谈论跨国商法。那个时候即使谈论到国际贸易法,实际上也根本不是国际的,而不过是国内法在影响着跨国交易。

2. 冲突法的不确定性不能适应经济全球化对法律确定性的要求

国际私法也已经发生了重大变化。60多年前,跨国商事交易简单且规模不大,所引发的私人之间的争端解决只要通过少数分散在各地的几个专家就可以解决。然而,上世纪90年代后全球政治经济局势的剧变给世界带来巨大变化。市场经济的扩张所导致的市场全球化,资本和人员的全球流动加速,电子通信技术的发展使整个世界变成一个"地球村"。全球经济时代已经到来,国内市场相互联系,现代技术把巨大的清算和结算系统连接在一起,能够实现大规模的货币和证券的跨境转移,从而产生了一个高度发达的结算安排。在这一安排中,收购和支持都需要统一的结算规则。跨国交易无论在价值方面还是规模上的巨大增长,无论是其多样性还是复杂性,都导致了越来越专业化和复杂化的需求。私人从国际法的边缘被带入许多重要领域。

同时,商事活动的领域日益多元化,跨国交易规模的扩大也促进了从过去单一的贸易发展到跨国投资、金融、跨国公司的全球策略,这些也导致了复杂的合同、合同结构和市场只有专业人士才能完全理解。新的国际商事专业协会大量产生,它们投身合同和程序的标准化。很多商事争端不是通过诉讼加以解决,而是通过国际商事仲裁,形式上看好像只是程序性的改变而实际上会对争端的实体决定产生深远影响。商事仲裁越来越专业化,规模也越来越大,一个以解决商事争端为业的职业共同体正在产生,他们开始为谋取职业利益而构建自己的法律王国。① 此外,众多国家从计划经济向市场经济的转轨增强了私法的重要性,主权的风险转化成了企业风险。互联网技术的发展使旧有的诸如合同履行地或者财产所在地的确定性受到质疑,难以确定。比如缔结于互联网上的合同,通过中央化的账户系统和虚拟办公室对证券账户的维护,受制于安全或租赁协议的航行器从一国飞往另一国,卫星在空间的所在地等等。它们的法律意义都还正在努力探索中。② 所有这些领域所产生的问题都向传统国际私法提出了挑战,国际私法所固有的间接性、不确定性僵化、国内法解决方案已不能适应跨国商事交易的需要,国际私法的实体取向日益明显。③

另一方面,经济贸易的全球化也带来相关法律规制问题的全球化。按照托依布纳的观察,制度层面的全球化是由两种力量推动的,一是传统的政治力量的推动。另一种是市民社会的推动。政治力量推动的制度全球化的主要法律形式是国际公约。然而,面对苏东解体后多极世界格局的形成,公约的达成变得越来越困难。"法律的全球化主要是从社会的外围发展起来的,而不是国家的政治中心和国际体系中发展起来。碎片式社会体系遵循着它所独有的通向地球村的路径,从中发展起来的新的活法,被认为是法律全球化的主要法律渊源。这就是为什么,能够对法律全球化进行充足论证的,既不是法律的政治理论,也不是自治法律的制度理论,而是法律多元化理论。"④

---

① Yves Dezalay, Bryant G. Garth, *Dealing in Virtue: International Commercial Arbitration and the Construction of a Transnational Legal Order*, University of Chicago Press, 1998.

② Roy Goode, Rule, Practice, And Pragmatism In Transnational Commercial Law, *International and Comparative Law Quarterly*, Vol. 54, 2005, p.540.

③ 宋晓:《当代国际私法的实体取向》,武汉大学出版社 2004 年版。

④ Gunther Teubner, Global Bukowina: Legal Pluralism in the World Society, Gunther Teubner (ed.), Global Law without A State. Brookfield: Dartmouth 1997, 3-28.

3.法律多元主义理论的兴起为跨国商法作为法源提供了理论基础

对于法律多元主义,无论是从历史上看还是从当今法律和政治理论看,都有很多不同的版本。如有学者就认为,从历史上看,法律多元主义经历了古典法律多元主义、新法律多元主义和全球法律多元主义三个阶段。第三阶段更广泛的关注超越个别地方化的国家或社会,转向了跨国领域。另外还有学者区分了强法律多元主义和弱法律多元主义、内部法律多元主义和深层(或外部)法律多元主义等。① 但无论哪种法律多元主义,它们有一点是共同的,那就是法的定义被重新界定,法不再是国家的专属产品,在国内如此,在国际社会的法治进程中也是如此。形形色色的全球/国际/跨国法律多元主义也都承认在全球化进程中,国家已经不再是唯一的国际法造法主体,传统国际法的"国家中心主义"垄断已被打破。日益活跃的非政府组织(包括跨国公司、跨国行动网络,甚至学术机构进行的规则编纂)的造法活动进入了人们的视野,即所谓全球民间权威(transnational private authority)的兴起。② 通过民间方式所实现的规制和标准制定不仅包括传统的行业自律而且也包括跨国民间规制(transnational private regulation)。后者是指非国家行为体联合起来编纂、监控,在某些情况下还认证公司遵守劳动、环境、人权或其他应负责的标准的状况。例如,在过去 20 年里,关于血汗工厂、童工、热带雨林的滥采滥伐和其他问题的争论催生了

---

① Ralf Michaels, Global Legal Pluralism, the Annual Review of Law & Social Science, Volume 5, available at: http://ssrn.com/abstract=1430395, pp. 4~5.

② Rodney Bruce Hall, Thomas J. Biersteker, The Emergence of Private Authority in Global Governance, Cambridge University Press, 2002; Errol E. Meidinger, Law Making by Global Civil Society: the Forest Certification Prototype, available at http://www.law.buffalo.edu/eemeid/scholarship/GCSEL.pdf; Tim Bartley, Institutional Emergence in an Era of Globalization: The Rise of Transnational Private Regulation of Labor and Environmental Conditions, American Journal of Sociology, Volume 113 Number 2 (September 2007): 297-351.

一批非政府认证协会的产生。① 民间规制的兴起被一些学者称为是"过去50年里最富创新性和令人吃惊的制度设计"。②

所有这些发展都对跨国商法形成的背景产生了深远影响。经济全球化带来的多元复合经济结构导致的跨国商业团体的多元化为跨国商法的发展奠定了组织基础,国际商事仲裁的规模化、职业化发展为跨国商法的判例造法创设了条件,而国际法律多元主义理论的提出则为跨国商法的产生提供了理论支持。在此理论支持下,调整国际交易的商法渊源比以往任何时候都更加广泛,这其中就包括了所谓的商人习惯法(lex mercatoria)和示范法、立法指南、通过合同并入的统一规则、由国际商业组织发布的贸易术语和由来自不同法系和国家的学者们所准备的国际重述在内的一系列软法。

二、新商人习惯法理论的缘起

按照德国科隆大学跨国法中心克劳斯·皮特·伯杰教授(Klaus Peter Berger)的说法,"如果没有20世纪50年代中期的苏伊士运河危机的话,恐怕新商人习惯法从来也就不会出现了。"③苏伊士运河危机事件不仅仅是个国际政治事件,危机处理中所涉及的法律问题也引起了国际法学家的高度关注。时任法国第戎大学(Dijon University)法学教授、法国比较法学

---

① Garcia-Johnson, Ronie, "Beyond Corporate Culture: Reputation, Rules, and the Role of Social and Environmental Certification Institutions". Manuscript, Duke University, Nicholas School of the Environment and Earth Sciences, 2001.

② Cashore, Benjamin, Graeme Auld and Deanna Newsom, *Governing through Markets: Forest Certification and the Emergence of Non-state Authority*, New Haven, Conn.: Yale University Press, 2004, p.4.

③ Klaus Peter Berger, *The Creeping Codification of the Lex Mercatoria*, Kluwer Law International, 2010, p.1. 以下关于新商人习惯法理论的缘起及其发展的研究主要参考了该书,史料来源请参照此书第1~6页,不再特别注明。

者伯霍特·戈德曼(Berthold Goldman)于1956年10月4日出版的《世界报》(Le Monde)上发表了一篇论文,题为《苏伊士运河公司——一个国际公司》,就是这篇文章,被西方学界认为是新商人习惯法理论诞生的标志。这篇文章研究了苏伊士运河公司的国籍问题。戈德曼认为,即使赋予苏伊士运河公司私法上的法人资格,那么,这个公司可能是属于埃及、英国或者法国的公司,但不是个混合国籍的公司。由于其特定的资本结构、组织形式以及其商业活动的全球影响,苏伊士运河公司应当是与世界银行、国际红十字会之类的组织并列的国际实体,该公司是以"一个国际公司的地位,直接来自国际法律秩序":"苏伊士运河公司,通过其资本结构,其管理机构以及通过客体和商业活动的影响使其成为一个直接受制于国际法律秩序约束的国际公司。这肯定是一个新概念——如果不说它是个正在生成的概念的话——但它不得不借助古代事实,需要多年才能得到承认。"①

在戈德曼看来尽管苏伊士运河公司有"必要的领土基础和功能",但是,它是具有真正跨国性的公司性质。诚然,当他在写这篇文章时,并没有意识到他对苏伊士运河法律性的评论标志着一个新的跨国商法理论的产生。Philippe Kahn在20世纪60年代是戈德曼的助手,在他的名为《走向对商人习惯法的调查:第戎(Dijon)学院的贡献:1957—1967》一文中,回忆了他参与由戈德曼领导的研究团队的工作。他承认当时的研究团队们并没有有意"重新创造"商人习惯法和20世纪60年代商法跨国化的观念。也就是说,这一观念的形成在他们的理论上是"偶然"发生的,主要是基于对跟单信用证的实践导向的研究、国际货物买卖法和国际商事仲裁的研究。

从法律史来看,新商人习惯法理论的诞生只是一种偶然结果,戈德曼及其第戎学派成员也没有意识到他们在将古代商人习惯法概念转变为现

---

① Goldman, La Compagnie de Suez, societe internationale, Le Monde, October 4, 1956, p.3.

代新商人习惯法概念上迈出了第一步。①首先是在 20 世纪 60 年代早期，Fragistas 和 Goldstajn 发表了几篇法律评论文章。第一篇是关于仲裁程序跨国化的，第二篇是关于自治的商人习惯法在"铁幕"时代是如何发展的。其次，1964 年年初，戈德曼本人也在他的不同文章中阐明了他对于商人习惯法的看法。对他而言，新商人习惯法事实上是一套产生于自发的体制性造法过程的一般原则和规则。他认为，这一过程是与国内法体系相分离的，避开了国内造法者的管辖范围，国内造法者只限于它各自的领土范围内。相反，在商人社会中的造法产生于从事跨国贸易和商业活动的商人社会。

三、对新商人习惯法作出杰出贡献的两位巨人②

（一）戈德曼（Berthold Goldman）的贡献

戈德曼出生于罗马尼亚，在法国接受法律教育，获得民法学博士学位，而且成为一位私法教授。尽管后来他的兴趣从商法适当地转向国际法，但戈德曼仍然是一位经过训练的私法国际律师。起初，在很长一段时间内他是欧洲大陆《国际法杂志》的合作主编，随着时间的推移，他的兴趣转向了欧洲商法和国际商法。在 20 世纪 60 年代，他发表了最初关于欧洲商法的论文，从此一直延续下去。但戈德曼的主要兴趣是国际商事仲裁，在仲裁

---

① 古代商人习惯法发展于 13 世纪晚期，成为《Colford "Bristol 小红书"的文集》的一部分。后来由 Gerard Malynes 在其发表于 1622 年英格兰的第一部商法著作《古代商法》（Consuetudo Vel Lex Mercatoria）中。

② 本部分对两位巨人的评述参考了 Nikitas Hatzimhail, the Many Lives and Faces of Lex Mercatoria: History as Genealogy in International Business Law, available at: http://www.law.duke.edu/journals/lcp.

实践中,他赢得了令人敬畏的声誉,成为那个领域的"泰斗"(grand old man)。①

与同时代另一著名国际贸易法学者施米托夫相比,他关注更多的是后殖民时代的北南冲突,而不是像施氏那样专注于冷战时代的东西分裂,大陆法与英美法之间的对比。② 西方法学家们有一个强烈的愿望就是确认存在一个调整国际商业贸易的南北共有的法,而且,去殖民化时代已经见证了几起具有政治性的投资争端,在这些争端中单纯适用东道国的法律被认为对另一方的利益是有偏见的。实际上,商人习惯法的判例渊源要追溯到一些阿拉伯国家与大石油公司之间相对抗的石油开发案的仲裁裁决。③ 戈德曼自己就试图努力提供这些例子。如果说施氏的态度是实证主义的,要求具体的立法创造力的话,那么在戈德曼这一边,他则试图通过抽象出"一般原则"来解决同样的问题。这或许部分归于他们自己的学术敏感性,部分归于他们所面对的紧迫问题(需要裁决的案件)。

戈德曼及其弟子们还有另一套考量的因素——国际主义者、训练有素的国际私法学家们,他们生活在传统国际公法和国际私法陷入危机的年代。在二次世界大战期间,最初的19世纪末期的国际主义者建立统一冲突法的计划受到致命挑战。在战后时代,冲突成为主流,象 Henri Battifol,围绕实用论国际主义试图重建传统模式。④ 戈德曼及有同样思想的同

---

① Yves Dezalay & Bryant Garth, *Dealing In Virtue: International Commercial Arbitration and the Construction of A Transnational Legal Order*, University of Chicago Press, 1996 (1996), at 53, 83 n.43.

② 这可能也与戈德曼的经历有关。他获得的第一教授职位是在当时的法属印度支那,也就是今天的越南。在那个时代,有不少人在通过综合考试后获得的教职都是在当时的殖民地国家。因此,戈德曼对南北矛盾更有切身感受。

③ Amr Shalakany, Arbitration and the Third World, 41 HARV. INT'L L. J. 419, pp. 443~445 (2000).

④ See, e.g., Henri Batiffol, Aspects Philosophiques Du Droit International Privé, Paris Librairie Dalloz, 1956.

事们充分运用了两次大战之间的法律多元主义、社团主义思潮,甚至还有自然法观念的兴起。

被视为商人习惯法理论标志的是他1964年在《法律前沿与商人习惯法》[Frontières du droit et lex mercatoria (Frontiers of Law and Lex Mercatoria)]的一篇论文,发表于法国法理学年刊《法哲学档案》(Archives de Philosophie du Droit)上。在那篇文章中,戈德曼宣称,每一个商人习惯法规则自身就是一个法律规范。① 他强调这些商人习惯法规范的起源是"自发的"(spontaneous)"民间的"(private),数量上正在不断增长,要求有它们自己的结构。

在随后的作品中,他开始坚持商人习惯法获得了法律体系的特征,或者是一种"法律秩序",具有构成其规则的特殊性,与规则相关的社会群体的行动相联系,这些规则的运行构成一个整体,存在能够适用它们的组织。②

施米托夫的关于国际贸易法发展的三个连续阶段在这里被三次复活的生命所代替,戈德曼形象地描述道:③

"商人习惯法是一个可敬的老太太,她曾两度从地球上消失,又两次复活。在目前,她还必须满足一些通常与青春期成长有关的痛苦。我今日的

---

① Berthold Goldman, Frontières du droit et lex mercatoria, 9 Archives De Philosophie Du Droit 177, 1964, p. 189.

② Berthold Goldman, La lex mercatoria dans les contrats et l'arbitrage internationaux: réalité et perspectives, *Journal Du Droit International* 475, 1979, p. 499. See also Berthold Goldman, Une bataille judiciaire autour de la lex mercatoria: L'affaire Norsolor, 1983 Revue De L'Arbitrage 379, p. 406.

③ 以下关于戈德曼和施米托夫理论的缘起及其比较的阐述,鉴于中文资料的欠缺,这里所引用的资料及论述,主要参考了 Nikitas E. Hatzimihail, The Many Lives—And Faces—Of Lex Mercatoria: History as Genealogy in International Business Law 一文,该文电子版可从 http://www.law.duke.edu/journals/lcp 网站上阅读,在此特别说明。

话题是,这些问题主要是青春期商法目前面临的问题。"①

从这段拟人化的描述中,戈氏比喻性地把商人习惯法比作一个人。这意味着在他看来,商人习惯法有一个有形的身份和人格,而且,这种人格一致都存在,因此就有了"一个可敬的老太太"的说法;另一方面,她又经历了两次消失,两次复活,并经受了"年轻人成长中的痛苦",这是指什么?

1. 万民法的产生(Ius gentium: The Birth)

在戈氏的叙述中,不是像施氏那样聚焦于中世纪商人法,而是罗马万民法吸引了我们的眼球。万民法被称为商人习惯法的"杰出的先驱"。② 为了支持这一主张,他引用了 Phocion Franceskakis 的一个很长的段落,这是位战后法国国际私法和自然法领域最著名的人物之一。他的论文目标是为传统冲突法超越严格的国家观念的实证主义提供哲学基础,有点讽刺意味的是这种支持最终变成了直接挑战冲突法的证据。

直接适用的法(警察法)(lois de police)就"代表了这种罗马法的权威",他"无疑借鉴于国际商事习惯,而并没有过多地借鉴罗马法本身的形式要素"。③ 实际上,尽管戈氏断定并没有多少历史证据证明万民法真的存在,而只是大量的推测,但他聚焦于国际商事习惯借鉴自罗马执政官,不过他描述的习惯不像施米托夫:尽管执政官的造法权威是副业,没有提出商人或者法律行动者的造法,让戈氏感兴趣的是法律体系本身。实际上,万民法被"理解为形式上自治的法律渊源"。同样,"当公元212年安东尼宪法授予帝国所有居民罗马公民身份时(从而将市民法扩大适用于帝国内所有私人关系),它总的说来丧失了独特性。这是它的第一次死亡。然而,它并没有真的死去,因为万民法从那以后侵入了原来专属于市民法的领

---

① Berthold Goldman, Lex Mercatoria, 3 Forum Internationale 3, Nov. 1983, pp. 3~7.
② Berthold Goldman, Lex Mercatoria, 3 Forum INternationale 3, Nov. 1983, p. 23.
③ Berthold Goldman, Lex Mercatoria, 3 Forum Internationale 3, Nov. 1983, p. 3.

地。从而它丰富了,而且偶尔会完全取代市民法的传统制度。"①

但"这一共有的万民法……随着罗马世界及其法律体系的崩溃而死去,随着中世纪早期国际经济关系的瓦解而消失。"②

因此,这是第一次商人习惯法的有效死亡:"万民共有的法成为政治环境的牺牲品……罗马世界及其法律体系的崩溃"和"国际经济体系的瓦解"(注意,这里用的是"瓦解"disintegration,而不是"衰落"decline)。③ 这种不幸足以让人们对政治和国家结构正当地感到厌烦,因为它们已经变成国家法的一部分了,而我们的跨国习惯法则与之解体。

2. 中世纪万民法的复活

在戈德曼的描述中,并没有为中世纪商法留有太多空间。因为他毕竟认为现代商人习惯法是古代世界性法律的"再生",④而且认为它是商人习惯法以不同的名字的展现:"在英格兰是 law merchant,在法国是 the droit de foiresce,在意大利被认为是 ius mercatorum,在法国 17 世纪末由 Jacques Savary 对商事惯例加以编纂,50 年后由他的儿子编纂。"⑤这似乎是个独一无二的法律现象,在不同地方以不同的形式(名称)表现。

而戈德曼在提到商人习惯法与实现法律大同的理想时听起来充满浪漫情怀,但事实并没有实用主义者施米托夫对流动的商人们的描述那般抒情。事实上,戈德曼几乎没有提到商人。在他看来,商人习惯法只是一种呈现,正如万民法,它毋宁是一个自发过程的产物,但他很少把焦点落在职业商人们身上,只是描述那是一种自发产生的法律图景。

---

① Berthold Goldman, Lex Mercatoria, 3 Forum Internationale 3, Nov. 1983, p. 3.
② Berthold Goldman, Lex Mercatoria, 3 Forum Internationale 3, Nov. 1983, p. 3.
③ Berthold Goldman, Lex Mercatoria, 3 Forum Internationale 3, Nov. 1983, p. 3.
④ Berthold Goldman, Lex Mercatoria, 3 Forum Internationale 3, Nov. 1983, p. 3.
⑤ Berthold Goldman, Lex Mercatoria, 3 Forum Internationale 3, Nov. 1983, p. 3~4.

3. 近代：国家法的幽灵

作为戈德曼的第二个时期,恰好与施米托夫的第一个时期吻合。然而,戈氏的看法是无情的:"冬眠的一个新时期在等待。"①冬眠可能标志着从他所说的死亡或接近死亡的微妙蜕变,但一般观念恰恰是同时强调垂死的危险和商人习惯法整个时代的残存。在近代,降临到商人习惯法身上的黑暗时代的特征得到更好的说明,正如戈氏所比较的罗马帝国"是一个法律和民族性的统一……就如 Caracalla 宪法的降生"。(那时仍然维持了一个"各族共有法",继续着万民法的影响)随着近代法律共同体通过"逐渐确认各个国家的权力"②而解体。他没有提到"nation"或"national"这些词……只是在后来,在 19 世纪,才谈到"民族特性"(national particularities)。③ 这里对手是利维坦,而不是国家(nations):"在法国,这一发展以 1673 年 Colbert 为陆上商法的编纂为标志,还有 1681 年为海上贸易的法律编纂。"④

因此,施米托夫适合作为一种进化式叙述,而戈德曼则是倒退式的例子。很有趣的是,虽然普遍公认王室法令是建立在 Savary 的私人编纂基础上的,但戈德曼并没有作这种暗示。在他看来,在商人习惯和国家法之间的分界线是绝对的,法律家们的中介作用消失了。

这一故事的低潮在 19 世纪。随着国家功能的产生和强化,导致国际经济关系日益受制于国家法。这种国家法通过冲突法规则来指定国际商事争议的法律适用,而这种法是由每个国家自己来确立的。这次戈德曼再次用绝对字眼树立了对立面,在这一对立面中,冲突规则属于利维坦一边。19 世纪冲突法的国际主义从他的视野中消失了……具有讽刺意味的是,戈德曼所主持的法律杂志的改名成为一个重要标志——他的杂志后来改

---

① Berthold Goldman, Lex Mercatoria, 3 Forum Internationale 3, Nov. 1983, p. 4.
② Berthold Goldman, Lex Mercatoria, 3 Forum Internationale 3, Nov. 1983, p. 4.
③ Berthold Goldman, Lex Mercatoria, 3 Forum Internationale 3, Nov. 1983, p. 4.
④ Berthold Goldman, Lex Mercatoria, 3 Forum Internationale 3, Nov. 1983, p. 4.

名《国际私法杂志》(Journal de Droit International Privé)。

戈德曼的理论论述在当时是"法律民族主义"浪潮中的一种"国际主义"叙事,当时这种法律民族主义开始渗入冲突法,而且可以把它们联系起来,这取决于叙述者的眼界,取决于贸易保护主义、政治民族主义等等。① 但戈德曼似乎并没有强烈的政治计划对抗民族国家,他所关心的是法律规则的形式渊源,创造无国家的法律机制。施米托夫坚持把商法与国家所提供的保护合并起来的国际贸易法图景,力图把习惯规则、商事惯例和国家立法凝聚到一起来促进形成权威文本的规范议程。相反,戈德曼讲述了一个告诫性的故事,在这个故事里,国家法带着一种法律神宠主义,只能腐蚀商人习惯法。

4. 商人习惯法再度复活

戈德曼的叙述引发了下一个插曲,在这个插曲中,来自东西方的著名律师们发现,今天的国际商事活动受到的规制并不尽如人意。在戈德曼的整篇文章中唯一的大段引用是大卫(René David)的一段话,称那一事态是"对理性的一种侮辱……是它造成了法学家们的耻辱。"② 他还援引了罗马尼亚法学家波佩斯库(Tudor Popescu)的话,呼吁建立一种"国际商事活动的统一法律",指出这对于建立新的国际经济秩序是有必要的。③ 但是,虽然他们的愿望都是统一法律,但两位学者采取了两种根本不同的视角:波佩斯库(社会主义法)与大卫的分歧在于前者只"忠于社会主义法律观念",只接受国际条约,呼吁建立"一个统一的国际贸易法",是作为"建立新的国际经济秩序"的含义;后者赋予跨国商事习惯法以最大的重要性,这是在国

---

① See generally Enrst Rabel, The Conflict Of Laws: A Comparative Study(1960)(这篇文章就是从提倡冲突法的国际主义视角来写的);Jean-Louis Halperin, Entre Nationalisme Juridique Et Communauté De Droit (1999)(此文提供的是一种当代的能挑起辩论的论述)。

② Berthold Goldman, Lex Mercatoria, 3 Forum Internationale 3, Nov. 1983, p. 4.

③ Berthold Goldman, Lex Mercatoria, 3 Forum Internationale 3, Nov. 1983, p. 4.

际贸易中商人们相互交往过程中自发产生的法,这个法甚至没有法律家们也会得到发展。那么,戈德曼的立场是什么? 他不像波佩斯库看重条约,而是把习惯法看作有效的渊源,他宣称"大卫的最大病症是没有考虑跨国习惯法的初始演化以及它的第二次重生"。其主要意思是指12世纪早期以来所形成的标准合同和格式合同。① 那么,施米托夫呢? 正如我们所看到的,施米托夫寻求的是把波佩斯库(社会主义法)与大卫两人的观点结合为一体。

戈德曼对以国家为基础形成的国际贸易法渊源不太感兴趣,而且批判施米托夫对商人习惯法的广义定义,认为他并没有回答"跨国商事习惯的特别问题"。② 戈德曼更为关心的是"法律的一般原则和国际法原则"是否构成"商人习惯法的一部分"——他把其文章的剩下部分都致力于这一问题,援引法律理论,列举案例,说明商人习惯法是各国法和法院公认的法律渊源。③ 通过这种详细的讨论,虽然几乎没有明确提及商人们是规范的创造者,但通过提及仲裁裁决反驳了那些主张并不存在商人社会习惯法(societas mercatorum)的怀疑论观点。习惯这个概念尽管从来就存在,但它是以抽象的概念出现的:戈氏的讨论总是反复围绕在仲裁裁决中所适用的原则展开(也就是说这是些公认的原则),而且这些裁决得到了国内法院(和立法)的承认。④

(二)施米托夫(Clive Schmitthoff)教授的贡献

与戈德曼不一样,施氏对法律理论没有直接的贡献,他毕竟是移民到信奉法律实用主义中心——英国的德国人。但施米托夫的规范议程更加

---

① Berthold Goldman, Lex Mercatoria, 3 Forum Internationale 3, Nov. 1983, p.4~5.
② Berthold Goldman, Lex Mercatoria, 3 Forum Internationale 3, Nov. 1983, p.6.
③ Berthold Goldman, Lex Mercatoria, 3 Forum Internationale 3, Nov. 1983, p.7~23.
④ Berthold Goldman, Lex Mercatoria, 3 Forum Internationale 3, Nov. 1983, p.19~23.

雄心勃勃,至少比戈德曼更明确更具体。

首先施米托夫的商人习惯法是出现在东西对抗的背景下的。实际上,关于国际贸易法渊源问题的伦敦会议所收集的论文成为其理论的基础,其中就隐含着这种分离。施米托夫把东西方的政治冲突看成是"中了毒的地方性私法理论"。① 他的目标是构建国际贸易法作为跨越这种东西政治分裂鸿沟的桥梁。他强调指出,现代商人法是"实际上在世界上所有国家都是相同的。其相似性跨越了世界上所有自由市场经济国家和中央计划经济国家之间的分化,普通法与罗马法传统之间的划分。"②

按照施米托夫的看法,1968 年的统一是通过诸多不同体制之间的共同作用形成的,"有些是政府间机构的作用,有些是非政府性质的自发组织的作用"。③ 施米托夫在这里所列明的组织类型——从经互会(COMECON)到国际法协会——的判断标准不是它们的性质或政治化程度,而是根据在促进法律统一目标中所发挥的作用。诚然,尽管它们具有成功因素,但"每个组织也只具有有限的目标,有限的成员",④就是说,其中很多国家属于同一经济制度,同一地区,这就是为什么他呼吁建立联合国国际贸易法委员会(UNCITRAL)的原因。⑤ 1966 年他成为《联合国大会逐步发展国际贸易法秘书长报告》的主要起草人,这一报告促成了 UNCITRAL 的成立。

---

① Clive M. Schmitthoff, Introduction, in Clive M. Schmitthoff ed. , The Sources Of The Law Of International Trade ix, London, 1964, p 3.

② Clive Schmitthoff, The Unification of the Law of International Trade, *Journal of Business Law*, 1968, p. 109.

③ Clive Schmitthoff, The Unification of the Law of International Trade, *Journal of Business Law*, 1968, p. 112.

④ Clive Schmitthoff, The Unification of the Law of International Trade, *Journal of Business Law*, 1968, p. 109.

⑤ Clive Schmitthoff, The Unification of the Law of International Trade, *Journal of Business Law*, 1968, pp. 113~119.

施氏并不太关心新商人习惯法渊源是否应当保持它的"纯洁性"。他认为,国际贸易法"源于两个渊源……国际立法和国际商事习惯。"①对于国际贸易法的统一,他承认,"地区性的统一和国内立法可能延缓实现全球国际贸易法统一",但他认为"地区和国内层面的部分成功比总体上的失败更好。""无疑从法律学者的视角看,所产生的图景既令人迷惑又令人吃惊的新颖"。②

会议上,尤其是《施米托夫教授的总报告》在 20 世纪 60 年代早期成为复活古代商人习惯法后面的第二股力量。伦敦专题研究会普遍被视为是新商人习惯法学术研讨的早期里程碑。在不同的文章中,施米托夫倡导发展一个自治的国际贸易法。

但他发展国际贸易法的构想并非无视当时东西方对立的现实,他主张国际商业社会通过交易实践发展其商事惯例和习惯法。在这其中,法律的多元依然会存在。他说:"一个全球和世界性国际贸易法典的观念引入所有国家的国内法中,这在当今时刻不仅是不现实的,而且很容易变成一种束缚,它可能延缓商事实践和惯例的成长,可能抑制国际商业社会持续的习惯法的建立。"③

换句话说,施米托夫肯定并不要求法律的完全统一,多元是必要的。为了捍卫他的方法,实现他的伟大工程,他将其梦想建立在复兴中世纪的商人习惯法上。为了说明现代商人习惯法是古代商人习惯法的复活,施米托夫考察了商人习惯法的历史发展,他把商人习惯法的发展划分为三个阶段:中世纪(或古代)商人习惯法阶段、近代国内法化阶段和现代商人习惯

---

① [英]施米托夫:《国际贸易法文选》,程家瑞译,中国大百科出版社 1999 年版,第 149 页。
② Clive Schmitthoff, The Unification of the Law of International Trade, *Journal of Business Law*, 1968, pp. 109~112.
③ Clive Schmitthoff, The Unification of the Law of International Trade, *Journal of Business Law*, 1968, p. 112.

法阶段。

施氏把中世纪商人法描述为一个体系。这是一个由真正国际性的习惯规则所组成的复合体。这些规则不是政治机构和当地的主权者创立的,实际上,他们是适应国际商人社会的需要而由商人共同体通过商事实践所创造的,它们是全球主义的。中世纪商人习惯法的国际性主要体现在四个方面:市场法的统一影响、海事习惯的普遍性、处理商事纠纷的特别法院和公证人的行为。① 这些法律是商人们自己的产品,这个法体系强调没有国家的干预(或者任何法学家们的介入)。

施氏强调习惯这个词不是偶然的:在他写作的那个时代,习惯在世界所有主要的法律传统中是公认的法律渊源,包括在国际法上。在他看来,"习惯的法律定义包括长期有效的实践,也包括那些遵循习惯规则的人的意识,他们受它约束的意识(法确信)。在大陆法传统中,习惯法体系最终被记录下来,甚至在随后的阶段,转化为成文法。"②

第二阶段,即近代阶段,时间大约是在17和18世纪。在这个阶段,商人社会遭遇了民族国家的兴起,于是,商法的不同法域便产生了。在这个阶段,"全球性和普遍性的商人习惯法被合并进了各个不同民族国家的国家法中"。③ 商人习惯法并入国内法而被法典化了,这种并入一方面使商人习惯法变得具体明确了,另一方面也使其获得了合法性,具有了更强的效力。对于这种合并,施米托夫并没有表示什么遗憾,或许是因为他认为这种整体上的"民族国家及其法典崛起的潮流不可阻挡",抑或是因为这种合并恰恰为商人习惯法更好地对国家商业活动的规制发挥积极作用。

---

① Clive Schmitthoff, The Unification of the Law of International Trade, 1968 *J. BUS. L.* 105, 1968, p. 106.

② See, e. g. , John P. Dawson, The Codification of French Customs, 38 *MICH. L. REV.* 765, 1940.

③ Clive Schmitthoff, The Unification of the Law of International Trade, 1968 *J. BUS. L.* 105, 1968, p. 107.

这一合并过程由于不同原因在不同的国家发生于不同的时间——如1807年的法国商法典,在英国则由曼斯菲尔德勋爵并入普通法,在德国,商法典则产生于1861年。虽然发生于不同的时间,但这种并入运动仍然是世界性的。并入并不意味着吸收甚至被一体化了:"即使在商人习惯法的国内化这一阶段,也并没有完全丧失其国际性。"[1]为了证明这一点,施米托夫有意把各个不同时期强调商人习惯法持续性及其精神的说法进行了梳理,合并在一起。

然而,合并并不意味着商人精神死亡了。从他的主要观点来看,施米托夫强调商人们在国际贸易活动中的持续创造力。他认为,在这一阶段,"国际商业共同体的造法习惯仍然像中世纪一样活跃。"[2]这里,他强调的是国际商法演进的连续性和进步。在施氏那里,是把国家法和商事实践和谐地融合在一起而不是把商人社会创造的法与国家法截然分开。在法律渊源的组成上,施米托夫把国家法、政府间的文件以及国际商事惯例合法性地融合在一起了。一方面,就国内商法并入了国际商事惯例而使传统的国内商法不再起作用这一点来说,它让接受国家法(无论是国内层面上的还是国际层面上由国家参与制定的国际规则)为新的商人习惯法不再成为问题,也捍卫了国际贸易法构成渊源和制度的多元性;另一方面,施米托夫在国家立法框架内接纳鲜活的商人习惯法持续存在的说法也让一个自治的商人习惯法仍然存在,而且也让需要这样一个存在的说法正当化了。

第三阶段,即现代商人习惯法阶段,这是一个国际贸易法的综合体阶段。1957年,施米托夫宣布了第三阶段的开始。这一阶段给人的第一印象与第一阶段一样,他说:"我们开始重新思考商法的国际性,现在正在完成一个循环:商法的普遍趋势是到处都在解除国内法的限制,走向普遍化,

---

[1] Clive Schmitthoff, The Unification of the Law of International Trade, 1968 *J. BUS. L.* 105, 1968, p.107.

[2] Clive Schmitthoff, The Unification of the Law of International Trade, 1968 *J. BUS. L.* 105, 1968, p.107.

走向国际贸易法的国际观念。"①

但这一阶段并不是一个简单的循环,即新商人习惯法并不是旧商人习惯法的简单复制。在施氏看来,第三阶段可理解为第一和第二阶段的复合体:第一,当代国际贸易法并不是国际法的分支,它并不构成"万民法",但它通过国内主权者的容忍而适用于每个国内法域;另一方面,国内的公共政策又可以超越和凌驾于该法,成为特别适用的法律规则。第二,它把第一阶段的多元性与第二阶段的系统性结合起来了,"当代国际贸易法不是偶发的,而是由表达在大量权威文本中的规则、做法或者惯例所构成的。这些文本已经被国际组织和机构所编纂。"②这个阶段的商人习惯法表现为大量编纂成文的国际商事惯例。

当代商人习惯法(在他那里常常表述为"国际贸易法")把国际立法(条约)和国际商事习惯融合起来,并把它们合法化。这是通过两步实现的:第一步是宣称国际商事习惯的历史谱系——国际商事惯例(独立于国家机制)产生规范。第二步是将权威文本的使用合法化,通过他的解释商事实践与国家行动合并起来,能够共存。通过这一阐述,施氏向人们提供了一种演进式乐观主义态度,一种进步论陈述。在他的陈述中,每一阶段都不断进展,提高了品质,扩大了商法的地理范围。在他的陈述中每个人都有一席之地:商人社会是主要的,另外还有律师们、好幻想的法官们,以及精明能干的立法者们,他们都对现代商人习惯法——国际贸易法作出了贡献。

(三)戈德曼和施米托夫理论的异同

从上世纪60年代初开始直到80年代,施米托夫和戈德曼的学说对于现代商人习惯法理论的发展都发挥了重要作用。应当说,他们建构了国际

---

① Clive Schmitthoff, The Unification of the Law of International Trade, 1968 *J. BUS. L.* 105,1968, p.108.

② Clive Schmitthoff, The Unification of the Law of International Trade, 1968 *J. BUS. L.* 105,1968, p.108.

商法和国际商事仲裁的理论基础。二者理论的共同之处在于,他们都致力于论证说明并渴望存在某些不同于国家法或国内法而且可能超越传统的国家法或国内法形式的制度。

但另一方面,两位商人习惯法的创始者的解释也代表了拥护商人习惯法存在这一同盟中的两种主要路径。

施米托夫试图建立一个统一的国际贸易法。这个法律体系包括商业习惯和贸易做法,同时还有国际文件,以及可能的国家立法的共存。他甚至提出,从长远来说,这种共存可能能够更好地促进国际商法发展,增强国际商法的适应性。戈德曼则相反,他专注于提供一个独立于国家法体系(包括政府间机构)的法律制度理论,但这个独立自治的法体系同时又受到国家法尊重。二人实际上都试图寻求提供某种理论基础:施米托夫寻求以国际立法的创新为基础,寻求国际商法的国家权力上的"纵向"的学术对待;戈德曼则寻求以仲裁员使用其良好判断力,通过专家仲裁裁决所形成的先例创造商事惯例作为新商人习惯法形成的法律础,依靠仲裁中的法律家们、国际商事活动中的实践者们对法律的知识和"感觉"。

所有这些试图建构新商人习惯法理论的努力都反映在了他们的历史叙述中。施米托夫向人们提供的是一种进化论的综合的解释:他并不大强调要把"商人法"作为一个单一的独立的实体,而是强调它有更多的组成部分和利益相关者。戈德曼相反,提出了一个单一的在国际法上更为抽象的概念,一个所谓自足的法律体系,并将其置于故事的中心。在施米托夫那里,我们可以看到的是全球流动的从事跨国贸易的商人创造着规则,并由杰出的法律人加以系统化、集成、编纂,以及国家作为国际立法者,也客串登场。在戈德曼那里,看上去只是一个复活的人格化的商法,至于其形状、其内容则模糊不清,让人遐想无限。在戈德曼的解释中,商人只存在于一个被称为 societas mercatorum 的术语中,反过来,societas mercatorum 才是商人习惯法的创建者或基础,即使他援引了万民法(在 Schmitthoff 的叙事中则对此省略了)来解释这些术语。然而,这并不意味着戈德曼倾慕的只是柏拉图的理想主义,他的自足的商人习惯法体系就是一个虚构的乌托邦。他对商人习惯法的愿景使特定的职业团体的作用合法化,这些团体就是积极地致力于国际商法和商事仲裁的专家学者和实践者们。戈德曼通过考察国际商事仲裁裁决来证立其理论。

虽然施米托夫的国际商法未来图景是建立在自我规制的实用主义理论基础上的,他也企图把当事人意思自治放在主要地位,也把商事习惯作为"自治的国际贸易法"的基础,从而同情"合同自我规制"的观念,即当事人认可他们自己受独立于任何国内法的合同的规制。早在1956年,也就是戈德曼发表其关于苏伊士运河公司的那篇论文的那年,他就推翻了国内法与任何形式的国家法结构之间的关系。而在此前长期流行的观点是:自治的商法在某些特定方面不再补充国内法,而是国内和国际法补充自治的商法秩序,因为在那里仍然存在漏洞或不足。1957年伦敦会议上所提供的报告中展现出一种强大的趋势,就是学界支持世界贸易自治规制的观念。尽管施米托夫的世界贸易存在自治法的观念是一种很自由主义的方法,但与戈德曼的新商人习惯法理论相比还是有根本差异。对于施米托夫来说,当事人的自治只能根据主权国家的意志而存在。在他看来,国际商事合同的当事人尽管可以让自己受国家法以外的法律渊源的约束,随心所欲地组织他们的关系,但只能在国家立法者的授权之下才行。而戈德曼的新商人习惯法概念是完全与国家法分开的,在法律意义上是自治的,施米托夫的自治的国际贸易法观念只是一种纯事实上的自治,这种自治仍然是局限在国内法体系的界限内。

尽管他们存在原则上的区别,但无论是施米托夫,还是戈德曼以及他的追随者们所形成的"法国学派",都激发了后人致力于研究跨国商法这一现象,如达塞尔·德拉根(Dasser De Langen)、马瑞拉(Marrella)还有其他很多人。

最后,不管跨国商法这样一个独立的法律体系是否存在,也不管它现在或者未来是否存在,今天商人习惯法作为一个概念已经得到强烈的回应,成为一个强大的象征性资源。这种力量不仅反映在理论家们的兴趣中,而且体现在商人习惯法成为一种创新资源,比如学界有主张信息习惯法①,甚至体育习惯法的崛起②,成为一种孕育跨国法、全球法的象征力量。

他们二人也被视为商人习惯法两个基本路径的象征:施米托夫强调运用国家和非国家渊源,而戈德曼则坚持商人习惯法的无国家性(非国家性)。戈德曼和施米托夫也可以被看作是两个西方法律文化的代表——笛卡尔的逻辑哲学与英美实用主义——长期以来它们被看作是互相对立,最终又在国际仲裁世界和跨国商法领域连结起来的两个体系。他们每个人都创立了一个"学派":无论是在实体意义上的传播观念和唤起追随者,还是从形式意义上认为的培育起研究跨国商法的制度研究中心。总之,他们在这一领域的知识贡献几乎与其地位不相上下。

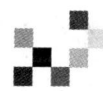 ## 第二节　新商人习惯法理论的新发展

自上个世纪90年代以来,全球化和全球公民社会的发展使商人习惯法的发展进入了一个新的发展阶段。在这个阶段,商人习惯法不再满足于传统各商业领域商事惯例的编纂,许多私人团体和研究机构也加入到商人习惯法的编纂中来,其目的是要创立一种超越国内法和国际法的"跨国法"(Transnational Law),并试图从理论上为这一独立法律体系的创立寻找依据。

---

① Warren B. Chik, "Customary internetional Law": Creating a body of Customary Law for Cyberspice, *Computer Law & Security Review*, 2010, Vol. 26, pp. 3~22.

② Ken Foster, Is there a global Sports Law? *Entertainment Law*, 2003. Vol. 2, pp. 1~18.

一、从新商人习惯法(New Lex Mercatoria)到崭新的新商人习惯法(New New Lex Mercatoria)阶段

什么是商人习惯法？商人习惯法的涵义是随着时间的变化而不断发展的。我们可以把它划分为三个阶段：[①]第一个阶段与中世纪的古代商人习惯法有关，这是一个由商人们以相对自治的方式所创立的一套独立于封建庄园法和宗教法的"跨国"规范和程序原则体系。第二个阶段开始于上个世纪六七十年代，它被描述为中世纪"商人习惯法"在20世纪的复活，即"新商人习惯法"阶段，这是一套非正式和灵活的规则，是由仲裁员所确立的一套民间跨国商法。但在这一时期，理论上出现了不同的主张。一派以通晓不同法系的国际贸易法学者施米托夫为代表。他认为，"现代商人习惯法的国际性应与国家主权的概念协调一致，因为国家主权的概念仍然是世界秩序的基础，是所有法律的发源地……新的商人习惯法是由制法机构精心制订的，表现为国际公约、示范法，以及国际商会等组织公布的文件。"[②]这就是说，此时的习惯法大多是经过各个主权国家的同意或认可之

[①] 著名国际贸易法学者施米托夫对商人习惯法三阶段的划分与本文的三阶段划分有所不同。他认为商人习惯法发展的第二阶段是商人习惯法的国内化阶段，即近代民族国家兴起后，欧洲各国兴起了商法典编纂运动，中世纪商人习惯法被转变到各国国内商事立法中。(参见[英]施米托夫：《国际贸易法文选》，赵秀文译，中国大百科全书出版社1993年版，第371页)。按照 Ralf Michaels 的说法，国家的兴起紧接着就是商人习惯法的式微，国家占据了商法领域，取代或合并了诸多由商人社会所创立的规则，非国家的商人习惯法不再逞强。这种商人习惯法转变为国内法的方式有三种：并入(incorporation)、尊重(deference)和委任(delegation)。并入就是把非国家规范复制为以国家为基础的规范，如纳入商法典的形式；尊重就是把非国家法变成一种事实，例如把商人习惯法作为一种习惯对待；委任就是把非国家法转换成从属法，如允许商业活动以合同自治的方式发展，从而为形成自治的规范留下空间。从国家立场看，这些规范的有效性的实现只是国家认可它们罢了。[参见 Ralf Michaels, The True Lex Mercatoria: Law Beyond the State, Indiana Journal of Global Legal Studies, Vol. 12, No. 2 (Summer 2007), p. 454, 461.]

[②] [英]施米托夫：《国际贸易法文选》，赵秀文译，中国大百科全书出版社1993年版，第247页。

后才得以应用和发展的,对于某些未经过同意或认可的商事习惯,只能作为商人们参与交易过程中自觉遵守的原则和规则,虽然仍然具有一定的普遍性和约束力,但其实已经丧失了国家强制的效力。可见,他的新商人习惯法是界定在国家法框架内的,不再是非国家法,而是国家法。商人习惯法只有在得到国家法认可的情况下,它才是法。另一派以戈德曼为代表,他把商人习惯法看成是一个在国家以外发展起来的,独立于国内法和国际法规则,以国际商事惯例为主要渊源,纯由国际商业社会自主发展起来的"非国家法"(a-national)体系。[1]由于戈德曼的理论在当时背景下太过理想化,并没有得到人们的重视。而现在,这一理论似乎有了得以复兴的经济和社会背景,这就是全球化和全球公民社会的发展。于是商人习惯法进入了第三个阶段,它被描述为一个"崭新的新商人习惯法"阶段。这一阶段被认为是从没有定型的、灵活的"软法"发展到了确定的经过编纂的法律规则体系的阶段。最为著名的就是罗马统一私法协会(UNDROIT)编纂的《国际商事合同通则》,还有具有类似法院那样的强烈制度化趋向的国际商事仲裁所创立的规则。[2]因商人习惯法发展的第一和第二个阶段国内已有不少文献加以介绍,因此,这里仅对崭新的新商人习惯法的产生及其特点加以说明。

  随着经济全球化和电子商务的发展,超越国内社会的国际间的商贸公司开始遍及东西方国家,跨国商贸活动推动着国际商事规则的统一;另一方面,国际法律交流频繁也促进了比较法研究和国际法律统一运动的发展,各种国际法律编制机构(formulating agencies)大量产生。全球化观念开始冲击传统的国家主权,"跨国法"(transnational law)、世界法(world

---

[1] See Nikitas E. Hatzimihail, The Many Lives and Faces of Lex Mercatoria: History as Genealogy in International Business Law EB/OL. (2010-9-23) 2010-10-25. http://ssrn.com/abstract=1222865.

[2] 描述崭新的新商人习惯法产生的作品,一般可参见 L. Yves Fortier, The New Lex Mercatoria, or, Back to the Future, 17 Arb. Int'l 121 (2001).

law，global law)、国际商法（international commercial law）、跨国商法（transnational commercial law）、一般法律原则（general principles of law）等法概念在国际上开始普遍适用。国家在国际论坛上虽然仍占据主导地位，但非政府组织、跨国公司、跨国社会团体和全球公民网络（global civic networks）等所组成的全球市民社会正在形成，其地位日益上升，这些因素都推动着跨国民间规则的形成和编纂活动。①在这种背景下，在国际商事领域，涌动起一种新的主张。这种主张认为，一种新式的新商人习惯法正在形成。这种崭新的新商人习惯法（The New New Lex Mercatoria）被界定为既不同于传统的中世纪商人习惯法，也不同于新商人习惯法，而是兼具二者之优势的法律体系。

关于这一崭新的新商人习惯法的特点，有学者这样描述道：

"如果说旧的新商人习惯法的吸引力在于它与国家法的不同的话，那么崭新的新商人习惯法的魅力却在于它与国家法的近似。国际仲裁越来越法律化，以往捉摸不定的衡平让位于详尽的法律规则，所谓的'法律编纂机构'编纂出众多实证法律规则；罗马国际统一私法学会编制的《国际商事合同通则》就被描述为一种商人习惯法的完备的编纂。现在国际仲裁员们被期望考虑国内强制性规范以确保裁决的可执行性，也增强他们地位的合法性，他们甚至要发展出一套独立的跨国强制规范；仲裁员们也不再是商人，而是国际商法方面的专家；越来越多的仲裁裁决得以出版，使判例制度的建立成为可能。换言之，崭新的新商人习惯法现在看起来更像是国家法了，只不过它是更好的国家法。与早期的商人习惯法相比，最重要的相似之处在于它仍被描绘成一种没有受到政治影响的法律，看起来这像是一场在全球把作为民间商法的国家法（the state law of private commercial law）

---

① 关于全球化进程中，全球公民社会的形成及其作用的阐述，可参看李惠斌主编：《全球化与公民社会》，广西师范大学出版社2003年版。

从政治中重新解放出来的揭幕礼(re-inauguration)。"①

但事实上,在当今商人习惯法的适用中,国际仲裁机构的运行仍需要依赖国内法庭,法院有权对仲裁管辖权和仲裁裁决的效力进行监督,因此,所谓完全自治性质的国际仲裁体制尚且是一个不能实现的梦。仲裁员在实务中可能需要大量引用私法上的一般原则,但是通常情况下这仅仅是他们同时也应用其他法律规则的其中一种选择。所以目前的主流观点认为,尽管从理论上看这一构想可能在未来成为现实,但是在当前社会发展进程下,这种独立于国家之外的自治性法律体系是不可能存在的,也不可能具有约束力。国家法律体系明确地区分了国内法和外国法,国内法将一直适用于实务活动中,只有当涉及国内法中关于"法律选择"(即冲突规则)的规则时才会应用外国法。

二、中世纪商人习惯法是国际统一法、自治法的论点受到质疑

从中世纪的商人习惯法到崭新的新商人习惯法,支持这一法律体系存在的人都认为商人习惯法是"独立于国家法体系之外的、自治的、国际统一适用的法律体系",到崭新的新商人习惯法阶段,面对新的全球化历史机遇,这种论点得到了支持者们的进一步强化。然而,自上世纪 90 年代开始,这一对商人习惯法特征的概括开始受到质疑。学者们甚至从最早记载"商人习惯法"出处的布里斯托小红皮书(Bristol Little Red Book)里,也找到了商人习惯法并非完全游离于国家之外的法律的证据。他们还认为,在此后的几百年间,曾由诸多法学家、历史学家和社会学家对两者的关系作出了一系列研究,他们的研究表明,虽然商人习惯法的名称、概念和内容具有很强的普遍性,但无论是公权力的行使还是私人活动权,无论是国家的

---

① Ralf Michaels, The True Lex Mercatoria: Law Beyond the State, *Indiana Journal of Global Legal Studies*, Vol. 12, No. 2 (Summer 2007), p. 457.

立法还是私人习惯规则,都不过是国家商法概念的分支,被人们共同应用于各地方的具体商贸流通过程中。这一时期商人习惯法的适用,虽然与所谓的国家立法有着几乎同等的效力,但它并不是脱离了国家的法律,商人集市贸易中发生的纠纷仍然要受到国家法的制约。具体表现在:(1)国王和修道院对集市法庭运作施加影响;(2)集市法庭运作所依据的法律规则并非只有商事习惯和惯例,而是与普通法院适用的规则具有一致性。无论是程序法还是实体法方面,在法庭审理判决中也经常援引修道院管理条例、国王颁布的法规等。[1]这就是说,社会的商人习惯法和国家法之间可能并不矛盾,它们之间的关系从来就是一种相互纠缠、相互补充、彼此互动的关系,前者从来就没有完全独立于后者。[2]

中世纪的商人习惯法也并非"国际商法",它还并未形成一个统一的、发达的体系,因为这一时期的商人习惯法主要适用于各商人团体内部。十一世纪初的商人群体是与同他们一起居住的民族和部落区分开来的,进而他们所适用的法律并非国家法律而是商行规则,商行内部的纠纷解决和执行机制也主要限于行会内部而不是行会之间。也就是说,各行会之间的规

---

[1] 关于质疑中世纪商人法独立性、国际性的历史考证的文献,参见 Mark D. Rosen, Do Codification and Private International Law Leave Room for A New Law Merchant? Chicago Journal of International Law, Summer 2004, 5 Chi. J. Int'l L. 83; Oliver Volckart and Antje Mangels, Are the Roots of the Modern Lex Mercatoria Really Medieval? *Southern Economic Journal*, 1999. Vol. 65, Iss. 3; Charles Donahue Jr., Medieval and Early Modern Lex Mercatoria: An Attempt at the probatio Diabolica, *Chicago Journal of International Law*, Chicago: 2004 Vol. 5, No. 1; Emily Kadens, The Empirical and Theoretical Underpinnings of the Law Merchant: Order Within Law, Variety Within Custom: The Character of the Medieval Merchant Law, *Chicago Journal of International Law*, 2004, Vol. 5.; Stephen E. Sachs, From St. Ives to Cyberspace: The Modern Distortion of the Medieval 'Law Merchant', Yale Law School Student Scholarship Series 2050, paper 5; 中文参考文献请参见姜世波等:《中世纪商人习惯法真的是现代商人法的来源吗?》,载谢晖、陈金钊主编:《民间法》(第9卷),济南出版社2010年版,第334~346页。

[2] 姜世波等:《中世纪商人习惯法真的是现代商人法的来源吗?》,载谢晖、陈金钊主编:《民间法》(第9卷),济南出版社2010年版,第340~343页。

则并非完全统一,商人们的很多商事习惯是地区性、区域性或更具体地说是针对特定的贸易群体的,因此对于这些只适用于特定地区、特定团体的习惯法,并不能作为现代商人习惯法的起源或组成部分。①

三、商人习惯法的编纂受到重视,编纂方法从封闭的教条主义走向实用的开放主义

新商人习惯法发展的最新动态就是1994年夏天开始出现的国际商法的逐步法典化。

1994年5月,罗马统一私法协会(UNIDROIT)出版了《国际商事合同通则》。一年之后,欧洲合同法委员会(又称"Lando Commission")出版了第一部《欧洲合同法原则》;1999年12月,又出版了对这些原则和规则的进一步修正和补充。UNIDROIT正在试图对其出版的《国际商事合同通则》进行新的修改和完善。1996年德国科隆大学跨国法中心(CENTRAL)公布了关于原则、规则和商人习惯法标准的清单。这些清单,连同仲裁法的内容、国际统一法原则和各国的国内法在2001年早期的网上数据库里都可以查询的到。②制定这些合同法通则和原则的国际立法机构的成员,具有卓越的学识水平和社会地位,它们不是由各国国内政治派别的代表,而是在国际商法这样一门独立的法学学科的知识精英们,本着非政府间的、跨国合作的态度制定的;而且通过比较发现,这些通则和原则比各国的国内民法典的条款要简单松散,却更加的稳定、实用;同时,这些原则和通则从总体的陈述,到内部的结构、内容,都存在着惊人的相似。

---

① 姜世波等:《中世纪商人习惯法真的是现代商人法的来源吗?》,载谢晖、陈金钊主编:《民间法》(第9卷),济南出版社2010年版,第338~339页。

② 关于CENTRAL(Centre for Transnational Law 跨国法中心)所进行的商人习惯法的编纂工作,可参见德国科隆大学跨国法中心网站 http://www.trans-lex.org。

这些举措显示了商人习惯法发展的新迹象——国际商法逐步法典化的新现象。有许多人认为这同时也反映了国际商法编纂主体的逐步改变，即从国际立法机构向民间组织发展，这进一步加深了人们对"国际商法的制定一直都是'民间的'"这一印象。因为，在这个国际商法法典化的机遇期，商人习惯法的法典化并不意味着生成新的法律，而是既有规则的复制和总结。新商人习惯法是国际贸易当事人意思自治和国际仲裁裁决的产物。民间编纂机构虽然使新商人习惯法成文化，有时甚至是在国际立法机构庇护下工作，但这也不能称它们是商人习惯法的创造者，所以，UNIDROIT 和 Lando 所制定的一般法律原则和规则并不是新商人习惯法的重述，而是新商人习惯法的预先制定。

新商人习惯法逐步法典化的概念有两个重要的特征：第一，它代表了传统法律进程的转变。这种转变表现为法律进程是由自下而上的力量推进的，通过学术研究、法律实践，或是国际立法机构的努力，而不是依靠传统法典编纂的官方方式。第二，这一过程是以非正式的、私人的形式进行的，同时也是随着时间的推移而缓慢地、平稳地进行。其最终目的是制定更加行之有效的法律规则。

新商人习惯法法典化的这一特征源自于这一领域不同于其他领域法律的特殊品质。国际商法是一门活法，它是所有法律中最能反映政治、经济发展动态的法律，它发展速度很快，这就要求有与之相适应的灵活的调整框架，要求它具有"发展性"和"灵活性"。所以，试图将国际商法束缚在传统立法的框架中的做法是错误的。基于这一事实，一些民间机构和学者甚至对《国际商事合同通则》的编纂方式也提出了怀疑。因为第一，它意味着规则一经编纂即可能陷入僵化的结局，无法适应不断发展着的国际商业现实。第二，它只是国际合同法通则的编纂，不能涵盖所有商业法律领域。因此，这种编纂是一种封闭、教条的编纂方式，应该建立起一种开放、实用主义的编纂方式。德国科隆大学的跨国法中心就在这方面作出了努力（见下文）。

四、现代商人法理论全面回应传统批评

新商人习惯法理论自上个世纪 60 年代被欧洲学者提出来以后,对于这一法律部门存在与否、其是否构成独立于国家法之外的"第三种法律秩序"的理论争论就从来没有间断过。长达半个世纪的这场论战涉及了商人习惯法的正当性、法律性质、方法论基础、民主合法性,甚至术语的使用、理论的实际可行性等诸多问题。对这场旷日持久的争论,当代著名跨国商法研究的学者伯杰(Berger)给出了较为全面的概括。他指出,传统上对商人习惯法理论的反对意见主要体现在:

第一,新商人习惯法理论没有自己的方法论基础。功能比较研究的方法是新商人习惯法理论的起点,而这是比较法的方法,比较法本身已经发展成为一个独立的法律学科;第二,新商人习惯法的适用会导致未经当事人授权就作出基于所谓衡平方法的裁决(decision in equity),未免武断;第三,新商人习惯法的创制缺乏必要的透明度;第四,新商人习惯法缺乏程序正当性。他们反对通过国际编制机构编纂的观念,认为它们的决策过程越来越"去政治化"(Depolitization);第五,新商人习惯法导致了对各国公共政策规定的围剿;第六,国内立法机构和法院不承认存在一个新商人习惯法;第七,新商人习惯法并不具有"自治的法律体系"的品质。[①]

对于这些对新商人习惯法的指责,20 世纪 90 年代后国际政治、经济形势的变化让商人习惯法理论的拥护者们重新找到了支持自己立场的曙光。这些新形势包括:冷战的结束和南北冲突的加剧;欧洲一体化进程和统一欧洲市场的形成;跨国公司的迅猛发展及世界法人发展环境的变化;全球通信技术革命;因特网、EDI 和 EDIFACT 使用率的大大提升;全球范

---

① Klaus Peter Berger, *The Creeping Codification of the New Lex Mercatoria*, 2nd Revised Edition, Kluwer Law International, 2010, pp. 64~136.

围内资金流动的大幅度增加；世界金融和资本市场的产生；新国际贸易经济学的产生，等等。这些政治和经济上的变化相应地引起了一系列的法律上的发展，这些发展包括：(1)当事人意思自治理论的胜利；(2)人们逐渐意识到国内法的立法技术不适合国际贸易的发展；(3)在国际私法和国际公法领域内法律制定的民间化，或是说非正式性；(4)非政府机构重要作用的增加；(5)《联合国国际货物销售合同公约》和其他国际统一法律的成功适用；(6)国际私法的重要意义已经下降；(7)在国际合同法中对公平和合理的强调；(8)承认比较法是一门独立的法律学科；(9)成文法系和普通法系的逐步融合；(10)欧洲一体化进程加速并致力于制定一部欧洲民法典；(11)在一些迄今为止仍保留有浓厚的国家立法色彩的领域(例如：反垄断法、破产法)开始国际化；(12)在国际贸易领域仲裁和选择性争端解决机制的适用大幅增长；(13)在审理程序方面，仲裁与国内法庭审理逐步趋同，仲裁判例法正在出现。①上述这些因素又都为商人习惯法的重新兴起提供了契机，一场民间造法(private lawmaking)浪潮正在西方跨国民间组织中涌动，一些国际政治学家和法理学家们也开始关注这场民间造法现象，并试图从理论上为之提供诠释。

概括前述对商人习惯法提出的质疑声音，最有力者莫过于三点：一是关于商人习惯法自足性(self-containing)的理论根据是什么？二是商人习惯法都包括一些什么样的规范，它们的具体内容是什么？三是商人习惯法的合法性(legitimateness)何在？对这三个问题，学者们给出了回答。

第二，商人习惯法的自足性源于它是一种反身法(reflective law)。为了回应反对商人习惯法存在的学者的质疑声音，部分支持商人习惯法的学者提出了商人习惯法自治的理论根据。比如，Peter Mazzacano、Gralf-Pe-

---

① Klaus Peter Berger, The New Law Merrchant and the Global Market Place-A 21st Century View of Transnational Commercial Law, http://www.Trans-Lex.org-Please cite as www.trans-lex.org/000002, pp.9~10.

ter Calliess，Frankfurt 以及 Gunther Teubner 就运用自创生理论论证了商人习惯法的自足性。他们认为，商人习惯法既不是非国家法也不是以国家为基础的法，确切地说，它是由法律自身创造的法。他们借用生物学上的自创生（autopoietic）理论，认为商人习惯法就是个自创生系统。通过"自创生"概念，商人习惯法成为一个自治的组织体，它是自足的、自我维持的法律秩序。并且认为，它并不完全是实体法，而是一个过程，一个通过仲裁判例的发布和借鉴（遵循先例）形成自我沟通、自我指涉、自我反省的过程，通过这种过程，它组织和生产了自己。①

当然，把商人习惯法的自治性建立在自创生理论基础上，固然能够使商人习惯法的自治在一定程度上得到解释，但是，诚如 Gunther Teubner 把整个法律都视为一个自创生系统受到的质疑一样，是不是所有法律部门都是一个自创生系统？法律不可能完全脱离其他社会系统，如政治、经济等系统的影响，对自治性的理解不能绝对化。②事实上，就是自创生理论的提出者，也在其 2004 年的另一篇文章中谈到，在当下的全球化背景下，经济和政治的发展是相互缠绕的，而且走向了一个新的维度，即去政治化、去中心化和去个性化，正在形成有组织的全球政治社会（国家间秩序）和自发形成的全球公民社会（自治的民间秩序）。当代"全球文化"的新制度主义、后现代全球法律多元主义观念、系统论等都将视角放在了这两个社会和秩序的关系上，而且更多地将视角放在了后一秩序的形成和对前一秩序的影响上。这种相互间影响因此而形成了一个多元的全球社会，而且同时，这一社会也正走向一种重新政治化、重新地区化和重新个性化（re-politiciza-

---

① Peter Mazzacano, The Lex Mercatoria as Autonomous Law, Clpe Research Paper 29/2008・VOL. 04 NO. 06 (2008); Gralf-Peter Calliess, Frankfurt/Main, Reflexive Transnational Law The Privatisation of Civil Law and the Civilisation of Private Law in: Zeitschrift für Rechtssoziologie 23 (2002), Heft 2, S. 185-216;

② 关于自创生理论，参见［德］贡塔·托依布纳:《法律：一个自创生系统》，张骐译，北京大学出版社 2004 年版。对于自创生理论的评析，可参见王宏选:《作为一个自创生系统的法律——卢曼和托依布纳的法律概念》，载《黑龙江社会科学》2006 年第 5 期。

tion, re-regionalization and re-individualization)的规范制造过程。民间社会秩序被指为一种真正的全球法,这种全球法的注意力必须导向社会子系统自治的二元性上,最终将是自治领域和有组织领域之间在规范基础上的动态的相互控制。① 这也说明,商人习惯法作为一种私人社会自发形成的规则体系,其自治性可能就如同法律实证主义所要寻找的"法的内部自足性"一样,一旦跳出法律看法律,这种自足性可能不攻自破。诚如司法不可能永远"遵循先例",自我循环,否则法律也就不可能发展了。实际上,当普通法法官推翻先例之时,恰恰也是顺应法律外部系统而推动法律进步之时。商人习惯法也只有其他法律形式,如国家法的环境塑造和执行保障,其效力才能得到更大的发挥,这也是法律实践所证明了的。

第三,商人习惯法的编纂和仲裁判例的公开将解决不确定性的问题。针对批评者所批判的商人习惯法不具有法律体系所要求的确定性的论点,支持者们坚决还以颜色。他们指出,商人习惯法的不确定性问题正日益由民间机构的规范编纂进程所形成的大量成文的规则加以解决,如国际商会编纂的各种国际贸易惯例、各跨国商业组织制定和发布的标准合同条款或指南、联合国贸发会(UNCITRAL)制定的《联合国国际货物销售合同公约》(CISG)、UNDROIT 编纂的《国际商事合同通则》、Lando 委员会编纂的《欧洲合同法原则》等。近年更是兴起了大学组织的研究机构编纂和提供商人习惯法信息的热潮,如前述科隆大学跨国法中心所进行的开放式的商人习惯法民间编纂;还有罗马第一大学与意大利国家研究院(the Italian National Research Council)合作成立的比较法和外国法研究中心与罗马统一私法协会(UNIDROIT)最近共同建立了一个网上数据库,名为 UNILEX,提供有关 CISG 和 UNIDROIT Principles 的案例和参考文献,

---

① Gunther Teubner, Global Private Regimes: Neo-Spontaneous Law and Dual Constitution of Autonomous Sectors in World Society? Karl-Heinz Ladeur (ed.), Globalization and Public Governance, Ashgate, Aldershot 2004, pp. 71~87.

这一项目由意大利国家研究院和米兰国内和国际商事仲裁院资助。另有由 Ralph Amissah 发起，挪威 Tromsø 大学法律系 Geoffrey Armstrong 和 Tommy Johansen 两人支持建立的一个网站，名为 www.lexmercatoria.org。该网站另由佩思大学（Pace University）协同，负责提供国际商法方面的法律文件、案例、标准合同文本等，而佩思大学则建有专门的 CISG 数据库，提供与 CISG 有关的几乎全部信息。这些机构及其网站为对商人习惯法感兴趣的学术界和实务界提供了丰富而详尽的商人习惯法信息，极大地方便了人们对商人习惯法规则的查阅和了解，使商人习惯法不确定性问题大大缓解。

另一方面，国际商事仲裁机构，特别是国际商会仲裁院（ICC）近些年来也开始编辑出版其典型的仲裁裁决。这些仲裁裁决被人们赋予先例的意义。虽然从理论上说，仲裁这种当事人选择的争端解决方式，保密性是其特点之一，国际仲裁机构的裁决也并不构成先例，但当代许多仲裁机构在征得当事人同意，或者隐去当事人的信息后，将案件的主要事实和裁判要旨予以公开，则事实上发挥了判例的作用。仲裁员们在裁决过程中也尽量参考以往的裁决，尽力做到同类案件同样裁判。仲裁裁决的公开发表和出版也极大方便了仲裁业界对裁决的了解和参考，那些大胆适用商人习惯法的案件也让实务界增进了对商人习惯法的了解，起到了宣传商人习惯法的作用。

第四，商人习惯法的合法性来源不同于官方法的民主性要求。Janet Koven Levit 把商人习惯法看成是一种民间部门的自下而上的造法（bottom-up transnational law-making）。他认为，民间部门造法虽然是一种软性的、精心编制的过程，但它也经常处于私人部门的监控下，产生硬性的结果。民间部门的自下而上的造法正越来越多。这种造法团体往往都具有俱乐部性质，具有秘密性和排外性，承担着群体中的规范角色。根据这种秘密倾向，既然缺乏透明度，民间跨国造法是否是一种合法的法律路线？在认真思考这一问题的答案时，Levit 认为，衡量合法性不只是针对民主性方面(责任、透明度等),而且还应从法律后果和政策有效性方面来看。不像那些纯粹的民间规则,它们很大程度上是自足和受到限制的,自下而上的造法是个超越法律团体的道路,它承担着把非官方"法"与官方法连结起来的角色。如此,尽管民间造法或者民间法体系学派可能在群体成员建构、解释和执行规范方面会为我们提供洞见,但他们没有仔细考虑、解释或者概念化造法团体之间的规范联系。因为很多民间法律体系学者批评国家对私人生活的介入,把自己看成是为国家提供可行的(或许还是更好的)替代方案,他们的分析经常不能认真考虑官方的或者国家造法机构借鉴这种民间法的程度,没有考虑民间造法团体说动国家采纳其规范的程度。实际上,Levit所提供的造法案例说明,在跨国领域,半民间形式的造法相对纯民间规范可能恰好是自下而上造法进程中的中间过渡步骤。民间团体造法虽然尚不能达到民主社会所要求的那种透明,但他们的制度意识无疑也会促进其作出多样化的努力去拥抱透明和责任,最终即使不是全部,起码也会修补那些民主上的赤字。在自下而上的造法进程中,合法性是一个逐步演化的现象,一个内生的过程,我们还不可能通过简单地与传统民主制度那样以千篇一律的方式要求其"合法性"。民间造法团体虽然不像国家正式法那样容易人为地输入透明度或可归责性的影响,但与官方造法机构的交往过程也会使之输入透明和责任,正如WTO一方面输入了伯尔尼联盟的规范,①同时又向后者输出了透明度那样;另一方面,WTO 也向更广泛的社会传递了伯尔尼联盟的规则。因此,我们应当关注非正式的和正式的立法者之间的相互作用,而且,我们应当承认他们交往的那些时候,也正是最终努力把民主实践导入非正式团体的时刻。跨国民间法领域恰恰是构成国内法与国际法部门之间的纽带,如果我们希望影响法律进程的话,我们就必须注意它们的根,而不是自欺欺人地自悦于表层的东西。②也就是说,民主进程并不是合法性的唯一源泉。像商人习惯法这种自下而上产生并进行编纂的立法,其合法性与官方法相比只是程度上的差别,如果说像国内法和国际法这些官方法是居于合法性的顶端,那些纯粹民间的规则居于合法性底部的话,那么商人习惯法的合法性就是居于他们的中间部分。

---

① 伯尔尼联盟,即"国际出口信用保险和海外投资保险人联盟"。实际上,出口信用保险立法机制产生于 1934 年瑞士伯尔尼的一个酒吧的聚会中,一小撮欧洲私人出口信用保险人决定以完善保险实践为名收集关于索赔和赔偿的经验数据。这种非正式的收集和交流信息的聚会发展成为后来的伯尔尼联盟。现在,伯尔尼联盟已经超过 50 个成员,包括官方和民间的,几乎都来自经济合作与发展组织(OECD)和工业化国家。一些 OECD 国家于 1998 年 4 月 1 日达成最新的出口信贷与信用保险"君子协定",要求各成员国的信贷条件不得高于"君子协定",否则必须事先通报其他各国,防止出现损害有关成员国利益的不平等竞争的情况。正是这种公平和平等的特性,使出口信用保险这种实质上也具有贸易补贴性质的制度得到 WTO 规则的认可。根据 WTO 有关补贴与反补贴的协议,出口信用保险属于补贴例外,而这一例外的确立与伯尔尼联盟所提供的技术标准紧密相关。

② See Janet Koven Levit, Bottom-Up Lawmaking: The Private Origins of Transnational Law, *Indiana Journal of Global Legal Studies*, Vol. 15, pp. 49~73.

第三章

当代商人习惯法的理论纷争

戈德曼和施米托夫发表于20世纪60年代早期和中期的作品已经为新商人习惯法的争论提供了一个喧闹的舞台。在国际商法中再也没有其他主题像新商人习惯法的争议这么火热了。自从戈德曼首次发表了他关于"自治的第三种法律体系"的观念，就对传统的实证主义的法律渊源理论构成了一股强大的冲击波。这场冲击波不仅激起国际商法学者对跨国商法这一法律部门之理论基础的探究研究，而且随着研究的深入和影响的扩大，商人习惯法这一命题也引起了一些法理学家和国际政治学者的兴趣。如一些关注跨国法、跨国民间造法对全球治理之影响的国际政治学者就已经把全球商业社会中的这一自发的造法现象作为研究的主题之一。[①]

在这场来自不同知识背景的学术讨论中，几乎新商人习惯法理论的每个方面都产生了激烈争论。有些学者受到激烈争论的打击，怀疑新商人习惯法理论简直成了一副"万能药"、一个谜、一个妖怪。还有人把新商人习

[①] Gunther Teubner, Breaking Frames: The Global Interplay of Legal and Social Systems, *The American Journal of Comparative Law*, Vol. 45, No. 1 (Winter, 1997), pp. 149~169; Gunther Teubner, Global Bukowina: Legal Pluralism in the World Society, in Gunther Teubner (ed.), Global Law Without a State. Brookfield: Dartmouth 1997, 3-28. Graf-Peter Calliess, Frankfurt/Main Reflexive Transnational Law, The Privatisation of Civil Law and the Civilisation of Private Law in: Zeitschrift für Rechtssoziologie 23 (2002), Heft 2, S. 185-216.

惯法比喻成是一个"喀纳斯水怪"。①

这场争论已经把国际商法学界分成了两大阵营:传统主义者和跨国主义者,它们之间没有中间地带。传统主义者坚持法律实证主义观点,认为并不存在一个所谓独立自主的商人习惯法体系,它可以成为独立于国家法和国际法之外的"第三种法律秩序"。所有法律都必须依赖各主权国家的意志,商人习惯法的效力基础是各主权国家的法律认可。跨国主义者则相信存在这样一个自足的法律体系,它产生于商人社会自发的造法过程,其效力无需依赖国家意志而存在,而是依靠国际商人社会的内部制裁机制。在这两大派别的争论中,诸多理论粉墨登场。争论涉及新商人习惯法的正当性、其法律性质、它的方法论基础以及新商人习惯法的民主合法性,甚至涉及术语的使用、理论的实际生命力等等。

 第一节 "lex mercatoria"含义上的分歧

在对商人习惯法的讨论中,人们对于这一概念的实体理解是不同的。对其具体包含哪些规范和渊源也没有形成共识。伯杰教授把学者们对"lex mercatoria"概念的理解归纳为三类:②

---

① K. jSchmidt, in Murakami/Marutschek/Riesenhuber(eds.), Globalisierung und Recht, at 153 et seq. Molineaux, Charles, book review of Klaus Peter Berger, The Creeping Codification of the Lex Mercatoria, *Journal of International Arbitration*, 2000, Vol. 17, No 1, p. 147.

② 这种概括参考了 Klaus Peter Berger, *The Creeping Codification of the New Lex Mercatoria*, Kluwer Law International, 2010, p. 61~62. (以下简称 Berger, Creeping Codification)

一、商人习惯法只不过是一堆杂乱无章的规则和原则

有些学者认为,商人习惯法这个词只是指一大批没有任何内在一致性和系统性的规则和原则。这些规则只起补充其他可适用的国内法的作用。这些规则仍然要从主权国家本身获得其效力,即使这些规则为当事人在合同中所援引和适用而在当事人之间具有约束力,那也是因为合同法上的意思自治原则已经得到世界上所有主要国家的接受。

二、商人习惯法就是国际贸易惯例的总和

第二种看法是把新商人习惯法视为满足国际商业需要的贸易惯例的总和,而且它构成了一种"事实上的共同法"(factual ius commune)。① 有时,这种惯例和习惯做法的总和被认为是一个"世界贸易自治法"。②

三、商人习惯法是一个独立的超国家的法律体系

第三种观点把新商人习惯法看成是一种独立的、超国家的法律体系,其正当性和效力源于其自身自治的存在。他们中的多数认为这一观点是把这一跨国法律体系置于国内法和国际法之间。不过,也有些支持商人习

---

① 这一用语是由 Lüderitz 创造的,参见其著作 Festschrift der Rechtswissenschaftlichen Fakultät zur 600-Jahr-Feier der Universität zu Köln,p. 271,291. 转引自 Berger,Creeping Codification,p. 63. 脚注 66.

② Hans Großmann-Doerth,Jer Jurist and das autonime Recht des Welthandels,58 JW 1929,p. 3447,note 4. 转引自 Berger,Creeping Codification,p. 63. 脚注 67.

惯法自治的人把新商人习惯法看成是国际公法的一部分。① 国际仲裁庭和部分法国学派的理论甚至想把所有这三种观点联合起来,把新商人习惯法视为具有独立法律体系特征的国际贸易惯例的总体,其正当性源自国内法的承认。

然而,伯杰认为,这三种观点必须鲜明地加以区分。如果把得到国内立法机关许可的当事人的意思自治视为发展新商人习惯法的基础的话,那么从一开始这就与传统的法律渊源理论没有什么两样,因为如此理解这一术语,只不过意味着将新商人习惯法的合法性置于国家的视野之下,将其合法性和正当性归于国家的认可。这种观点是建立在当事人意思自治只能与某一特定国内法体系联系在一起的基础上,而不是把它置于自然法上的正当性基础上。

从各国立法的表现来看,大多数国家都是采取这一立场的。如《德国民法典》第346节和其他国家的类似规定显示,贸易惯例的效力都在各国内立法上得到确认,它的效力不得不放在某一特定国内法背景下来看,这样,贸易惯例本身还不具有法的性质。在性质上,它与其他事实上的法律渊源,如一般交易条件或习惯一样都需要国家法的认可,在被国家法认可之前,它仍然不是"法",贸易惯例只构成形成习惯法和创立一个新商人习惯法的第一阶段。这也就是说,"所有国际贸易习惯法都有贸易惯例的性质,但并不是所有贸易惯例都是习惯法"。②

对于这三种看法的评价,伯杰教授认为,头两种看法并不涉及合法性问题,因为它们把跨国商法看成是一种纯异质的法律规则和原则的集合,或者看成只是贸易惯例。这里,新商人习惯法在中世纪的意义上被理解为

---

① 参见 Hercules Booysen, völkerrecht als Vertragsstatut internationaler privatrechtlicher Verträge, 59 RabelsZ, 1995, p. 245, 252 et seq. 转引自 Berger, Creeping Codification, p. 63.

② Roy Goode, Usage and its Reception in Transnational Commercial Law, 46 ICLQ 1997, p. 1, 7 et seq. 转引自 Berger, Creeping Codification, p. 63.

一种国际性的或者至少是地区性公认的商法,这种商法由习惯法、习惯和贸易惯例构成,这些跨国法观念还远没有被假定是一个自治的法律体系。比如,布莱克斯通在他的《英国法评论》一书中就讲到:"商人习惯法,或者说是商人们的习惯,就像议会的习惯和法律(lex et consuetudo parliamenti)一样,只被描述为是英格兰法的一个分支,但这种表达方式经常让商人们假定他们所有的新方式方法都立即变成了这块土地上的法律,或许这也是经常受到法院大力鼓励的观点。但商人们应当从法院获得法律而不是法院从商人们那里获得法律。当为了广泛的商业目的而寻找法律不再方便时,那就应当申请议会来加以救济。"①对于这两种观点的支持者们来说,探讨这些规则和原则的法律性问题没有什么实际意义,相反,它们的合法性只能根据个案而定,根据可适用的国内法为基础来决定。坚持这种观点的法官和仲裁员们因此适用的是与纯国内案件同样的方法。伯杰认为这一对新商人习惯法的看法与自治的世界贸易法的观念是不相容的,它必定导致"没有准据法的契约"(contrat sans loi),一种无论是在理论上还是实践中都无法接受的结果。这种对新商人习惯法术语的使用因此也表现为是起反作用的。在这一观点中,国际案件被"国内化了",因为它们要受制于国内法,新商人习惯法理论支持者们的主要目标是消除这一痛苦。②

另外,伯杰认为,对国际私法而言,把新商人习惯法术语理解为要受国内法约束的方法也不利于在处理跨国案件时实现国际商事案件争端解决的真正跨国化。如果当事人援引新商人习惯法作为适用于合同的法律时,就把包含在其中的规则和原则转化为纯粹的合同条件了(materiellrechtliche Verweisung)。与法律选择条款形成对照的是,当事人不能推翻"另外的"(otherwise)准据法中的强制性规范。也就是说,当事人运用国内的国际私法规则的话,仍要受制于国内法中的强制性规则,因此,适用这种新商

---

① Blackstone, Commentaries on the Laws of England, Vol. I, p. 75, note 8.
② Berger, Creeping Codification, pp. 63~64.

人习惯法观念无助于实现国际商事案件争端解决的真正跨国化。

由于这些原因,"New Lex Mercatoria"这个词在本研究中将与前述第三种观点联系起来:新商人习惯法这个词意味着一个独立的介于国内法和国际法之间的"第三种"超国家法体系,这个法律体系是由国际商业社会的造法力量创造和发展的。以这种方式来界定新商人习惯法需要建立一套深刻的理论基础。如果没有这种基础,跨国商法观念从一开始就注定要失败,将没有机会被国际实务界所适用。

基于这一术语学的解释,下面的思考将为主要的反对意见提供答案,这些反对意见通常提出来对抗对新商人习惯法的跨国的和自治的理解。

 第二节 商人习惯法理论有没有坚实的方法论基础?

反对商人习惯法存在的人认为,按照支持商人习惯法学者的论述,人们无法把握这个法律体系究竟是什么,它所赖以存在的方法论基础是什么,因为商人习惯法理论缺乏足够的方法论基础。他们认为,方法论上的缺失导致了无法发现和适用支持者们所主张的商人习惯法规则和原则。

应当承认,这种反对意见具有相当的分量。因为有一个完备的方法论基础是任何法律进程发展和完善都应当具备的,是法律理论获得正当性的先决条件。如果不能提供出一个具有说服力的方法论基础,那么,就无法回应那些指责商人习惯法理论只不过是一种"理论虚构"的质疑声音。

针对反对者所提出的方法论缺位的不足,伯杰教授为了回击反对者,将跨国商法的方法论基础定位于功能性比较法方法(functional legal comparison)。

对于功能性比较的出发点,德国著名比较法学者茨威格特·克茨曾经作过系统的论述。按照他们的观点,全部比较法的方法论的基本原则是功能性原则。各种不同的法律秩序,虽然其在历史传统、政治经济制度、宗教观点、文化发展、民族性上存在重大差异,以致人们无法确认那些调整这种生活领域的法律规范的一致性,但是,各国又会面对同样的生活问题,甚至细节问题上的类同。如果撇开那些充满着特别强烈的价值观和道德命令的问题——主要是家庭法和继承法方面的问题,而探讨"非政治"方面的私法,我们常常就会看到,世界上所有发达的法律秩序中,在法律往来上同样的需要总是以同样或者十分类似的方法予以解决。[①] 这就是说,每个社会实质上都会面临同样的问题需要法律加以解决,虽然各国在解决相同和类似问题上会设计极不相同的方法,但最终的结果是相同的。因此,任何比较法研究的出发点必须从纯粹功能的角度提出。比较不能拘泥于不同法系的国家法中的具体制度,抽象的法律概念可能根本就无法进行比较,而要看这些不同的制度所解决的是否是同一社会问题。基于此,我们也就不应将视角仅放在具体的制度和规则上,"比较法学者如果想要在外国法律制度中找到某些规则在功能上同本国一定的规则旗鼓相当,他就必须在某种程序上具有系统的想象力。"[②] 这种系统的想象力就是必须不受本国法律制度体系上的各种概念所拘束,而应探究这些不同概念和制度背后所要解决的问题。"比较法的问题不是关于不同国家的法律制度的概念结构,而是它的法律制度的功能,比较法的方法是对不同社会秩序解决问题的办法重新从它们各自的现实,从它们所实现的各自社会目的进行相互比较。通过解决相同法律问题的具体制度比较,抽象出解决同一问题的普适标准,确立共同的规则。正是在这一意义上,功能性比较方法所实现的功能

[①] [德]K.茨威格特、H.克茨:《比较法总论》,潘汉典等译,法律出版社2003年版,第54页。

[②] [德]K.茨威格特、H.克茨:《比较法总论》,潘汉典等译,法律出版社2003年版,第50页。

不是只限于为完善本国立法提供参考方案,帮助解释法律和填补法律漏洞,更重要的是建立起一种普遍法学,在可能的法律领域内建立起一种统一法,有了这种统一法就可以避开各国疑难的国际私法,减少商人事前规划设计适用法律上的绞尽脑汁,减少法官事后审判争议时适用外国法错误的危险,从而带来更好的法律预测可能性和高度的法律稳定性。

跨国商法的主要追求已经不再满足于中世纪商人习惯法的商人自治法的产生和编纂。伯杰认为,新商人习惯法理论背后的观念与法律的协调和统一密切相关,因此,法律协调和统一所使用的方法论就对跨国商法理论发挥着重要影响。而法律协调统一的方法论基础就是"功能性法律比较"方法。这种方法具有严格的论题性,即是严格地以问题为导向的。① 运用这种方法,首先是从所要解决的现实问题入手,运用比较各国法律的办法,发现和阐明普遍的法律原则(universal principles of law)、"国际共同法"(international common law)。这种方法已经成功地用于发展国际公法的一般法律原则,尤其是关于国家与私人之间的合同。在发现这种共同法过程中,功能比较方法本身不是终极目的,毋宁说它发挥着一种支持因素的作用,具有高度的实用价值。它确认了世界各国的普遍经验,即比较法作为一门学科,它的价值不是进行抽象的评价,而是通过以背景为导向的研究,来为人们解决同类问题提供方案。这一方法无论是在私法的统一和国际商法的跨国化方面,还是国内立法机构作为一种"法律比较的造法技术"方面,都得到了广泛应用。就私法统一来说,它已经不仅适用于欧洲"第二代"的法典起草过程,如《瑞士债务法》、《德国民法典》和《意大利民法典》,而且被用于起草"第三代"的法典,如《荷兰民法典》,最近的德国债务法改革以及《俄罗斯联邦民法典》等。②

---

① Berger, Creeping Codification, p. 66.
② Berger, Creeping Codification, p. 67.

一、功能比较方法对于跨国商法统一的价值

比较法方法对于发展一般法律原则的价值已得到普遍承认。如劳特派特的"私法类比"的创造性作品、在 Ripert、Esser、Cheng、F. A. Mann 对各国商法的比较中都已经被证明是有效的。所有这些人都把他们的研究建立在功能比较方法论基础之上。这些研究的结果和成功对于我们的研究来说特别有用,因为他们大部分都在《国际法院规约》第 38 条第 1 款 3 项的公法背景下追随了私法制度比较的方法。① 对于国际公法上的一般法律原则,我们并不主张把它建立在自然法基础上,也不主张它们是来源于处理国际关系上的原则,而是主张一般法律原则应植根于世界各国国内法的共同价值、政策决定的共同信念上,植根于各法律体系所共有的法律规则和原则基础上。这些规则和原则需要通过功能性比较方法加以得出。② 新商人习惯法作为适用于全球商业社会的法律体系,它肯定要建立在相当数量的一般法律原则基础上的。对于这些一般法律原则,我们同样主张要基于功能比较方法,对各主要法律体系的商事法律进行比较得出。

诚然,正如大木雅夫所谈到的,如果把功能主义的比较法视为万能的方法也会产生一定的危险。因为它是把理论建立在各国不管处于何种法律发展阶段,不管何种社会形态,其面临的法律问题都是相同的这一假设基础上的。但这只能说在某些法律领域是如此,正如康斯坦丁内斯库所批判的,这种看法只在同一法系或亲缘法律秩序之间才是恰当的。实际上,在不同法系之间,还有那些混合法系的国家之间,渗透着不同宗教和文化传统熏染的法律制度,体现不同的政治和经济制度的法律制度上,功能比

---

① Berger, Creeping Codification, p. 72.
② 姜世波:《论国际法的一般法律原则》,载《北大国际法与比较法评论》(第十辑),2010 年版。

较方法恐怕也是派不上用场的。过分强调功能比较方法难免将过去所限定比较对象上所作的努力抵销殆尽,从而再次返回到人类同法之理想的危险。①

然而,对于商法的国际统一,即跨国商法的形成而言,这种担心似乎是多余的。其原因有二:

一是商法具有高度的统一性。比较法分析方法对于商法的跨国统一过程所发挥的作用是建立在它与商业现实的密切联系基础上的。这一方法赖以存在的分析过程不是始于某一国内法制度中的某一规定或制度,或者某一案件的事实模型,而是始于产生某一法律问题所在的具体商业现实。众所周知,商法是规范商品交易秩序的法律,具有高度的统一性。凡是建立起商品经济的社会都离不开商法。一个国家无论实行怎样的政治制度,无论其历史文化有何不同,无论其生产力发展水平高低,只要确立和发展商品经济制度,就离不开商品的生产组织、交换和消费等商事关系。组织生产就需要建立稳定高效的现代企业制度、投资制度,规范商品交换的完备的合同制度、结算制度、物流制度、风险防范制度,以及企业经营失败时的退出机制。需要这些在各商品经济社会具有高度共通性,这就使反映商品经济关系的法律也必然具有统一性。这就是凡发展商品经济的社会皆建立起包括公司法、破产法、合同法、票据法、海商法、保险法、信托法、证券法等法律在内的商事法律体系的原因。尽管在不同法系、不同国家的某些具体制度设计上由于种种原因尚有一些差异,但这并不影响各部门法基本原则的一致。

二是商法具有高度的国际性。随着商品经济的进一步发展,资本的觅利性推动了市场由国内统一到国际统一的发展。商品经济开始在全球范围内组织分工协作,商品交易也在全球范围内展开,这就是市场的全球化要求。市场的全球化推动了法律的全球化进程,尤其是与商品交易和资本

---

① 参见[日]大木雅夫:《比较法》,范愉译,法律出版社1999年版,第89页。

流动有关的法律制度的全球化。这其中,反映商品交换关系的合同法律制度首当其冲。合同领域成为全球统一化程度最高、最快的法律部门。当然,这并不意味着统一可以自然发生。事实上,各国的合同法在近代法典化运动中由于是各自发展的,因此还是存在诸多具体规定上的差异。合同法的国际统一必须超越这些具体差异,寻找共同的规则和原则。这就不能不依靠比较法方法的支持。通过功能比较方法,寻找各不同法系、不同国家合同法制度中解决商品交易过程中所共同面临的问题的制度和方案,求同去异,建立起国际统一的合同法制度。当然,这一过程仍然是艰难的、渐进发展的。除了合同领域,其他商法领域也在进行着这种艰苦的努力。虽然商法的国际化是个艰难的过程,但相比其他法律领域,这仍然是个更加容易实现全球化的领域。因此,比较法方法的运用注重在不同的法律体系中,对同一问题或类似问题的解决存在类似的解决方案。在多数情况下,比较法视角将会找到所有不同国内法所形成的诸多法律体系中的公分母。

基于上述理由,商法领域最应该是功能比较方法的用武之地。可以断定,功能比较方法在商法的国际统一中已经发挥了十分重要的作用。以《联合国国际货物销售合同公约》为例,其"根本性违反合同"这一概念的确立就是建立在功能比较的分析基础上的。比较法学家们充分比较了各主要法系中诸多市场经济发达国家的合同法制度,发现都存在一般违约和严重违约情形的划分。如英国货物买卖法的违反条件(breach of condition)和违反担保(breach of warranty),后来根据需要才增加了违反中间性条款(breach of intermediate terms);美国法的重大违约(material breach)和轻微违约(minor breach);德国法分为给付不能和给付迟延;法国法分为不履行债务和迟延履行债务等。[①] 但这些分类总体上都分别针对了合同违约中的轻微违约和严重违约的情形,因为这两种不同的违约所导致的违约救济方式上是不同的,只有构成严重违约情形才能允许相对方解除合同,并

[①] 冯大同主编:《国际商法》,对外经济贸易大学出版社1991年版,第116~124页。

可同时要求损害赔偿。如果不构成严重违约,则相对方不能主张解除合同。对于公约统一该项制度而言,为了使最终的公约不致只采用一国立法体例而导致其他国家"失了面子",公约才创立了"根本性违反合同"这个新概念,实际上所针对的就是严重违约的情形,这种情形下都允许相对方解除合同并可要求损害赔偿。这就是国际立法者在不同法律体系中解决同一问题的诸多方案中求同存异,创造性立法的典型事例,其中所运用的方法就是功能比较方法。这种方法实际上也成为国际立法者在其他领域广泛使用的方法。

由上可见,比较法方法是在全球层面上运行的,它致力于达到实际可行的效果,这就必须考虑不同社会的历史和文化因素对法律制度的影响。功能比较方法对跨国商法的贡献在于:它为跨国商法成为一个独立法律体系提供了方法论支撑,通过运用这一方法去调查各法律体系的内容,决定各不同法律体系所存在的可能的趋同性,从而发现各法律体系中所共有的原则和规则。在这一过程中,比较法学家们将会摒弃国内法体系中的教条式结构和细微的区别,而把主要目的放在考察那些具体制度所要达到的目的、所要实现的功能上,寻找这些规则所赖以生存的社会经济观念,寻找事实的本质。也就是说,这是一种典型的基于解决现实问题的研究进路,其根本目的在于解决在国际商事交易中所面临的法律问题,根据国际商事活动的特定需要,通过必要的重新追溯各个不同国内法体系中的观念和价值,来向新商人习惯法提供越来越多的正当性。这种诉诸国内法体系的做法可以预防不成熟的普遍化,以防止普遍化落入少数法律强势者的抽象价值判断中,而忽略了那些在国际政治经济发展中不占强势的法律体系的特征,不成熟普遍化将意味着每一比较法方法的死亡,也意味着新商人习惯法概念的死亡。

二、功能比较对于确定跨国商法之内容的价值

按照伯杰教授的理解,对于跨国商法来说,要确定其内容需要一种双重路径,即接受一般法律原则和确定"商人社会"的共同确信。①

伯杰认为,一方面,一般法律原则是从各国内法体系中通过比较引申出来的,这是众所周知的现象。这一现象可以轻松地转换到国际商法领域中来。在跨国法方法中,尽管一般法律原则具有模糊性,但跨国商法的支持者们认为它起码可以让读者在相当的程度上认为一般法律原则不是些无法捉摸的幻想。他引用 Horn 的话说,"一般法律原则是国内合同法向国际商法的转化器"。② 这些原则一旦能够确定下来,它们就会像法律原则在国内法中所起的作用一样,发挥一种"建构工程"(structural engineering)的作用。一般法律原则规定了基本原理,它们对所有法律过程都具有根本的重要性,推动着法律不断发展。

另一方面,自治的跨国商法理论可能也并不是只建立在一般原则基础上,这有两个原因:第一,这些原则并不能提供现成的、普遍适用的法律制度,因此,它们没有太多的实用价值。第二,也是对于本研究来说最重要的,虽然一般法律原则直接源于国内法体系,这可以为其提供额外的正当性,因为国内法的正当性是毋庸置疑的,但它们的单独适用并不能考虑国际贸易的商业现实。因为一般法律原则一直是从相关国内法的商业现实中抽象出来的,它们具有高度的分析上的抽象性。由于这一原因,它们适用于跨国背景下需要植入跨国商人社会之中,即得到国际商业社会的事实和社会承认。再者,功能比较方法也具有社会学属性,因为对法律制度和规定的审查并不是以孤立的方式来进行的,它们可以看成是整个法律和社

---

① 参见 Berger, Creeping Codification, p. 73~74.
② Berger, Creeping Codification, p. 74.

会秩序背景下的一部分,它们嵌入这种秩序中。如果比较过程从一开始就调适到为国际商事案件确定相关的法律规则和原则上来,那么特定的商业需要、惯例、习惯和商业习惯做法就会以这样或那样的方式自动包含进这一比较方法中去。这些考量也解释了不仅是一般法律原则,而且还有国际贸易惯例、习惯和习惯做法为什么必须视为新商人习惯法的法律渊源。[①]

　　伯杰教授还强调,功能比较方法中的评价过程可能导致从不同的法律体系中找到诸多解决方案,而在这诸多体系中并不存在强制适用的方案。作为最终手段,也允许人们形成妥协方案,从不同国内法中找到的解决方案要调适到适应国际商业的特定需要,如在不同法律体系所找到的方案中进行相互调适。在这种情况下,比较评价过程要求根据既有情况寻找最高级或最适合的解决方案。在这一背景下,新商人习惯法成为"实体上更好的方法"。此外,寻求妥协也不是在法律真空中进行的,确切地说,评价过程在可能的结果得不到国际商业实践支持的情况下就不得不结束。从这一视角看,很显然,比较方法就类似于国际贸易惯例和习惯做法发展为跨国商法的可能渊源那样,经常是这些惯例和习惯做法并不是直接的历史演化的结果,毋宁说是与国内法体系的共同原则联系起来的结果。它们可能与解决同一问题的国内法上的规定并不一致。因此,这里所描述的比较方法类似于决定中世纪商人法的方法。中世纪商人法的多数原则和规则并不是根据罗马法的法律模式发展和建构起来的,相反,它们代表了"新法",随着时间的进程而发展为普遍承认的法律制度。[②]

---

① Berger, Creeping Codification, p. 74~75.
② Berger, Creeping Codification, p. 76.

第三节 适用新商人习惯法会导致大量衡平裁决的产生？

从前面对功能性比较方法的描述可以看出，这一方法的实际运用类似一个"发现过程"。也就是说，从各法律体系中通过比较寻找新的规则和原则，其中蕴含着比较法学者巨大的创造性，因此，所发现的规则和原则常常会因发现者的价值判断、个案情况的不同而不同。就这一跨国商法的法律发现过程的特定性质而言，德国法理论的多数意见认为，新商人习惯法模糊了法律裁决与衡平裁决之间的传统区别。① 也就是说，法院或仲裁庭如果适用内容不易确定的新商人习惯法，就会导致法官或仲裁员大量适用公平原则，作出更多的衡平裁决。这一担心已经远远超越了德国的范围，成为跨国商法理论遭到全球如此多反对声音的原因之一。从国际商事仲裁这种作为国际贸易的传统争端解决机制的调查中，这一结论似乎也得到进一步的支持。在他们所作的裁决中，国际仲裁员们要比法院更多地倾向于考虑当事人的根本利益，以实现商事争端的衡平解决。仲裁员们越来越多地援引诸如"合理性"（reasonableness）、公平（equity）这样的行为标准，从而强化了仲裁裁决的衡平性。

对于衡平裁决，Nassar 这样评价道："这种转向衡平标准日益增强了司法上自由裁量权，让仲裁获得了超越法院裁决的新根据。产生于国际商事交易的争端解决也正转向仲裁，显现出强烈的摆脱法院裁判障碍的愿望，最重要的是摆脱其僵化的技术规则……这说明了出现了一种向灵活标

---

① Berger, Greeping Codification, p.76, 脚注第 168 所引文献。

准方向的转变,据此,司法自由裁量权既扩大了也强化了。广泛的自治裁量权就是更少地使用技术规则;具体情境的作用变得越来越重要。案件要根据其事实,追求'临时方针'(ad hockery)的正义,其精神不是法律的技术性的遵守。显然,这授予了法官或仲裁员界定缔约之法律影响的广泛的自由裁量权。"①仲裁员们的这种自由裁量权在美国已经导致推定在私人争端解决机制中,存在一种固有的制度,即追求严格执行当地特有的法律权利的倾向。人们经常用拉丁文"ex aequo et bono"(公允和善良)来描述这一美国商事仲裁的精神,据说美国仲裁员可以按照他自己所理解的正义,适用他自己的法律感和公平感来裁决事实,他可以作出他认为反映了其精神而不是拘泥于协议文字的裁判。②

虽然如此,但伯杰教授认为,尽管在国际仲裁员的裁决中越来越强调衡平考虑,但法律裁决和衡平裁决之间的传统区别绝没有消失。因为,一般而言,仲裁员进行"友好"裁决(公允和善良)的前提是当事人的授权③,而没有当事人的同意就要冒裁决被仲裁地的法院撤销的危险,因此,国际仲裁员基于新商人习惯法作出的裁决仍然只能是法律裁决,以便能为国内

---

① Nassar, Sanctity of Contracts Revisited, at 27 et seq. 转引自前引 Berger, Creeping Codification, p. 77.
② 参见 Berger, Creeping Codification, p. 77. fn. 172。
③ 但也有外国法(如西班牙法)、学者及判例认为,decide ex bono et aequo 与 act as amiable compositeur(友好仲裁)是不同的,后者的含义广于前者。戈德曼(Goldman)曾指出:严格地说,在友好仲裁的授权下,友好公断人可以决定当事人可能同意的一切。只有作为友好公断人的评判员才可以在法律范畴外解决争议。意大利的一个判决认为,arbitratiors amiable compositeurs 表示的含义较仲裁员依公平处理案件的含义广泛,前者授予了仲裁员依公平裁决时所没有的一种了结(问题)的权力(authority to settle)。在 amiable compositeur 情形下,仲裁员是了结(settle)问题,而在 ex bono et aequo 情形下,仲裁员是裁决(decide)问题。另有学者认为,amiable compositeur 为共同授权了结(joint mandate to settle),ex bono et aequo 为调整法律的裁量权(discretional authority to mitigate strict law)。还有学者认为,所谓的友好仲裁并不是一种真正的程序,而仅仅是一种契约性的情形(a contractual situation)。[参见郭玉军:《国际商事仲裁中的友好仲裁问题》,载《武汉大学学报(哲学社会科学版)》1999年第6期],本文对两个概念不作区分。

法院所接受。关于在国际仲裁判例法中越来越参考衡平考量的一般观察并不足以作为反对新商人习惯法理论的主要理由,①事实上,这种对适用一般法律原则作为裁判依据所可能带来的危险在国际公法中早已存在,人们总是假定,参考这些一般原则作出的裁决只不过是国际法院人为和任意作出裁决的伪装而已。比如施莱辛格在其《合同的成立》(Formation of Contract)一书中就提到:"从诉讼当事人和国际社会的立场来看,司法上适用'一般原则'长期以来就令人怀疑,因为人们认为这只是通过司法偏见任意造法的一种掩饰罢了。"②

新商人习惯法理论的支持者们还把那些适用公允善意原则作出的仲裁裁决视为这一法律体系的可能渊源。它们一直由仲裁业界描述为"友好仲裁"方式,这一方式激起了反对意见,即反对者们认为,一个跨国法体系怎么可能由总不承担适用法律义务的仲裁员们来创立和发展?而且,新商人习惯法的支持者们还有一种观点,即功能比较方法发现一般法律原则的艰难允许授予国际仲裁员们以一定的自由裁量权,这就等于允许他们在没有当事人明确授权的情况下适用"公允善意"原则。这种观点将那些广义而模糊的一般法律原则的基础建立在诸如"诚信"(good faith)、"有约必守"(pacta sunt servanda)的原则之下,并把它们视为新商人习惯法的支柱。正是由于这一原因,维也纳上诉法院在1982年驳回了只以"国际诚信原则"(international principle of good faith)为基础作出的仲裁裁决。法院认为,"在提交给法院的案件中,仲裁庭提到了商人习惯法,从中引申出诚信原则的普遍有效性,之后将裁决完全建立在这一原则基础之上。诚信这一法律概念可沟通当事人之间的对价,补偿当事人之间的信任和诉求;通过公平来理解缔约当事人双方之间的利益权衡和清算……但任何具体的裁决还没有直接基于这种一般法律观念和原则作出的。在一个裁决只

---

① 参见 Berger, Creeping Codification, p.77.
② Schlesinger (ed.), Formation of Contract, Vol. I, at 11.

基于诚信作出的情况下,法院就只能表示它认为解决是公平的。当然,这并不改变如下事实:法官必须根据法律作出裁决而不只是根据他所坚信的什么是对的,什么是公平的。"[1]

在这一著名案例中,对于严格的司法裁决与基于公平和衡平(ex aequo et bona)的裁决之间的界线完全被模糊了,如此理解的新商人习惯法因此被维也纳法院指责为是一种"效力受到质疑的国际法"。可以说,这一案例对于新商人习惯法的发展来说至为重要,它揭示了日常适用跨国法体系之原则和规则的艰难。

然而,正如各国国内法无论制定得多么完备,多么结构严谨,多么逻辑严密,也同样无法避免存有法律漏洞和模糊之处一样,新商人习惯法的模糊和不精确并不孤立,只是相对而言,它的不精确性更大一些而已。从中世纪商人法的发展历程来看,法律和衡平与拜占庭皇帝之关系的历史恰恰表明,拜占庭帝国衰落后,康斯坦丁大帝努力把"aequitas"置于与传统严格法"ius"平等基础上,并保留对自己专制意志来说何为衡平的确定权,所谓"皇帝有权单独调查衡平与正义之间的关系"。[2] 可见,从早期商人习惯法时期,衡平就是司法者掌控并用以疗治法律之弊的处方,中世纪的法院就不得不根据案件的具体情境和衡平指令进行裁决(secundum negotii veritatem)。[3] 况且,当今国际仲裁法的发展以及各国内法体系对国际商事仲裁裁决的监督也已经发展出一系列限制仲裁员独断地行使自由裁量权的机制。

首先,各国国内法一般都坚持仲裁员适用"公允善意"原则进行裁判必

---

[1] Vienna Court of Appeal of January 26, 1982. NORSOLOR v. Pabalk Ticaret, AG 1982, at 164.

[2] Codex Iustnianus 1, 14, 1. 转引自 Berger, Creeping Codification, at 78. 转引自 Berger, Creeping Codification, at 84, fn. 210.

[3] Reinhard Zimmermann, Der europaische Charakter des englischen Rechts, 1 ZEuP 1993, at 4.

须获得当事人的明确授权。

其次,即便有当事人的授权,也并不意味着仲裁员们可以肆意独断。仲裁员首先必须基于严格的法律规则作出裁决,仲裁员必须基于公平的考虑,纠正或克服适用严格法律规则所可能造成的不公平后果,绝没有给仲裁员施加不适用法律的义务。仲裁员的职责并非排除适用法律规则。授权友好仲裁的目的,也不在于剥夺仲裁员接受法律帮助的权利。与此相反,在友好仲裁中,仲裁员常常援引法律规则来论证其适用"公允善意"的正当性。①

再次,许多国家为了限制仲裁员滥用自由裁量权,通过国内立法对仲裁员加以限制。如法国法虽允许作为友好调解人的仲裁员适用公平原则,但不允许其变更争议事项或修改当事人的协议;有的国家则要求仲裁员尊重公共政策和适用任何可适用的贸易惯例;有的国家要求仲裁员给予当事人充分听审和提交任何必要证据的机会;另外一些国家法律则要求仲裁员遵循当事人规定的程序规则等。②

最后,大多数学者和国内法除了要求仲裁员在作出裁决时应当依据合同条款,并考虑可适用的国际商事惯例之外,还需要考虑有关国家法律的强制性规则和公共政策,遵守基本的正当程序规则和普遍接受的法律规则。③

基于上述制度基础,加之根据1958年《纽约公约》各国法院可依据正当程序要求、国内法的公共秩序要求等理由撤销或不予执行外国仲裁裁决,相信这足以构成制约国际仲裁员们的"斯摩达克利"之剑,让友好仲裁沿着健康的轨道发展。为此,1961年《欧洲公约》、1965年《华盛顿公约》、UNCITRAL仲裁规则、国际商会仲裁规则、美国仲裁协会国际仲裁规则

---

① 朱克鹏:《国际商事仲裁的法律适用》,法律出版社1999年版,第195页。
② J. Brown & L. Marriott, ADR Principles and Practice 1993, at 63.
③ 参见朱克鹏:《国际商事仲裁的法律适用》,法律出版社1999年版,第198~199页。

以及瑞士、荷兰、法国、罗马尼亚、比利时、葡萄牙、印度尼西亚、埃及等国及1985年联合国《国际商事仲裁示范法》第28条第3款以及采纳该示范法的国家和地区，均允许仲裁员基于当事人授权，而依公平善意裁决。①

在商业背景下，反对新商人习惯法理论的意见还得到了另一一般假定的支持，即诉诸不清楚的、模糊的衡平裁决可能会成为绕过其他可适用的法律的手段，充当行使经济优势压制的手段。② 例如，有人认为，新商人习惯法就是由欧洲的法学教授们发展起来的、用以维护南北政治和经济不平衡的手段："因为承认这些冠以商人习惯法之名的大原则……不仅让西方企业在面临第三世界的力量上升时赢得了时间（在20世纪60年代和70年代的石油危机中），而且让其发明者们（欧洲的教授们成为具有超凡魅力的贵族和国际仲裁的先锋）在面对新兴的律师事务所进攻国际仲裁市场时也能赢得时间保持其地位。"③即使是在今天，也有人认为所有试图编纂新商人习惯法的努力也纯粹旨在"生产更大的专家需要从而能为少数致力于宣传它的律师谋利"。④ 也有人认为，新商人习惯法理论有利于在20世纪70年代的重大石油仲裁中规避第三世界的当地法律，而且其灵活性已经服务于克服合同的严格解释，从而在20世纪60年代和70年代部分压制了发展中国家提出的对抗西方石油和建筑公司的诉求。⑤ 这些主张在继之而来的消除了殖民的国家，即第三世界在争取建立新的国际经济秩序斗争和日益发展的北南冲突背景下的后殖民时代下变得更加突出。

---

① 参见程德钧主编：《涉外仲裁与法律》（第一辑），中国人民大学出版社1992年版；王生长、程德钧主编：《涉外仲裁与法律》（第二辑），中国统计出版社1994年版。

② Carrington & Haagen, The Supreme Court Review 1996, at 345.

③ Dezalay & Garth, Dealing in Virtue: International Commercial Arbitration and the Construction of a Transnational Legal Order, Chicago, London 1996, at 89.

④ Wasserstein Fassberg, Celia, The Empirical and Theoretical Underpinnings of the Law Merchant, 5 Chi. J. Int'l 2004, at 67 et seq.

⑤ Dezalay & Garth, Dealing in Virtue: International Commercial Arbitration and the Construction of a Transnational Legal Order, Chicago, London 1996, at 109.

然而,从 Dezalay 和 Garth 对国际仲裁业市场发展的研究中显示,第三世界崛起后,其所培养出来的第一代律师们就对欧洲"大教授们"的观点很少有反对意见了,因为他们常常就是这些大教授的门生。参与那个时间仲裁的律师们回忆说:"在 1960—1970 年间,所有人都相信有个商人习惯法。"①甚至对于古代的商人习惯法也有类似偏见。有些人并不把它看成是欧洲商人习惯的真正混合体,而是看成是"一个起源于意大利的习惯法体系,它是通过意大利商人在欧洲的强势地位所强加给中世纪的商人们的。"②

虽然在上个世纪六七十年代,从国际政治、经济的大背景来看,确有南北矛盾激烈,欧美大国利用经济优势压制后殖民弱小国家的现实;但是,我们也应当承认,50 年后,国际政治、经济状况已经发生了天翻地覆的变化。在世界贸易处于全球化的时代,国际商业活动面临着深远的地区和全球资本市场和服务、商品和对外直接投资市场的一体化趋势。这些市场由于信息和通信技术革命而得到高度发展,更趋统一。世界已经发展为一个"全球市场",在这个市场内,国家边界不再像 50 年前那样发挥重要作用了。这种发展对于新商人习惯法理论的发展来说具有至关重要的意义。前面所讲到的那些新商人习惯法理论之父们一直都在强调经济因素——首先是所有的致力于提高生产率、生产理性化、降低交易成本以及开拓地区和世界市场实现这些方面——这些都对跨国法律体系的发展具有重要影响。新商人习惯法理论的支持者们也把自己的理论看成是国际商业发展的结果和法律框架条件,他们的理论不是凭空杜撰出来的空中楼阁,而是从对真实生活现象的观察中得出的结论。③

---

① Dezalay & Garth, Dealing in Virtue: International Commercial Arbitration and the Construction of a Transnational Legal Order, Chicago, London 1996, at 89-90.
② H. C. Gutteridge, *Comparative Law*, Cambridge 1949, at 14.
③ Ursula Stein, Lex Mercatoria: Realitat und Theorie, Frandfurt a. M. 1995.

 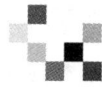

第四节 新商人习惯法的制定缺乏必要的透明度吗?

由于现代商人习惯法主要通过两个途径而产生:第一是通过国际编纂机构(formulating agencies);第二是通过国际商事仲裁员们的仲裁判例加以创造。对于这两个方面,反对者们都提出了自己的反对意见,认为它们都存在"民主赤字"和透明度问题。

一、国际编纂机构

像罗马统一私法协会(UNDROINT)、联合国国际贸易法委员会(UNCITRAL)、海牙国际私法会议、美洲国家间国际私法专门会议(CIDIP)、国际商会(ICC)以及类似机构都在统一和发展国际商法方面发挥了重要作用,世界银行集团各成员,尤其是多边投资担保机构(MIGA)和国际货币基金组织(IMF)也对国际投资和金融领域的法律统一作出了重要贡献。由于它们所从事的领域通常具有高度的政治色彩,传统上常常被排斥在全球统一进程之外,因此,新商人习惯法理论的创始人之一施米托夫才一直特别强调国际编纂机构的工作和影响。他指出:"正是这些国际机构的编纂行动激起了人们最终产生一个完全自足的国际贸易法体系的期望……商业生活丰富多彩,这些国际机构的补充性行动最终必将形成内在和谐完整,不可分割的自足的国际贸易法。"[①]对施氏而言,这些机构之间的不断联络和合作是发展自治的国际贸易法的必然道路。因为在他看来,自足的

---

① Schmitthoff (ed.), The Source of the Law of International Trade, 1964, at 37.

国际贸易法的进步取决于"这些编纂机构的积极合作,它们将给所有贸易国家带来的利益。"①因此,这正是施氏于1966年首先倡议建立联合国国际贸易法委员会专司国际贸易法统一的初衷。

尽管这些国际组织和机构对于国际商法的统一进程发挥了巨大作用,但新商人习惯法理论的反对者们仍然对其编纂过程大加指责。批评者指出,编法机构所遵循的收集必要信息、建立工作组、起草国际文件的内部程序不见得能适应所有成员国之间的利益平衡,或者培养国际共同的善。这些组织特定的制度结构,包括各国的政治影响、政府参与度和没有充分考虑南北冲突等,是这些制度内真正实现民主程序的重大障碍。由于这些外部因素影响着国际组织的决策,使工作组内达成共识就经常只限于那些大家都喜欢和可能达成一致的方面,结果就是起初统一商法的综合性计划就降格为寻求"最低公分母"的行动了。②

还有一个反对意见是国际法律实务界人士提出的。他们认为学术界的建议在国际文件谈判中发挥了决定性影响,但没有更多地考虑实务界的意见,即使国际商法本质上是特别依赖国际实践的总结成果的。③

除了上述一般反对意见,UNIDROIT自身还面临着《国际商事合同通则》缺乏"民主合法性"这一特定反对意见。反对者认为,这些通则实际上是"项目竞争"(competition of projects)的结果,也就是说,该通则之所以于1994年5月由UNDROIT执行理事会采纳,只是因为它致力于"在市场上"要抢先于欧洲合同法兰多委员会(the Principles of European Contract Law of the Lando Commission)。由于这种人为的时间约束,UNIDROIT执行理事会的成员们并没有机会阐述他们对通则所关注问题

---

① Schmitthoff (ed.), The Source of the Law of International Trade, 1964, at 38.

② Horn & Schmitthoff (eds.), The Transnational Law of International Commercial Transaction, Antwerp, Boston, London, Frankfurt a. M. 1982, at 79.

③ Roy Goode, Reflection on the Harmonization of Commercial Law, 9 *Unif. L. Rev.* 1991, at 70.

的意见,更不用说把他们的意见引入最后版本的讨论了。①

伯杰教授认为,这些反对 UNIDROIT 决策过程缺乏"民主合法性"的意见并不新鲜。它们也曾在美国法学会,即美国法律重述的编纂机构中被提起过,美国法学会曾充当过 UNIDROIT 通则的榜样。美国法学会一直面对着其内部机构设计没有确保民主决策程序的指责。因为其多数学术界人士只来自美国主要大学,协会只是确定现有共识这一经验目的,而不是确定这种共识所赖以建立的民主。同样的,在 20 世纪 70 年代 UNIDROIT 建立后的头几年,讨论其决策程序的民主合法性也一直都是其主导性任务。②然而,近些年来,跨国商法编纂机构的发展,呈现出一些新特点,在一定程度上弥补了传统新商人习惯法编纂的"民主赤字"问题。

"编法机构"的决策程序越来越"去政治化"(depolitization)。近年来发展起来的上述"编法机构",其不同于以前的由政府代表所组成的国际组织。后者,如 UNCITRAL 之类的国际组织,其成员往往具有外交代表的属性,虽然许多代表也是国际经济、法律方面的专家,但他们主要代表着其所派遣国家政府的利益,而不是只作为专家身份,仅从专业技术角度发表意见。而专门从事商人习惯法编纂的"编法机构"是由特定领域的技术专家和法律专家组成,他们的主要任务之一就是强调参与国际实践、谈判和起草国际文件。从从事国际商事惯例编纂的最著名国际机构——国际商会的工作来看,无论是 INCOTERMS 和 UCP,还是《合同担保统一规则》,都是学术界和实务界参与谈判、编纂的,尤其是每每都要广泛征求实务界的意见,总会特别强调实践和理论的平等地位。这种理论与实务的并重也明显反映在"国际商会国际商事法律与惯例协会"的建立上。现在它被称为"国际商会世界商法研究院"(ICC Institute of World Business Law),③

---

① Raeschke-Keller, The UNIDROIT Principles of International Commercial Contracts, A New Lex Mercatoria?, Paris 1995 (ICC Publ. No. 490/1), at 172 et seq.
② Berger, Creeping Codification, at 90.
③ *See* www.iccwho.org/buisiness_law/id2730/index.html.

它参与制订的国际惯例成为跨国商法的不可分割的组成部分。正如Philippe Kahn在他个人解释Dijon学派在20世纪50年代晚期到20世纪60年代早期重新发现新商人习惯法时,就强调UCP便是"一种新商人习惯法的表达"。① 即便是UNIDROIT,其所编纂的通则也是通过将草案提交一系列国际会议上进行充分讨论,并广泛征求各国著名专家学者的意见基础上才通过的,它同样得到理论界和实务界的讨论。UNIDROIT所采用的方法一直受到赞扬,成为其他政府间组织的榜样。正如Goode所表扬的那样:"它的程序应当成为未来政府间国际组织工作的标准"。② 最后,也是最重要的,采纳通则对于UNIDROIT执行理事会的成员们来说并不令人吃惊。从起草过程一开始,在理事会成员国之间就有一个普遍共识,即由于通则草案的复杂和冗长,所有文本全部讨论将是不切实际的,因此,每次工作组会议后将会对有争论的问题列明一个清单,这个清单以及相应的解决方案随后会提交给执行理事会加以讨论。从这一程序来看,并不能说UNIDROIT的编法程序就缺乏必要的民主性。

二、国际商事仲裁程序

国际商事仲裁在民主性方面受到指责的问题主要在两个方面:一是仲裁程序缺乏公开的辩论;二是它缺乏上诉程序,导致无法纠正错误的裁判,因此,对仲裁员也就缺乏监督机制。

从新商人习惯法理论来看,国际商事仲裁是推动跨国商法发展重要驱动力。人们也常常把仲裁过程的保密性视为是仲裁优于司法程序的优势之一,因为它迎合了商人们保护其商业秘密的内存需求,也有利于争议当

---

① Philippe Kahn, Towards the Quest for the Lex Mercatoria: The Contribution of the Dijon School, 1957—1964, see Berger, Creeping Codification, Annex I. at 364.

② Roy Goode, Reflection on the Harmonisation of Commercial Law, 9 *Unif. L. Rev.* 1991, at 71.

事人在小范围内平和地解决争议,为下次合作留下可能性。① 但反对者恰恰指出,国际仲裁程序缺乏国内法庭诉讼那样的公开辩论的品质。诚然,法庭中的辩论的确要比仲裁程序更为激烈,对抗性更强,尤其是普通法诉讼程序。但在过去几十年内,即使是在国内法情境下,也已经显示出法律规则的公开性并不是证成法律有效性和可执行性的唯一论点,即法律编纂的观念并不只是建立在公开性和透明度观念上的。②

另一方面,从仲裁程序的发展历史看,显然我们无法否认,司法程序确为国际仲裁程序的日益司法化提供了借鉴,而且,国际仲裁程序以及裁决的透明度正日益提高。

第一,对于仲裁程序而言,虽然仲裁程序的保密性是基本原则,但当代很多国际仲裁机构的仲裁规则也都确立了经当事人请求,仲裁庭应当公开庭审程序的做法。

第二,国际商事仲裁裁决越来越多地得到编辑并公开发表。早在1965年,Founchard就见证了一系列出版国际仲裁裁决的做法。③ 这一发展在过去几十年又达到了新水平。自1974年以来,国际商会所作出的仲裁裁决一直在《Journal du Droit International（Clunet）》上发表,而且自1976年以来还在《商事仲裁年刊》(the Yearbook Commercial Arbitration)上发表。在Clunet上,发表的裁决还有著名仲裁专家的深度评论,这些专家特别强调特定裁决对发展新商人习惯法规则的影响。自1986年以来,国际仲裁裁决、相关评论和来自实践的重要信息也一直在美国的《Mealey国际仲裁报告》上发表。④ 此外,国际商会还出版了他们的裁决汇编,通过

---

① 宋连斌:《国际商事仲裁管辖权研究》,法律出版社2000年版,第23~24页。
② Karsten Schmidz, Die Zukunft der Kodifikationsidee, Heidelberg 1985, at 35 et seq.
③ Philippe Fouchard, L'Arbitrage Commercial International, Paris 1965, at 457.
④ International Arbitration Report, published by Wealey Publication, Wayne, PA, USA.

综合而富有结构的关键词索引,提供便捷的查询渠道,查询者很容易获得大量的国际商会仲裁裁决判例法。① 随着这些裁决的出版,国际商会最终实现它在20世纪70年代所设定的发展目标,即在国际组织的主办下出版涉及国际贸易法律问题的国际仲裁裁决汇编。在瑞士的仲裁庭所作出的仲裁裁决也经常在瑞士仲裁协会的公告板上发表。荷兰仲裁院主持作出的仲裁裁决和其他荷兰仲裁机构作出的裁决也经常在《Tijdschrift voor Arbitrage》上发表。最后,伊—美求偿法庭在海牙所作出的重要裁决自1983年以来一直在发表,目前已收集到超过30卷《伊美求偿报告》。尽管这一仲裁庭的裁决具有政治背景,但这些裁决也构成了一个相当有价值的发展和实际适用一般法律原则的知识库,一般原则的适用是求偿争端解决宣言第5条所规定了的。②

伯杰教授因此得出结论:可以决不夸张地说,根据现在所出版的仲裁裁决的规模和质量,它们很快将与国内法院所发表的判决相媲美。

第三,虽然没有仲裁的上诉制度,但国际仲裁员们仍然受到严格的行为监督。

首先,在过去几十年,随着国际仲裁事业的发展,国际仲裁业界越来越认识到规范仲裁员执业行为的意义。国际仲裁实务工作者已经对他们所应遵守的职业和伦理原则达成了基本共识。1987年《国际仲裁员伦理规则》发布,2004年《国际仲裁协会证据采纳规则》制定,它们本身虽然对当事人没有强制约束力,但它们对全世界统一理解仲裁员的程序权利和义务发挥着"正面倡导资源"的重要作用。同时,由于仲裁员皆实行聘任制,对于职业操守有"污点"的仲裁员,仲裁机构完全可以以取消其仲裁员资格并公示的方式予以惩戒。

---

① Collection of ICC Arbitral Awards, Recueil des sentences arbitrales de la CCI 1974 to 1985 and 1986—1990.

② 参见 Berger, Creeping Codification, at 86.

其次,国际仲裁程序已经发展起判例法体系,为新商人习惯法的发展提供了不竭能源。

由于国际商事仲裁实行一裁终局制度,因此经常有人认为,缺乏上诉机制是新商人习惯法理论的主要不足。如 Redfern 和 Hunter 就认为,一般如果没有上诉层次就无法确保一个仲裁庭与另一仲裁庭裁决之间的一致,因此,任何通过仲裁裁决所建立的国际贸易法一般要直到其获得了合理的一致和合理的内容后才能加以适用,然后才会认为其符合了人们的常识和国际贸易现实而成功地得以确立其内涵。① 即使是那些一直支持国际商法观念的人也呼吁建立起一个仲裁的等级秩序,一个国际仲裁裁决的上诉法庭。② 他们意图通过建立这样一个上诉机制使基层的仲裁裁决能够受到审查,仲裁员的行为也受到监督。重要的是,建立起类似国内法院的上诉机制,就能够像普通法那样通过上诉法院的判决创造法律,从而使仲裁员们所创造的新商人习惯法具有正当性和自足性。

那么是否有这种必要呢?没有上诉机制阻碍了新商人习惯法的法律渊源了吗?对此,我们首先需要申明的是,仲裁与诉讼相比,其优势之一就是解决争端的效率比较高,其制度基础就是一裁终局制度。尽管我们不能说当事人选择了仲裁就意味着抛弃了追求公正,但就效率和公正的价值追求而言,仲裁制度显然是把前者放在了首位。比较耗时费力的诉讼而言,当事人自愿选择了仲裁这种方式,就意味着他/她选择了效率而在一定程度上牺牲了公正,回避长期多层审理的国内法院系统的上诉程序。这也是商事仲裁能在国家诉讼之外独立发展的重要优势之一。因此,丢掉仲裁的一裁终局而建立上诉制度,将很可能丧失仲裁的效率优势。

其次,诚如伯杰教授所言,通过上诉法庭建立一个垂直控制机制的观

---

① See Alan Redfern & Martin Hunter (eds.), Law and Practice of International Commercial Arbitration, 1st ed. London, 1986, at 92.

② See Clive Schmitthoff, Das neue Recht des Welthandels, 28 RabelsZ 47, 1964, at 72.

念,即法院系统的典型特征,由国家财政来支持和控制,这种观念无法转换到国际商事仲裁领域。也正是这种推定意图使国内法院常常想方设法地控制国际仲裁员作出的实体裁决,不顾他们违反国际公共秩序只是少数情况。①

再次,国际商事仲裁的先例制度的建立同样可以起到上诉制度的作用。尽管我们说仲裁制度与诉讼相比,以效率为首要价值,但国际商事仲裁的当事人并没有被剥夺要求仲裁员正确适用法律的权利。为此目的,内部的、水平的控制机制已经在国际仲裁系统中发展起来,它被认为具有国内法院系统上诉那样同样的功能。今天,由于国际仲裁裁决越来越多地被出版,国际仲裁员们已经越来越倾向于把其他仲裁机构的裁决作为先例看待,类似于普通法体系的先例制度正在显现,它们向仲裁员提供了相互控制其裁决的渠道。尽管这种仲裁裁决的先例价值还没有具备法院先例那样的品质,但仲裁裁决今天所享有的实质先例价值也证明了"一个先例的秘密系统"正在国际仲裁体系中形成,②而且,在更普遍的意义上,这种先例系统对法院也具有说服性权威作用。随着仲裁判例法变得更加广泛,包含在其中的观念和概念被其他国际仲裁员看成是有价值的知识,因此,仲裁员们常常倾向于把其他仲裁员在相关案件中作出的裁决看成是具有证明作用的先例,这些先例因此被置于与国内法院的判例具有同样的基础地位。国际仲裁员们越来越倾向于把公开发表的仲裁裁决而不是相应的法院判决作为证立其主张,或者反驳当事人的诉称和法律观点的根据。③

总之,伯杰教授的结论是:国际仲裁员特定裁决实践所赖以建立的习惯、信念和限制已经导致了一个仲裁裁决等级秩序的建立。既然仲裁裁决经常带着作出裁决的仲裁员的名字出版,他们的权威和声誉也就有助于在

---

① Berger, Creeping Codification, at 96.

② Justus Wilhelm Hedemann, Reichsgericht und Wirtschaftsrecht, Ein Bild deutscher Praxis, Jena 1929, at 287 et seq.

③ Berger, Creeping Codification, at 97.

广泛的仲裁判例法中创建一个仲裁裁决的等级。另外,很多裁决很知名不仅是因为作出裁决的仲裁员的名字,而且还因为他们对国际商法赖以存在的重要问题的基本考量,这些裁决回应了国际商业现实的需要,因此,这些裁决被赋予了额外的先例价值。①

正是这些具有先例价值的国际仲裁裁决,标志着新商人习惯法是通过国际商人社会的合同实践创造的,通过国际仲裁判例法创造的。这种法虽然不具备"国家主权者的命令"的实证法属性,它的合法性还需要主权者的认可,但这并不影响它们成为国际商人社会的自治法。而且今天几乎90%的跨界贸易合同都含有仲裁条款,1958年《纽约公约》参与国的广泛性以及把各国拒绝承认和执行国际商事仲裁裁决的情形限定在极小的范围内,②这些都从实质上保证了国际商事仲裁先例的权威性和正当性。

 第五节 国内立法者和法院是否承认和适用了新商人习惯法?

反对新商人习惯法理论的学者认为,就当下国际商事争端的解决而言,在当事人事先没有缔结有效的仲裁协议的情况下(无法否认这仍然占国际贸易纠纷的大多数),商事纠纷的当事人依然选择了诉诸国内法院,因此,国际私法目前仍然是调整国际商事争议的主要法律。由于商人习惯法

---

① Berger, Creeping Codification, at 97.
② 截至2011年7月12日列支敦士登核准该公约,公约的核准国已达146个(见联合国国际贸易法委员会网站);关于拒绝承认和执行外国仲裁裁决的事由,《纽约公约》第5条作了明确规定,主要限于仲裁协议不存在或者无效,裁决被撤销或无法执行,仲裁的严重程序性瑕疵和裁决违反了执行地的公共政策等方面的事由。这保证了绝大部分的国际仲裁裁决得以执行。

的不确定性,国内法院很少援引新商人习惯法作为裁决的依据。"即便是由法学家们以国内规则(很大程度上是由法学家们编纂的)、统一法(很大程度上是由法学家们编纂的)、国际原则和共同内核重述(很大程度上是由法学家们编纂的)为基础,通过所谓的'功能比较方法'而编纂的一般法律原则和规则,也并不是都建立在大量仲裁裁决支持的基础上的。对于它们来说,要说是成长于商业实践的规则,恐怕这是必要的。实际上,参考的仲裁裁决越充分,其说服力越强,但我们仍然还没有看到什么信号说明它们已经反映了共同的商业做法,或者它们已经变成共同的做法。商人们可以以不同方法支持这些工程,有些人甚至可能卷入其中,但所有力图提供这种实质非国内法体系的工程似乎都是刻意的、劳动密集型的努力,是由法学家们发动或推动的,是基于不确定数量的法律体系,为商人们(和其他缔约方)应当做什么而开出的药方,而不是描述商人们实际上做了些什么。在这一意义上,就远不是什么'自发的派生物',它是一种产品,是由那些不是专心记录行为而毋宁是选择应当调整行为的规则的外部人所人为制造的产品。"[1]针对这种指责,支持新商人习惯法理论的学者如法国学者 Wioletta Konradi 和 Héctor Fix-Fierror[2]、澳大利亚学者 Michael Pryles[3] 都对国际仲裁和国内法院承认商人习惯法的适用展开了针锋相对的研究,以反驳批评者。[4]

---

[1] Celia Wasserstein Fassberg, Lex Mercatoria—Hoist with Its Own Petard? 5 Chi. J. Int'l L. 67, at 81.

[2] Wioletta Konradi & Héctor Fix-Fierro, La Lex Mercatoria en el espejo de la investigación empírica, Boletín Mexicano de Derecho Comparado 117 (2006), at 693-722 (Mexico).

[3] Michael Pryles, Application of The Lexmercatoria in International Commercial Arbitration, *UNSW Law Journal*, 1998, Volume 31(1).

[4] 这些研究的具体成果我们将在后文的"新商人习惯法的适用"部分予以呈现。

一、反对者认为，传统冲突法理论并不接受跨国商法的观念

冲突法的根本原则就是国内法院不可适用非国家法（a-national law），首先适用法院地的冲突法是其义务。在适用这一法律时，法院必须确保案件要受一国实体法的调整而不是含糊的非国家法观念。这种观点上的对立自新商人习惯法概念产生之初就已经存在，而且二者形成了极端对立的两个学术阵营：戈德曼为代表的国际主义学派和曼恩（A. Mann）为代表的冲突主义学派。曼恩认为商人习惯法这个术语晦涩难懂，在他看来，国际私法和现代商人习惯法这两个概念是互不相容、没有任何共通之处的。① 鉴于像戈德曼这样的学者将新商人习惯法这一法律体系置于既非国家法也非国际（公）法的非国家法体系的第三种法律秩序基础上，其理论依据是当事人的合同，即合意可以独创他们自己的法律秩序。这种观点不仅理论上受到冲突法主义的驳斥，而且在司法实践中也得到了一些欧洲法院判决的抑制。比如英国上议院在 Amin Rashed Shipping Corporation v. Kuwait Insurance Co. 一案中就指出："合同不可能存在于法律真空中。除非它指涉某种私法体系，否则它就只是一张纸而已，没有任何法律效力。"② 国际常设法院在塞尔维亚 Case Concerning Various Serbian Loans Issued in France 案中也指出："任何合同，只要不是具备国际法主体能力的国家之间的合同都是建立在某一国家的国内法基础上的。"③ 维也纳上诉法院在 1982 年 1 月 26 日的 NORSOLA v. Pabalk Ticaret, AG 1982, at 166

---

① 参见郑远民：《国际商事习惯法发展趋势研究》，湖南人民出版社 2010 年版，第 120 页。
② Amin Rashed Shipping Corporation v. Kuwait Insurance Co. (1983), WLR, at 249.
③ Case Concerning Various Serbian Loans Issued in France (1929) P. C. I. J., Ser. A, No. 20, at 41.

一案中也说道:"商人习惯法作为一种世界法其效力是令人怀疑的。"①

然而,在新商人习惯法理论的支持者看来,传统冲突法的缺陷也显而易见,它无法满足经济全球化时代国际商业发展的需要。首先,传统冲突法作为一种间接调整国际民商事关系的部门法,在上个世纪六七十年代就面临规范僵化、缺乏准确性、可预见性的指责,从而在美国引发了"冲突法革命"。在这场革命中,虽然有学者鲜明地提出了冲突法只是通过地域性的连结点,将国际民商事法律关系分配到特定国家的私法体系内,"它追求的不是依据法律的内容或法律解决争议的结果的性质判断,而是空间或地理意义的适当。一旦某个国家与跨国争议的联系符合某种通常预设的冲突法规则的标准,适用该国的法律就被认为是适当的。"②这种"只管管辖权的分配而无视案件的实体公正"的弊端显然无法在冲突法的框架内克服。虽然"革命"让冲突法在某些领域内开始关注实体公正,如产生了"适用有利于弱者利益"的冲突规则,但这通常只限于保护消费者、受雇人、婚姻家庭关系中的弱者等有限的领域。对于广泛而复杂的跨国商业关系并没有普遍的解决方法。冲突法仅限于在与案件相联系的各国内法中选法的方法最终也没有能力解决国际民商事关系的实体公正,至多构成局部的缓解。在这种情况下,构建统一实体法的方法就进入人们的视野。

二、国际仲裁事业的发展迫使国内和国际立法趋近跨国商法

过去的几十年里的各种发展表明,新商人习惯法理论与传统冲突法原则之间已经不再像是20年之前那样不可调和了。传统国际私法与新商人习惯法接近的主要原因在于国际仲裁实践和立法的日益复杂化。

---

① NORSOLA v. Pabalk Ticaret, AG 1982, at 166.
② 肖永平:《肖永平论冲突法》,武汉大学出版社2002年版,第144页。

十多年来,国际仲裁员们在仲裁国际商事案件过程中已经不再受到国内实体法的局限,他们的影响使诸多国家仲裁法现代化的立法以及有关国际立法在一定程度上采纳了跨国商法作为法律渊源。在国际层面,1961年《关于国际商事仲裁的欧洲公约》第 7 条、1965 年《解决国家与他国国民投资争端的公约》第 42 条、UNCITRAL《国际商事仲裁示范法》第 28 条第 1 款、UNCITRAL 仲裁规则以及各主要国际仲裁机构的仲裁规则已都允许仲裁员适用当事人选择的"法律规则"(rules of law)而不是"法"(law)。在国内层面,法国 1981 年新民事诉讼法、荷兰仲裁法和民事诉讼法、瑞士联邦国际私法典等都承认了当事人可以选择适用商人习惯法,有的公约和国家立法甚至允许仲裁员在当事人没有选择的情况下直接适用包括商人习惯法在内的法律规则。即使是对商人习惯法适用一直持保守态度的英美法系国家,近年来也由于融入欧洲或者受国际立法影响而接受商人习惯法的适用。[①] UNIDROINT 工作组在《国际商事合同通则》序言中也讲道,它们可以适用于"当事人同意他们的合同受一般法律原则、商人习惯法或者诸如此类的规则约束的情况下"。UNITROIT 的官方评论说,这一术语赋予当事人自由选择通则作为"法律规则"的权利,按照这一自由,仲裁员将按照通则裁决争端,从而排除任何国家法。[②]

诚然,在国际仲裁实践中,当当事人没有选择他们自己的法律时,国际仲裁庭有时存在过早地或者过于轻率地适用跨国法的情形,引起这样或那样的争议。伯杰在他的著作中讨论了这些适用的情形及并进行了分析。[③]

首先,仲裁员依据跨国法的很多裁决是在"国家契约"的背景下作出的,在这种情况下,涉及国家一方当事人的主权以及包含在合同中的稳

---

① 有关详细情况参见朱克鹏:《国际商事仲裁的法律适用》,法律出版社 1999 年版,第 222~234 页。
② 国际统一私法协会主编:《国际商事合同通则》,法律出版社 1996 年版,第 3 页。
③ Berger, Creeping Codification, at 105-107.

定条款和其他条款,这些条款常常使合同关系的"国际化"成为正当理由。其次,在国际商法的其他领域,过早适用新商人习惯法也是明显的,仲裁员就像是国内法院的法官可能误入歧途适用冲突法原则一样,有时,这些错误不全是由于仲裁员本人的疏忽,而是由于国内立法机关没有在国际仲裁中给予仲裁员们过多冲突法适用的自由。在这方面尤其要区分仲裁庭在 Companis Valenciana 案中错误解释当事人的意图适用跨国法原则。该仲裁庭根据法国国际仲裁法的自由主义冲突法规定采取了行动,① 这让仲裁员在当事人没有选择法律的情况下通过"voie dirscte"方式去确定适用的法律,即没有适用任何冲突法的考虑。仲裁庭的决定也可能是受到了戈德曼新商人习惯法理论的 spiritus rector 观点的影响,因为他坚持合同本身的国际性证明了适用跨国法原则是正当的。这种自由主义方法也反映在国际法协会于 1992 年 4 月 26 日在开罗举行的第 65 届大会上通过的《跨国法原则决议》中。它讲道,如果"当事人对于要适用的法律保持沉默"的话,仲裁裁决的有效性或可执行性就要建立在跨国法规则不应当受到质疑的基础上。② 兰多《欧洲合同法原则》第 1.101(3)b 项规定,当当事人没有选择任何法律体系或规则来调整其合同的时候,兰多原则便可以适用。官方评论在证明这种方法的正当性时认为,原则要比国内法更能够提供国际商事冲突的解决方案,而且原则的特定质量足以证明它们在某一案件中的适用是正当的,甚至是在当事人没有选择的情况下。③ 这种观点在 Langen 那里走向极端,他坚持,在合同谈判过程中具有国际经验的法律顾问的参与即可以证明适

---

① 这种自由主义仲裁法是指《法国民事诉讼法》第 1496 条的规定:"仲裁员按照当事人所选择的法律规则作出裁决,在没有这种选择时,仲裁员可按照他认为适当的法律规则进行裁判。"

② Gillard (ed.), Transnational Rules in International Commercial Arbitration, Paris 1993 (ICC Publ. No. 480/4), at 247.

③ Ole Lando & Hugh Beale (eds.), The Principles of European Contract Law, Dordrecht, Boston, London, 1998, at 42.

用跨国法原则和规则是正当的。①这种把当事人在合同中没有包含法律选择条款与肯定选择跨国法规则等同起来的做法常常会让新商人习惯法理论的正当性面临危险,因为它忽略了国际合同谈判中复杂的利益网络。缺乏法律选择条款可以是由于多种原因,并不一定意味着当事人就是要让他们的合同"跨国化"。例如,当事人处于均衡的谈判地位或者他们相信准据法问题并不需要在合同中加以规定,这些都可能导致当事人忽略法律选择条款。

另外,没有选择法律可能还有更多的心理原因。不提合同适用的法律可能是保护一方当事人声望的一种方式,该当事人的国内法可能排斥通过法律选择条款选择适用法律。最后,在"国家契约"中,国家一方总是不愿同意适用外国法,因为那会被认为是侵害其主权的事情。

基于上述理由,伯杰认为,国际仲裁中不应当将缺乏法律选择条款自动等同于对合同适用跨国法规则;相反,法官或仲裁员应当寻找实证的、客观的标准来证明适用跨国法是正当的。要实现这一点,仲裁员或法官就必须确定当事人是否已经完全意识到了他所欲适用的法律就是要完全独立于任何国内法的法律。这些客观标准必须与客观情况的证据相伴,这些证据要能证明需要适用跨国法。譬如,法律问题的特殊性根据国内法是难以解决的,或者当事人旷日持久的谈判中的行为充分清楚地表明他们不愿意适用国内法。在国际商会第 8365 号裁决中,当事人同意其合同受"国际法"约束被仲裁庭认为就是表达了当事人明确希望他们的合同不适用任何国内法,同时,仲裁庭认为这一术语是默示选择"国际商事惯例和一般法律原则(lex mercatoria)。②而且,也有判例表明,新商人习惯法可能不适用于合同表明与某一特定的国内法体系具有

---

① Eugen Langen, Studien zum Internationalen Wirtschaftsrecht, Munich 1963, No. 15c.
② ICC Award No. 8365, Clunet 1997, at 1078,1079.

清楚联系的情况下,因为这时候运用冲突法规则确定准据法较为合适。①

普遍承认新商人习惯法的趋势也得到了很多法院判决的证实,它们已经接受了基于跨国商法的一般法律原则所作出的仲裁裁决。② 基于这些裁决,国际法理论已经形成一种观点:仲裁庭根据当事人约定适用新商人习惯法作出的仲裁裁决,可能并不会被国内法院撤销。然而,如果仲裁员没有当事人的授权而适用了新商人习惯法,情况可能会有所不同。在这些案件中,国内法院就有可能撤销相应的裁决。德国的司法实践表明,这样的仲裁裁决在当事人没有授权时推定为是"公允和善良"的裁决,这种仲裁员以衡平方式作出的裁决,法院可能撤销它,即使当事人没有授权他们这样做。因为,法院认为在这些案件中,仲裁员们已经侵害了当事人意思自治的原则,因为他们没有按照当事人给予他们的指引而行事。③

基于《纽约公约》的效力,国内法院只会在极少的情况下撤销仲裁裁决,尤其是以仲裁庭适用"错误的"法为理由。因为在这种情况下,国内法院仍然必须尊重仲裁员在决定适用法律上的专门权利。这就把法院的监控限制在真正明显的、明目张胆的程序违法的案件上。

因此,这种情势让国内立法机关和法院已经表现出越来越倾向于接受跨国商事仲裁中对新商人习惯法的适用。

三、国内法院也开始直接适用跨国商法作出判决

国际商事仲裁领域所发生的重要发展对国内法院对待冲突法的态度上不可能没有影响,因而,就在国际合同中广泛承认当事人意思自治

---

① ICC Award No. 8365, Clunet 1992, at 1015. et seq.
② 伯格在他的前引《新商人习惯法的逐步编纂》一书的第 109 页脚注 376 中列举了一系列这种仲裁判例。
③ Berger, Creeping Codification, at 109.

来看,国内法院在适用法院地冲突法规则的过程中,允许当事人把跨国法原则适用于他们的合同是可能的。正是由于这一原因,法国格勒诺布尔市(Grenoble)已经适用了《国际商事合同通则》来裁决一个合同纠纷。①

四、冲突法上也开始逐步认可跨国商法的一般法律原则

上个世纪在美国所发生的"冲突法革命"也引起了欧洲国际法学者的反思。针对国内冲突法立法和司法无视判决的实体正义的弊端,也产生了一些通过比较法方法寻求统一实体法从根本上解决各国法律冲突的主张。因为冲突法方法总是指向一国国内法,由于适用法律法解决争议的效果的好坏依赖该法固有的好坏性质,因此,国际私法要解决实体公正问题是无能为力的。因为不同社会遵循不同的价值判断,这些价值判断在如何解决法律冲突上必须有反映,只要是通过选择一个国家的法律排除其他国家的法律的方式解决法律冲突,只能令一个社会和一方满意,而另一方则相反,因此,国际私法只能致力于冲突法正义而不能确保实体正义。② 为此,国际私法学界除了谋求在比较国际私法基础中的国际层面统一冲突法之外,国际社会投入了更大精力统一实体私法;而且这种实体私法的统一在经历了通过缔结政府间的正式国际公约的艰难之后,开始走向通过示范法、民间非正式编纂跨国商法的普遍规则和原则,从而推荐给各国政府或者直接供当事人选用的道路。

此外,国家也开始直接承认存在跨国法原则。比如,伊朗政府和"伊朗国家石油公司"与9个外国石油公司签订的石油开发特许协议第46

---

① Michael Joachim Bonell, The UNIDROIT Principles in Practice: The Experience of the First Two Years, 15 *Unif. L. Rev.* 1997, at 30, 37.

② 肖永平:《肖永平论冲突法》,武汉大学出版社 2002 年版,第 144 页。

条就提供了当时中东国家与欧美国家合作开发石油合同中关于实体性问题法律适用一个典型例子：

"鉴于该协议当事人的国籍的多样性，合同应当受……伊朗和几个国家所共有的法律原则约束，该协议的其他各方被合并其中，而且在缺乏这种共同原则时，受……文明国家所公认的法律原则约束，包括由国际法庭所适用的那些原则。"①

很多国家政府与外国私人公司缔结的工程合同或者特别仲裁协议都提到了"合同当事人国家所共有的原则"、"国际法的一般原则"、"文明国家所共同的法律原则"或者甚至"国际贸易法的一般原则"等表述。早在1872年5月18日土耳其和奥地利公司之间的关于《运营欧洲土耳其铁路总公司》的协议就规定，争端的解决要根据"在其他欧洲大国，如奥地利、意大利、法国和德国在类似情况下所适用的原则"。② 在当代的合同实践中，这一技术得到了进一步的完善。如果当事人所属的两个不同的法律体系对同一法律问题包含了不同的规定，他们的法律就无法适用，这时一般法律原则就会被宣布适用。而当代最伟大的基础设施工程英法海底隧道工程项目合同，也提供了一个完美的适用一般法律原则于国际合同的范例，即在当事人无法达成适用诉因发生地国法律的情况下，可适用一般法律原则。因为无论是英国还是法国在1986年坎特伯雷条约(Treaty of Canterbury)中根本无法达成适用法律上的一致，最后包含在建设合同中的条款这样规定：

"合同的解释、效力和履行应当在所有方面受英国和法国法所共有的原则约束和解释，在没有这种共同原则的情况下，合同受国内和国际法庭所适用的国际贸易法的一般原则约束。在所有情况下，在法国和英国各自国内所履行的那部分工程，分别要受法国或英国公共政策规定的

---

① Repored by Wetter, Business Lawyer, 1966, at 967, 977.
② Fiscer, GYIL 1976, at 143,154.

约束。"①

在另一个由欧洲隧道公司和建筑商联合会之间的国际仲裁中,对于建筑合同中所包含的一个法律选择条款达成了共识,这个条款规定适用罗马统一私法协会《国际商事合同通则》,尤其是第6.2.2条的"艰难情势"条款可以适用。②

伯杰教授认为,即便这些条款的起草目的并不是承认存在一个跨国法体系,但它们在新商人习惯法理论背景下的意义也不应当被低估。同样值得关注的还有《墨西哥城国际私法协定》(the Mexico City Convention on Private International Law,CIDIP)第9(1)款,它允许法官在确定一个法律关系的最密切联系时考虑"国际组织承认的国际商法的一般原则"。这是法律史上首次由一个国际私法公约的起草机构把上个世纪由萨维尼所创立的"法律关系本座"说与现代跨国商法理论结合起来了。这一规则产生于起草者们普遍意识到要赋予国内法院的当事人在决定他们合同的准据法时以同样的自由,就像他们在国际仲裁庭上可以享受的一样。有趣的是,这一更加进步的规定仍然是妥协的结果,因为美国代表最初的意图是希望在当事人没有有效地选择法律时适用《国际商事合同通则》。无论如何,墨西哥城公约所选择的方式可能代表了传统国际私法理论和跨国商法接近的最高峰。③

在欧洲,也出现了类似的发展迹象。例如在20世纪90年代中期,有人提出《合同义务法律适用的罗马公约》应当加以修改以允许当事人选择非国家的法律规则,尤其是《国际商事合同通则》和兰多《欧洲合同

---

① Jayme, in: Nickisch (ed.), Rechtsfragen privatfinanzierter Projekte, at 65, 73. Karrer, IPRax 1994, at 56 et seq. 转引自 Berger, Creeping Codification, at 58.

② Schlechtriem, in: Festschrift v. Craushaar, at 157; Lalive, in: Bonell/Bonellli (eds.), Contratti Cimmerciali Internazionali E Principi UNIDROIT, at 73, 84. 转引自 Berger, Creeping Codification, at 58.

③ Berger, Creeping Codification, at 112.

法原则》。① 作为对这些建议的回应，欧盟委员会新起草的《罗马法规Ⅰ》第一稿第3(2)款就把《罗马公约》转化成主要的欧盟法，包含了一个规定，允许当事人"选择国际或欧盟承认的合同实体法原则和规则为准据法"。② 欧盟委员会认为那一建议是正确的，它体现了当事人意思自治的基本原则，这是在合同义务领域的冲突法发展的里程碑之一。③

---

① 参见 Berger, Creeping Codification, at 112, fn. 401.

② Commission of the European Communities, document COM (2005) 650 final of December 15, 2005, at 14.

③ Commission of the European Communities, document COM (2005) 650 final of December 15, 2005, at 14. 当然，这一内容最终还是在最终稿罗马法规的第3(2)款中删掉了，因为有些人担心允许当事人选择《国际商事合同通则》将使他们挑选那些不受任何立法审查的规则。

第 四 章

跨国商法的"体系性"问题

上一章中所讨论的对跨国商法理论的种种反对意见,可以说最终集中到一个问题上,那就是跨国商法是不是一个独立的法律体系?它是一堆杂乱无章、模糊不清、尚不完善的法律规则,还是它已经形成了一个内在融贯、和谐一致的规范体系?

 ## 第一节 体系之争

支持跨国商法理论者认为,新商人习惯法的发展已经不同于中世纪的商人习惯法,也不同于上个世纪六七十年代的新商人习惯法了。有学者提出商人习惯法已经发展到了一个新的阶段,即崭新的新商人习惯法阶段(New New Lex Mercatoria)。在这一阶段,随着经济全球化和电子商务的发展,超越国内社会的国际间的商贸公司开始遍及东西方国家,跨国商贸活动推动着国际商事规则的统一;另一方面,国际法律交流的频繁也促进了比较法研究和国际法律统一运动的发展,各种国际法律编制机构(formulating agencies)大量产生。全球化观念开始冲击传统的国家主权,"跨国法"(transnational law)、世界法(world law, global law)、国际商法(international commercial law)、跨国商法(transnational commercial law)、一般法律原则(general principles of law)等法概念在国际上开始普遍适用。国家在国际论坛上虽然仍占据主导地位,但非政府组织、跨国公司、跨国社会团体和全球公民网络(global civic networks)等所组成的全球市民社会正在形成,其地位日益上升,这些因素都推动着跨国民间规则的形成和编纂活动。①在这一阶段,商人习惯法的发展呈现出一些新的特征,有学者这样描述道:

"如果说旧的新商人习惯法的吸引力在于它与国家法的不同的话,那么崭新的新商人习惯法的魅力却在于它与国家法的近似。国际仲裁越来越法律化,以往捉摸不定的衡平让位于详尽的法律规则,所谓的'法律编制机构'编纂出众多实证法律规则;罗马国际统一私法学会编制的《国际商事合同通则》就被描述为一种商人习惯法的完备的编纂。现在国际仲裁员们被期望考虑国内强制性规范以确保裁决的可执行性,也增强他们地位的合法性,他们甚至要发展出一套独立的跨国强制规范;仲裁员们也不再是商人,而是国际商法方面的专家;越来越多的仲裁裁决得以出版,使判例制度的建立成为可能。换言之,崭新的新商人习惯法现在看起来更像是国家法了,只不过它是更好的国家法。与早期的商人习惯法相比,最重要的相似之处在于它仍被描绘成一种没有受到政治影响的法律,看起来这像是一场在全球把作为民间商法的国家法(the state law of private commercial law)从政治中重新解放出来的揭幕礼(re-inauguration)。"②

这就是说,这样一个新的法律体系有了自己独立的方法论,即通过功能比较方法发现各国内法律制度中的共同内核并编纂为诸多一般法

---

① 关于全球化进程中,全球公民社会的形成及其作用的阐述,可参看李惠斌主编:《全球化与公民社会》,广西师范大学出版社2003年版。

② Ralf Michaels, The True Lex Mercatoria: Law Beyond the State, *Indiana Journal of Global Legal Studies*, Vol. 12, No. 2 (Summer 2007), p. 457.

律原则和规则。与此同时,国际商业社会的商业惯例的编纂过程也更加民主透明,这些系统化的规则更多地为当事人所援引;另一方面,类似国内法院的法律专门实施机关——国际商事仲裁机构及其程序也变得越来越司法化。仲裁机构的官僚化和职业化,仲裁裁决发布而形成的判例法系统化,仲裁程序的完善和裁决的论证加强使其变得更加司法化,①这一切都使商人习惯法及其实施具有了国家法的特征,足以使之成为一个自治且充分法律化的、堪比国家法体系的法律体系。②

而反对者仍然坚持商人习惯法并没有发生本质的变化,并不能构成一个法律体系。他们认为,商事惯例,即只是提及"ubi commercium, ibi ius"原则,是建立在罗马法的实用主义概念基础上的,认为法律体系的主要目的就是为社会提供解决冲突问题的手段(ubi societas, ibi ius),这并不足以成为跨国法律体系的理论基础;另外,致力于提供理论基础的努力据说很"分散"。③

另外,即使可以通过比较法方法从世界各法律体系中得出一些一般法律原则的存在,这些原则和规则的堆积也无法展现出是一个系统的秩序,而系统性是任何法律体系的典型特征。任何法律体系的固有品质就是它不只是一些原则和规则的堆积,相反,它们要被提升到更高的层面,具有更复杂的水平,形成一个具有规范等级序列、结构融贯、内容完备的法律体系。而就目前新商人习惯法的发展水平来看,尚没有达到这样一种水平。

---

① 关于国际商事仲裁在这方面发生转变的详细论述,可参见 Yves Dezalay & Bryant G. Garth, *Dealing in Virtue: International Commercial Arbitration and the Construction of a Transnational Legal Order*, The University of Chicago Press, 1996, Part Two.

② Graf-Peter Calliess, Frankfurt/Main, Reflexive Transnational Law: The Privatisation of Civil Law and the Civilisation of Private Law, Zeitschrift für Rechtssoziologie 23 (2002), Heft 2, S. 185-216.

③ Michael Joachim Bonell, Das Autonome Recht des Wethandels-Rechtsdogmatische und Rechtspolitische Aspecte, 42 RabelsZ 485 (1978), p. 491, note 17.

而支持者们反驳说,体系的概念本身也是模糊的、相对性的,甚至是主观的。如伯杰教授就援引 Sadrock 的观点说,"体系"一词就可以分为三种不同类型:演绎推理上的体系、分类学上的体系和目的论上的体系。前两种是建立在非现实基础上的,而伯杰采纳了目的论的体系观点分析了跨国商法的体系性,认为跨国商法构成了一个法律体系。①

可以看出,支持者和反对者对于跨国商法体系性的分歧,从根本上说还在于对"体系"、"法律体系"这些概念的不同理解上。

第二节　理解"法律体系"

一、何谓"体系"?

根据哲学家康德的看法,所谓体系,是指一个依原则所构成的知识整体。② 另一位哲学家艾斯勒认为,"我们通常将体系了解为'把既存之各色各样的知识或概念,依据一个统一的原则安在一个经由枝分并且在逻辑上相互关联在一起的理论构架中'"。③ 这些定义都是从科学知识体系的立场对体系的界定。《现代汉语词典》对体系的解释是指若干有关事物或某些意识相互联系而形成的一个整体。从这一最一般意义上的定义来看,体系是一个系统的存在和事物运行的整体,它定然是由各

---

① Klaus Peter Berger, *The Creeping Codification of the New Lex Mercatoria*, 2nd Revised Edition, Kluwer Law International, 2010, pp. 116~117.
② 黄茂荣:《法学方法与现代民法》,中国政法大学出版社 2001 年版,第 427 页。
③ 黄茂荣:《法学方法与现代民法》,中国政法大学出版社 2001 年版,第 427 页。

种构成要素在相互联系和配合中构成的以系统运行和存在的和谐的整体。研究体系必然要研究构成体系的要素,以及各构成要素之间如何相互配合才能够构成体系。那么,对于法律体系而言,也必然要分析构成法律(体系)的要素以及法律(体系)的要素之间的关系,进而讨论法律(体系)的构成要素如何整合成体系化的法律整体。法律体系化的基础就是法律的构成要素,[①]因此,如果我们要弄清跨国商法的体系性,就需要研究它的各构成要素,即诸种跨国商事规范的性质及其内在联系。

近代以来,体系化被视为科学和理性的象征。首先,借助于体系化,一方面可以总结过去,实现对既有知识的整理,也便于知识的传承、记忆和利用;另一方面,当面临需要解决的问题时,依凭既有的知识体系,也能够迅速、便捷地找到所需知识。其次,体系化在总结过去的同时也有助于催生新的知识。因为体系化不只是对既有知识的纯粹整理,通过体系化的过程梳理既有知识,可以将既有知识的局限性暴露出来,然后有意识地加以克服与解决。此外,当现实生活中出现一个通过既有知识体系无法解决的新问题时,常常会促使人们去提出新的解决方案,因此体系化也蕴含着创新的契机。[②] 这也说明,一个事物的体系化是个动态的、历史发展的过程,并不是一蹴而就的。从这个意义上说,体系化也是个永无止境的进程,从而我们也不能用静态的观点来看待一个知识体系的发展。这就意味着体系化也是个推陈出新的过程,是个发展的过程。从这种观点观照跨国商法,就要求对跨国商法构成要素的体系化过程以历史的眼光来观察,既要追溯其过去最初出现时的形态——中世纪商人习惯法,又要观察其现在的发展状况——新商人习惯法,最终还

---

① 钱大军、马新福:《法律体系的重释——兼对我国既有法律体系理论的初步反思》,载《吉林大学社会科学学报》2007年第2期。
② 梁迎修:《方法论视野中的法律体系与体系思维》,载《政法论坛》2008年第1期。

要分析其未来可能的发展趋向,只有这样,才能真正认识跨国商法的体系性发展。

二、法律体系的概念

"法律体系"一词在不同语境下往往具有不同的涵义。在西方法律文化的背景下,"Legal System"多被理解为"法的系统"。其内涵是相当宽泛的,既可用来指称整体上的法律规范的总和,又可以涵盖法律实践活动的状况,甚至还囊括一个国家的法律意识、法律传统、法律职业、法律角色等。因此这种广义上的法律体系可被用来统称法律生活的全部要素。它们可以被看作一个相互关联的有机整体。在英美法学中,法律体系(Legal Systems)有时还被理解为"法系",指世界上由不同的法律文化传统所形成的不同类型的法律体系。例如,维基百科"Legal Systems"词条下就列举了民法、普通法和宗教法三个法系,①而且,从著名的《牛津法律大辞典》中也查不到"Legal System"的词条。

在我国法理学界,"法律体系"这一概念及其由之构建的理论并非来自于西方而是源自苏联。一般对"法律体系"是从法律部门所组成的体系角度来界定的,其研究核心是法律部门的划分,最为典型的定义如法律体系就是由一国现行的全部法律规范按照不同的法律部门分类组合而形成的一个呈体系化的有机联系的统一整体。② 学者研究法律体系的目的往往很单纯,首要目的就是要便于人们在法律适用的时候,寻找与事实相关的部门法,进行针对事实的部门法识别;其次就是便于学习和掌握法律;最后是通过研究法律部门找到法律体系之不足以完善法律。其主要目标是为制定和完善社会主义法律体系服务,表现出直接的实践

---

① http://en.wikipedia.org/wiki/Law#Legal_subjects.
② 张文显:《法理学》,高等教育出版社2003年版,第98页。

旨趣。这与西方学者旨在通过法律体系的研究来进一步洞悉法律概念的真谛,关注于法律体系的认识论意义有很大不同。难怪我国有学者在对国内对法律体系理论的研究和在西方的分析实证主义法学对法律体系的探讨之后指出其中存在重要的差异,这些差异包括三个方面:作为方法的法律体系与作为概念的法律体系;作为逻辑存在的法律体系与作为客观实体的法律体系;法律体系的同一性与法律体系的统一性。我国法律体系研究的着眼点都放在后者上,即不注重把法律体系作为一种分析方法洞穿法律的本质而只是把它作为一个概念来研究,把法律体系作为一种客观实体而不是作为一种逻辑存在来研究,注重由外在因素决定的法律的统一性而不是由法律内部特性所决定的法律的同一性。[①]基于我国法律体系研究中的这种偏颇,该学者提出有必要对我国法律体系研究中的教条化倾向加以反思的建议。他提出应当将法律体系定义为在一个区域内(国家或者地区)的能系统存在和运行的法律整体。法律体系概念强调的是法是由本身之间具有特定联系(并列从属关系、协调一致关系和职能从属关系)的众多因素构成的完整的构成物,即法律的体系化和系统性特征。[②] 笔者认为,实际上这个定义的视野仍然偏狭,我们完全可以再扩展一步,将法律体系从国家和地区层面扩展到一个特定的社会或共同体(community)。例如,《牛津法律指南》就是这样解释法律体系的:"从理论上说,这个词组是适用于主权者,或者是根据基本规范直接和间接授权,为该社会制定的所有的法律。也就是一个国家或者一个共同体的全部法律。"[③]这个定义将法律体系的存在从国家扩大到了由主权者授权的共同体,这就大大扩展了法律体系可能存在的空间。例如,只要由国家授权,在国家之外完全可能产生法律体系。

---

① 钱大军:《法律体系理论的比较分析》,载《北方论丛》2009 年第 1 期。
② 钱大军、马新福:《法律体系的重释——兼对我国既有法律体系理论的初步反思》,载《吉林大学社会科学学报》2007 年第 2 期。
③ 沈宗灵主编:《法理学》,北京大学出版社 2001 年版,第 288 页。

比如国际法就是这样的一个法律体系,欧盟也是这样一个法律体系。尤其是像欧盟这个地区性法律体系,事实上已经对传统的基于国家垄断的法律体系概念提出了挑战,因为在欧盟内,欧盟法的效力可以居于成员国内法之上。因此,从发展的眼光和法社会学的视角看,法律体系的存在与否并不与国家存在必然的联系,虽然大多数的法律体系与国家实际相关。法律体系也可以在一定的区域、一定的社会中存在,只要该法律体系能够满足该地域中的社会需求,实现人们对法律的预期。① 就此而言,在国际商业社会中发展起一个自己的跨国商法体系是可能的。

另外,判断一套法律规则能否构成一个法律体系还需要观察这个规则体系是否具备了法律体系的特征。关于法律体系的特征,国内外学者也提出了很多不同鉴别标准。我国有学者认为,尽管各个国家、各个学科、各个流派的学者对法律体系概念的理解存在着某些理论上的分歧或差异,但是在这些表面化的理论分歧或差异之下潜藏着关于法律体系的诸多前提性的理论共识。这些理论共识包括:第一,独立性观念,即认为每一种法律体系都是一种独立存在的实体,既区别于非法律的规范体系,也区别于其他的法律体系。分歧仅仅在于对法律体系独立的基础的看法不同。第二,统一性观念,即认为法律体系是一个内部和谐一致的体系。统一性是指法律体系其在自身内部存在多种差别和多样性的基础上所要求和实现的协调一致的统一性。它具体表现为体系内的部门和部门之间、层次和层次之间、规范和规范之间以及整体与部分、系统与要素之间的相互联系、相互配合和相互制约。第三,结构性观念,即认为法律体系有其严谨的内部结构。也就是说,众多的法律规范不是杂乱无章地堆积在一起,而是按照一定的结构有序地组织在一起的。第四,完备性观念,即认为法律体系应当是完备的。第五,建构性观念,即认为通

---

① 钱大军、马新福:《法律体系的重释——兼对我国既有法律体系理论的初步反思》,载《吉林大学社会科学学报》2007年第2期。

过人的理性或主观能动性就能建构一个合理的、完善的法律体系,或者认为法律体系的形成是某一国家的法学工作者对现行法律规范进行科学抽象和分类的结果。第六,国家观念,即把法律体系仅仅理解为国家的法律体系。这种观念在很大程度上是国家中心主义法律本体论的必然产物。按照这种国家中心主义法律本体论,法律与国家之间存在着内在的、必然的联系。法律是由国家确立并维护的行为规则。这样,只有国家才会有自己的法律体系。①

类似地,梁迎修认为,法律之诸多的单个规范间的结合必须达到这样一种程度,才能称之为法律体系,即价值一贯性、逻辑统一性、考量整体性和结构层次性。所谓价值一贯性,是指法律规范所承载的价值在整个法律体系必须得到一以贯之,这样才能符合正义所要求的平等原则。所谓逻辑统一性,是指建构的法律体系不得违背形式逻辑法则,必须保持逻辑上的统一。尽管法律规范具有目的论特质,但形式逻辑作为思维的普遍法则,不得违背。所谓考量整体性,是指在建构法律体系时,必须考虑人类已知的一切经验,使得所建构的法律体系能够涵盖所有的实证法材料,换而言之,所有既存的法规范在体系中均有合适的位置。当然,这种考量的整体性可能比较难以完全实现,但无疑应是尽力追求的目标。所谓结构层次性,是指建构的法律体系应呈现一个具有不同层次或者不同位阶的结构。法律规范之间必须具有不同位阶或位于不同的层次,这样才能形成一种体系化的存在。②

那么,构成跨国商法的规则体系是否具有了上述特征或者标准了呢?

---

① 黄文艺:《法律体系形象之解构与重构》,载《法学》2008年第2期。
② 梁迎修:《方法论视野中的法律体系与体系思维》,载《政法论坛》2008年第1期。

第三节 跨国商法的体系性分析

如果我们把上述法律体系的识别标准用于分析跨国商法这一规则体系,可以发现,跨国商法的发展已经呈现出体系化,虽然这种体系化还不能与国内法体系相媲美,但从相对意义上说,跨国商法也已经具备了法律体系的基本特征。

一、跨国商法已经具有相当的体系性

诚如学者指出的,关于体系问题,不能采取绝对的态度。要想构造一个永恒的无所不包的"体系",是根本办不到的。恩格斯指出:"在一切哲学家那里,正是'体系'是暂时性的东西,因为体系是从人的精神的永恒的需要,即克服一切矛盾的需要中产生的。"而矛盾不可能一下子全部克服,整个世界处于矛盾不断被克服而又不断产生的过程之中。因此,体系的完整性也是相对的。另一方面,法律体系任何时候都是由人拟制和建构的,是人们理性思考的结果,作为分类学上的体系概念具有相当的主观性和相对性,由此观之,跨国商法已经具有相当的体系性。而现代哲学已经证明,人的理性总是有局限的,因此,法律体系的建构也必然是相对的。当然,这并不影响我们对知识体系的研究和把握,因为零散的知识不能成为一门科学,能够成其为科学或哲学的,必须是一个有根据的概念系统。①

---

① 肖焜焘:《论体系》,载《求索》1983 年第 1 期。

虽然前面许多论者从理想层面为法律体系构建了一个充分的指标体系,但这些标准毕竟是人为构建的。对于如何衡量一套规则是否达到了独立性、统一性、结构性、规范性,其符合程度如何,仍然是个人为判断的问题,因此,我们无法为法律体系的判定确定一个绝对化的、量化的标准。法律体系的判断既有客观的规范体系为基础,但也蕴含着主观的价值判断。

上一章已经指出,跨国商法的法律渊源主要包括国际商事惯例、国际公约、一般法律原则、标准格式合同、国际示范法、国际商事仲裁或法院判例等。这些法律渊源的体系性当然没有国内法那样完美。因为,这些规则往往是由不同的行业社会所创造并编纂的,从形式上说具有分散性,不像国内法的创立那样具有一个明显的等级序列,下位法统一于上位法,这个等级序列是由中央立法体制所决定的。但跨国商法的结构反映的并不是全球政治体系,而是反映了经济体系功能上的区分,即虽然全球政治体系依然是碎片化的,但全球经济内的边界是那些不同经济部门之间的功能区分,而不是不同国家间的区分。而在当今经济全球化的时代,国际商事活动已经使国家间的边界成为无关紧要,如果不是为了经济本身,那么肯定就是为了其子系统的界定。传统上,法律反映了政治体系的结构:法律体系是民族国家的体系。我们不能不认为,商法是法律体系的首要部分,它把以国家为基础的结构抛在身后,相反采用的是经济体系的结构。比较起来,既然商人习惯法限于国际商务,这一转变对于其他法律部分例如宪法就没有什么直接意义了。[①]

另外,从各国国内法体系来看,不同国家国内法律体系的统一性也是不同的。比如,总体而言,大陆法系国家要比英美法系国家的法律更加统一、等级序列更加清晰。这是因为大陆法系由于实行的是制定法,

---

① Ralf Michaels, The True Lex Mercatoria: Law Beyond the State, *Indiana Journal of Global Legal Studies*, Vol. 14, No. 2, p. 465.

其规范的统一性和等级性较为清晰。而英美法系国家，以及实行联邦体制的国家，如美国，其法律体系有国家法和州法之分，法院系统也是两个序列，因此州法本身具有相对独立性；另一方面，由于英美法是判例法，又有普通法和衡平法两个部门，这两个部门又具有相对独立性。因此，其法律体系可以说是多元的。如此说来，法律的体系性即使是在国内法体系中也并不是线性的。但无论是英美法系还是大陆法系，按照当代法律体系研究的集大成者拉兹的观点，如果一个法律的内容及其存在无需诉诸道德论证就能够被确认的话，那么这个法律就拥有渊源。一个法律的诸多渊源从来都不独自是一个单一行为（如立法），而是多种社会事实的总和。这也就是说，并非每一个法律都是法律创制机构制定的，虽然法律创造机关的立法者的重要性是现代法律体系的特点，但认定法律体系存在的主要指标是看是否存在一个主要法律适用机关，所有法律渊源皆可统一于这个主要法律适用机关。① 就跨国商法的渊源而言，虽然可以根据规范的来源将其法律渊源划分为诸多类别，但毋庸置疑，这些规范的适用也统一于一个主要适用机关，即国际商事仲裁机构，它类似于国内法体系的主要适用机关——法院。即使从实证法学的视角来看，由于当今几乎所有国家都在国内法上承认了国际商事仲裁裁决的效力，因此，通过这种国内法院这种国内法主要适用机关的承认机制，跨国商法渊源的体系性得以实现。况且拉兹也强调指出，尽管所有的法律都是由主要法律适用机关认定的，但并不就是说这些法律都是由主要法律适用机关创制的。主要法律适用机关创制一部分法律，但习惯、立法机关创制的法律等则只是由它们加以认定而成为一个法律体系的法律。

---

① 关于拉兹的法律体系观，详见［英］约瑟夫·拉兹：《法律体系的概念》，吴玉章译，中国法制出版社 2003 年版；观点综述可参见陈明：《拉兹的法律体系观》，载《淮阴师范学院学报》2008 年第 4 期。

二、跨国商法具有突出的实用性

无论法律体系建构得多么完美、逻辑多么严密,结构多么精巧复杂,如果不能适应社会实践的现实需要,法律也就像一件精美的工艺品,只可把玩观赏,而不敷实用。正如法律现实主义的代表人物霍姆斯在他的《法律的道路》中批判传统的概念法学和形式主义法学的弊端时所尖锐指出的:"法律的生命不在于逻辑,而在于经验。"就现代社会的大量法律问题而言,体系化的法律只充当着一种寻找可适用的原则和规则时的参照标准,然后导向给一个案件以公正地裁决。这就意味着一个"现成"的和"完美"的体系的存在并不是法律原则和规则定性和适用的先决条件。① (Berger 注 431)只醉心于法律体系的逻辑建构而不关注日新月异的社会实践,法律就会失去生命力。与此同时,法官不能与时俱进地调适法律,法律适用也会有沦落到"机械法学"的危险。实用的法律体系不仅要能保障为个案提供适用的法律,而且要能作为一种"行动中的法"为该法律体系的进化和完善提供必要的框架。

市场自由主义者称赞商人习惯法是一套比国家法更有效率的规则,因为商人习惯法是建立在当事人自治基础上的,它比中央化的国家法更能调节和实现当事人的偏好,从而增加总体上的福利。而且,通过避免法律选择规则,商人习惯法避免了选择法律所产生的必要成本或者对这种利益考虑的干预。本森把跨国商法列为"习惯法自发演进"的一个例子。他争辩说,习惯法优于公共制定的法律,因为"政治上专制的规则并不是设计用来支持市场过程的,实际上,政府制定的法律所起的作用可

---

① Klaus Peter Berger, *The Creeping Codification of the New Lex Mercatoria*, 2nd Revised Edition, Kluwer Law International, 2010, pp.116~117.

能恰恰相反"。① 习惯法,尤其是新商人法,使商业当事人能够避免无效率的国内法,因为这种国内法可能成为寻租的产物,正如中世纪"商人社会实际上形成了他们自己的法律是为了避免皇家法律和政府法院(如普通法)的无效率和政治性"。②

诚然,也有反对者们认为商人习惯法的无形和不确定性增加了交易成本,造成了效率损失。马斯蒂尔勋爵认为国际商业社会之庞大难以度量,"仲裁员们或律师们怎么可能收集起诸如巴西、中国、苏联、澳大利亚、尼日利亚和伊拉克的法律资料?"实际上从仲裁员们适用商人法的方法来看,调查被限定在与争议标的有关的那些法律体系内。这使仲裁员们的任务更加可行,但马斯蒂尔勋爵的问题是,这种法的性质是什么?接着的问题就是,是否存在着一系列超国家间的法律,诸如超法国—比利时法、超英国—丹麦法、超意大利—西班牙—韩国法?

对于商人习惯法渊源的一致性问题,马斯蒂尔勋爵进一步提出,以标准格式合同为例,即使在某一单一贸易领域中的格式合同条款也不存在绝对的一致性保证,更不用说不同的贸易之间的格式合同就更加大相径庭了。其他实践层面的反对意见涉及商人习惯法规则极少、确定其内容也很困难等。马斯蒂尔勋爵阐述说,一个法律顾问将面临着两个截然不同的问题:一是如何发现商人习惯法规则的内容;二是如何在一个案件中预测人们对某些相关规则是否已经形成坚定的意见共识,由一个还是更多的仲裁裁决来确立? 当碰到新的原则问题时,仲裁庭将适用什么渊源,得到什么结论。③

---

① Bruce L. Benson, The Spontaneous Evolution of Commercial Law, *Southern Economic Journal*, Vol. 55, p. 644.

② Bruce L. Benson, The Spontaneous Evolution of Commercial Law, *Southern Economic Journal*, Vol. 55, p. 660.

③ Lord Michael Mustill, The New Lex Mercatoria: the First Twenty-Five Years, *Arbitration International*, Vol. 4, 1988, p. 91, 92, 114.

尽管有上述疑问,但今天跨国商法的大规模编纂和判例法的形成已经使传统商人习惯法的不确定性大大降低了,从而减少了当事人选择法律的成本。如果通过合同排除国内法获得的收益(即回避成本高昂的国内法的收益)超过了依赖跨国法所可能带来的成本(如果跨国法规则具有不确定性的形式),当事人将通过合同将他们的争端解决置于新商人习惯法之下。有关的调查也已经展示,由于商人习惯法编纂所带来的确定性正带来跨国商法适用的增长(见第八章)。

三、跨国商法正在日益体系化

国内有学者针对大陆法系和英美法系两种不同的法律传统所形成的法律体系所呈现的不同特点,将法律体系分为演绎建构主义和归纳进化主义两种。演绎建构主义法律体系的特征是:第一,它是立法中心主义的;第二,它是以法典为形式取向的;第三,它是以理性建构主义为立场的。而归纳进化主义法律体系的特征是:第一,它是司法中心主义的;第二,它是以判例为形式取向的;第三,它的立场是经验进化主义的。因此,二者有着不同的哲学基础。前者是以人类的某种整体性、确定性认识或观念为出发点,来说明、描述或者在制度上试图建立世界统一性的图景的思维方式或行为策略;反映在法律上,就是以逻辑上的演绎法作为立法及法律世界建构的基本工具。后者则通过对人类经验及传统的尊重,在纷繁复杂、变幻无穷的现象世界中寻求、发现、整理和总结世界真相,并描绘世界图景。前者形成公法、私法、社会法三元结构体系。后者则表现为普通法、衡平法、制定法三元结构形式。[①]

应当说,这是对世界两在主要国内法体系的总体认识。但伯杰教授

[①] 李振江:《法律体系的逻辑方法》,载陈金钊、谢晖主编:《法律方法》(第10卷),山东人民出版社2010年版,第342页。

认为,我们在国内法体系中所看到的那种体系要求不能自动转换到跨国领域。相反,国际贸易和商业的从业者不得不创造他们自己的制度支撑。这种制度能够处理复杂多样的国际商事关系问题。这是通过国际仲裁员的造法实践来实现的。他们追寻的是利益导向和个别争端的完善解决方案,逐渐出版他们的判例法,由国际从业者和理论界讨论个别裁决创建必要的价值判断和体系结构以确保一个跨国法律体系的生命力。这种方法考虑了跨国商法体系的特有属性,因为它把比较的、典型的和社会因素联系起来了,从而让律师和仲裁员们能够从国际仲裁员们的判例法中演绎出跨国商法的规则和原则。这里,跨国方法论遭遇传统的国内法理论,它采取的是,创造一般法律原则是建立在一种"导向在个案中发现一般法律原则"的价值判断基础上的,这是在一个法律体系中通向体系巩固的第一步。因此,国际贸易已经创建了它自己的体系框架,在这一框架内,国际商人共同体及其争端解决体系创建和发展了一个自治的跨国法体系——新商人习惯法。[①]

从伯杰教授对跨国商法产生机制的描述可以看出,这种规范产出机制本质上与英美法系的司法中心主义的、"通过人类经验及尊重传统,在纷繁复杂、变幻无穷的现象中寻求、发现、整理和总结世界真相"的路径并无二致。只不过这里的"司法"被改为了"仲裁"而已。如果我们不能以普通法系基于社会实践需要,随时通过司法"零散"造法的方式所产生的规则体系而否定其为完善的法律体系的话,我们何以拒斥同样机制形成的跨国商法构成一个法律体系?实际上,或许也正是由于英美法系的法律体系从形式上不那么显而易见(判例规则总是如此),才使英美法系的法学家们如此关注法律体系的研究,并通过法律体系洞悉法律的本体;而大陆法系法典式的立法让他们感到,法典完备之时便是法律体系

---

① Klaus Peter Berger, *The Creeping Codification of the New Lex Mercatoria*, 2nd Revised Edition, Kluwer Law International, 2010, p. 118.

成就之时,因此反倒忽视了对法律体系本体论的关注。

跨国商法正在走向体系化也从有的学者所使用的反身法和自创生理论论证中得到证明(见下文)。

第四节　跨国商法体系的开放性

一、任何法律体系都不应是自足封闭的,开放性同样是法律体系的基本特征

前已述及,由于人类理性上的局限,人类试图构建一个完美的法律体系只能是一种理想。在近世欧洲的法典化运动中,人们就曾试图通过法典化为法官适用法律建构一个封闭自足的体系。在这个体系内,法律规则是确定的、完美的,法官以法律规则为基础来裁决案件,并且在每个案件中都能够得出一个唯一正确的结果。法官只需要针对当下案件事实从法律体系中按图索骥就可以找到问题的答案。在英美法中,法官就是根据判例中体现的规则和原则来裁决案件。然而,随着社会实践的发展,人们发现,很多时候法官是无法从法典中找到正确答案的,后来的案件也无法适用之前的判例规则。于是,依托"完美"的法典所建立起来的概念法学和形式主义法学受到指责。因为,这种机械主义法学存在致命的缺陷,它无法适应变化了的社会现实。于是,现实主义法学兴起。法律现实主义认为法官审理案件的主要依据不是法律规则,而是政治、经济及正义观念等非法律因素,乃至法官的经济背景、个人的职业经历和法官个人的社会经历在案件裁判过程也是影响法官思维的实质因素。影响法官判决的主要因素常常不是法律规则,而是这些社会事实,尤其

是在现行法律体系无法提供答案的疑难案件中。国内法上法律理论的这种发展昭示,任何国家,任何法律体系都不可能是自足封闭的,它必须向社会开放以适应经济社会的不断发展,必须向其他法律体系开放以获取比较法资源来发展自身。只有这样,自身法律体系才能不断地发展和完善,不断进步。

那些反对跨国商法体系存在的人经常批评新商人习惯法太不完善太不成熟了,新商人习惯法只是一个"法律大杂烩"。这是因为他们在将跨国商法与国内法律体系对比时,没有理解国内法体系本身也存在不完善、不自足。即使像德国民法典、法国民法典等这样被奉为历史经典的法典,就其逻辑和概念一致性而言也从来没有真正实现过自足法律体系的梦想。就实践中的存在的大量法律问题来看,每次法典编纂无论其起草时如何想要追求完善,都不过只是一种初步的可能的规则和原则的收集。即使有传统的演绎推理的工具加以帮助,这些法典也不可能涵盖现实生活所出现的"成千上万的无法预料的问题"。上个世纪大陆法系律师的实际经验已经显示,现代法律体系所具有的那种原子式的自足观念是实证主义者虚构的神话,[①]法律从来不只是书本上的理论知识而是一种实践理性。[②]事实上,两大法系之间在法律形式上的相互趋近,即大陆法系越来越看重通过判例补充成文法之缺漏,英美法系越来越注重判例规则的法典化,制定法愈益增多以补充判例法之散乱,也是国内法体系之间互相取长补短,完善自身体系之不足的具体体现。[③] 总之,一国法律体系必须向社会开放,向其他法律体系保持开放,才能永葆活力。

---

① Klaus Peter Berger, *The Creeping Codification of the New Lex Mercatoria*, 2nd Revised Edition, Kluwer Law International, 2010, p.119.
② 颜厥安:《法与实践理性》,中国政法大学出版社2003年版。
③ 参见[德]茨威格特,克茨:《比较法总论》,潘汉典等译,法律出版社2003年版。

二、跨国商法体系构成一个尚未发育充分的法律体系

标榜自己是一个自足的、严格的法律体系在日常生活实践中是不可行的。相反,每个当代法律体系都是建立在实质上不同程度的开放性和灵活性基础上。这一结论对于进一步理解新商人习惯法的性质是不是一个自治的法律体系是十分重要的。灵活性和开放性对于新商人习惯法保持其活力也十分重要。随着科学技术的突飞猛进和生产方式的快速变革,当代国际商事活动的领域在不断扩大,贸易和投资方式不断演变,金融衍生工具不断创新,这些国际商业的新发展必须引起合同实践的动态演化,不同的贸易领域新惯例和习惯的变化,因此,期望每个可能的事实类型从一开始就是可预见的,跨国领域新问题的解决方案可以提前得到提供,这是不可能的。

跨国商法体系的不充分性还可以从运用反身法(reflective law)和自创生理论(Autopoietic System)来论证跨国商法体系的学者们那里得到印证。反身法这个概念是由托依布纳在1982年创造的。反身法理论把社会看成是一个自我规制的沟通系统。只要法律的任何组成部分(包括要素、结构、过程和同一性)实现了循环自我生产,法律就是自主的;只有当按照循环再生产方式形成的系统所有组成部分连接成一个超循环时法律才达到自创生这种高度的自主性。[①] 同时,托依布纳融合了卢曼的社会进化理论、哈贝马斯的沟通和商谈理论和哈耶克的自生自发的秩序理论,提出了法律是一个自创生系统的观点。在反身法和自创生理论看来,后现代社会是一个高度功能分化的社会,社会系统是由诸多子系统构成的。在每个社会子系统内,都存在一个自我指涉的自创生结构。法律只是社会大系统中的一个子系统,在托依布纳看来,法律是一个自我

---

① 王小钢:《托依布纳反身法理论述评》,载《云南大学学报法学版》2010年第2期。

参照的、自我生产和再生产的，在规范上封闭、在认知上开放的系统。之所以强调法律系统的封闭性，是因为人们往往倾向于将法律视为简单和开放的形式规则体系。其内容则由人们的政治、经济、文化等活动加以决定。这样，法律就丧失了独立地位而沦为附属于其他子社会系统（尤其是政治系统）的工具。但实际上法律并不仅仅就是一套规则系统，更是一套行动系统。法律系统通过其各个组成部分（法律行为、法律规范、法律过程、法律教义学）的互动，自发而内在地生产出一种自治秩序。由此，法律循环地自己生产自己。在这种意义上，法律是一个运行封闭的复杂系统。法律的自创生包括自我观察、自我调整、自我描述、自我构成和自我再生产等形式。[①] 通过这些方式，法律循环地自己生产了自己。

按照功能分化和自创生理论，我们同样也可以把国际商业社会在跨国商事活动中所创造的跨国商法看作一个规则子系统，同国家法系统一样。那么这个子系统也应当同样是一个自创生系统。

按照格拉夫—皮特·卡利斯（Gralf-Peter Calliess）用自创生理论对跨国商法的分析，跨国商法也是一个正在不断发展完善中的法律体系。就像前述拉兹的观点一样，在他看来，法律体系的形成仍然依靠主要法律适用机关，即法院的判决，经过法院判决适用和确认的法律才是法律。在体系内部的规范作为法律系统的结构是由沟通创造的，是处理法律行为的副产品。规范的产生要受制于记忆和遗忘的逻辑，即沟通过程的选择性上。通过选择，某些能提供关系的沟通通过之后反复提及而被接受，其他沟通则被遗忘了。一个单一的判决可能并不足以产生一个规范，因为规范是抽象的。它们要通过几个判决普遍化才能形成，而且规范肯定要比单一的判决更加稳定。对于商人习惯法来说，它要变成一个

[①] 关于托依布纳法律是一个自创生理论和反身法进化的观点，这些自创生形式的涵义，可参见张骐：《直面生活，打破禁忌：一个反身法的思路——法律自创生理论述评》，载《法制与社会发展》2003 年第 1 期。

法律体系,最终取决于创造规范的法院(在跨国商法系统中的对应物就是国际商事仲裁机构)所裁判的适用商人习惯法的争端的数量。商人习惯法作为一个规范体系就是通过仲裁裁决不断得到强化和确认的方式得以自动地或者自创生的繁荣起来。

不过,在卡利斯看来,国际商事仲裁体制在通过裁决强化和确认沟通方面存在先天不足,裁决跟国家法体系相比也存在着致命的缺陷:一是缺乏先例制度。即传统上仲裁没有通过上诉制度建立先例的机制,各仲裁机构之间也没有等级关系,它们的裁决都是平等的,这就难以形成国内法体系那样的巩固先例的体制。二是仲裁裁决是不公开的,这就影响了裁判规则的传播,从而使沟通缺少了一种通过传播而得以强化的机制。这些缺陷在相当程度上影响了跨国商法体系的形成。三是传统上国际仲裁机制以欧洲法学家为主导,他们之间相互熟悉,商人习惯法的知识在内部人之间相互交流,而今天国际仲裁正在由以美国为基地的律师事务所的法律顾问们所代替,开始由他们所代表的仲裁当事人利益所主导,导致了商人习惯法共识的分散。英美法系被认为是反对商人习惯法理论最有力者。

虽然如此,但卡利斯也指出,这种传统状况正在得到改变:自上个世纪六七十年代以来国际商事仲裁越来越机构化,程序日益司法化,仲裁裁决也开始公开(虽然数量还不多也并不怎么容易得到),而国际编法机构精心编制的法律原则和规则的公开传播已代替了传统的内部人非正式传播,它们更透明,更容易获得,这些都使得商人习惯法得以不断强化和确认,促进了跨国商法体系的形成。① 当然,这些发展仍然还是有限的,仅仅代表了一种变化的趋势,因此,这也使得跨国商法体系要发展到像国内法体系那样成熟完善,还有一段漫长的历程。但可以肯定的是,从相对意义上来说,跨国商法已经初步具备了一个法律体系的特征。

关于跨国商法的体系问题,或许罗伊·古德教授下面的这段话是最好的注解。他说:

"过去几十年跨国商法理论的发展在某种程度上体现了部分是期待、部分是注重实效,部分是知识的、部分是情绪的重建中世纪商人习惯法的国际主义。无疑,商人们的惯例,商人们普遍公认有约束力,并由商事法院所适用,这是调整国际贸易和运输的重要统一要素。然而,也存在一种商人习惯法罗曼蒂克的趋势,这种趋势把商人习惯法看成是一个与宗教法一样全球适用的法律体系,实际上它从来就不是有组织的法律规则体系,确切地说,它是一个不断变化的多样化的商事习惯的总和,它会因时间的改变而流变,或多或少是由权威机构编辑在一起的。它们多数主要聚焦于海事习惯而不是普遍商事惯例,它们是一套表达很特殊,但又事关共同问题的详尽规则的集成。虽然如此,但还有大量规则可以看作是更普遍适用的广泛原则的标志。因此,它们体现了适用国际贸易的一般法律原则的重要来源。"②

---

① Gralf-Peter Calliess, Reflexive Transnational Law: The Privatisation of Civil Law and the Civilisation of Private Law in: Zeitschrift für Rechtssoziologie 23 (2002), Heft 2, pp. 185~216, available at http://www.google.com.hk/url?sa=t&rct=j&q=Reflexive+Transnational+Law&source=web&cd=2&ved=0CDkQFjAB&url=http%3A%2F%2Fpublikationen.ub.uni-frankfurt.de%2Ffiles%2F3974%2FCalliess_Reflexive_Transnational_Law.pdf&ei=P1XpTurcC6muiAeH-ODCCA&usg=AFQjCNE4co4Tn_zf21nKQAuS3ID3CDh7Wg, p. 13; See also Gralf-Peter Calliess, Lex Mercatoria: A Reflexive Law Guide To An Autonomous Legal System, available at http://www.germanlawjournal.com/article.php?id=109.

② Roy Goode, Usage and Its Reception in Transnational Commercial Law, *International and Comparative Law Quarterly*, Vol. 46, 1997, p. 6.

第五章

跨国商法的民间法性质

在关于跨国商法或新商人习惯法的争论中,所有反对意见都存在一个基本理论预设,即国际商人共同体不能够建立它自己的法律体系,因为它们所创立的规则体系无法像国内法体系那样保证正义。更重要的是,跨国商法的存在纯粹是一批法国教授的虚构,非国家法的观念只是一种幻想而已,商人习惯法没有国家法的支持并不能有效地运行,它必须保持与国家法的最低联系。因此,其自治性是令人怀疑的。而新商人习惯法理论的支持者则立场鲜明地反对这种看法,主张不能以传统的狭隘的实证法的概念来理解新商人习惯法,在他们看来,"国家"和"法"的识别是不必要的。跨国商法是一个自治的全球法律秩序,它证明了存在独立于任何主权国家的民间造法(private law-making)。在他们看来,这种非国家实证法产生于各种功能上统一的国际商业实践。跨国商法的法律性需要从功能角度去理解,而不是从强制性上去理解。换句话说,与其无休止地争论法律是什么,不如转而思考法的功能是什么,关注规则的实际功效。法的功能主要在于维护秩序,跨国商法作为国际商人社会交往所形成的规则体系,同样能够实现这一功能。他们甚至强调这一功能即使没有国家法的保障照样可以运行良好。那么,跨国商法究竟是不是法?它真的构成一个独立于国家法之外的自治的法律体系吗?如果能够自治,其自治的限度是什么?这些问题都需要从理论上给予回答。

实际上,且不说由国际商人社会所创造的这个跨国民间规则体系是不是法,仅就国际公法而言,对国际社会中是否存在"法"这个问题在法律思想史上早就是一个争论已久的话题。比如,法律实证主义的代表人物哈特就主张国际法只是一种实证道德,而不是法。要回答国际社会是否存在像国内法那样的法律体系问题,人们就不能不去探究法律概念本身,即法是什么?如果法律概念一定意味着由主权者立法所规制人类行为的秩序,那么法律就肯定需要国家的存在作为一个元因素,只有由它创立和实施的能够构成国内法体系的那些规则和原则才是法,即国家意志之外无法律。然而,这一观点是建立在法律的先验观念和古典实证主义基础之上的。

关于法律是什么的争论,在法律思想史上,法律实证主义与其他法学思想流派,如自然法学、社会学法学之间的斗争已经持续了几百年,似乎最终谁也战胜不了谁,其根本原因在于不同法学流派看待法律的视角之不同。① 当然,不同时期不同法学流派的兴衰不是偶然的,而是不同时代社会、政治、经济发展需求的变化使然。那么,在当今这个虽然国家间物理边界依然清晰,但人员、资金、技术等跨国生产要素的交流却日益全球化的世界里,在法律也日益全球化的时代里,对于法律的理解是否也应当有所改变?在日益强调国际法治和实现全球良好治理的今天,不仅国际法在当今世界的地位变得越来越重要,就是由次国家实体、非政府组织等民间社会所制定的规则也越来越进入人们的视野。

---

① 我们这里无意再去深入探讨法律的本质问题,关于"法律是什么"的不同思想流派之间的流变可参见吕世伦:《当代西方法律思想源流论》(第2版),中国人民大学出版社 2008 年版。

第一节　跨国民间规制的兴起

既然我们把跨国商法界定为由国际商人社会在商事交往过程中通过实践所形成的商事惯例和一般法律原则所构成的法律体系,而不包括国家参与缔结或认可的国际条约,因此,我们认为这个规范体系实际上是由跨国商人社会的一种民间(或私人)造法。当然,这个造法过程在不同的历史时期呈现出不同的特点。从整体上说,它经历了一个中世纪完全纯粹的商人造法到当代各种不同社会力量共同参与造法的过程。但是无论是从当代的跨国民间规制理论还是从自下而上的造法理论来看,跨国商法本质上都是一种全球公民社会的法,一种民间创造的法。

一、跨国民间规制的兴起

自近代主权国家兴起以来,人们就把国际秩序构建的主体长期委之于国家,而对国家之外的社会主体视而不见。然而,随着过去 15 年里全球化进程的加快,人们已经看到这种状态正在受到挑战。尽管具有社会基础上的非国家行为体参与国际公共事务并非新生事物,但可以看到,非营利行动、非政府行动在所有层面都超过了以往任何时期。社会行动者不仅越来越积极地参加很多国际会议和机构,参与国际网络,结成各种形式的联盟,而且,他们正成为建立日益增多的半公半私的"跨国体制"(transnational regime)的手段,这些体制旨在规制迄今为止尚未通过国际公约和国际公法所解决的负面环境和社会问题。社会团体已经开始履行一系列规范角色和功能角色,从选举观察员到联合国在世界项目中的咨询师,到一系列国际论坛上规则和法规的起草者和执行者。很多这种组织还让自己承担起功能责任监督国内和国际法规是否被公私行为体所遵守。① 正如一位观察员所指出的:

"民间组织最近已经确立了大量计划,旨在改善工业上的环境业绩。很多新计划试图界定和执行环境管理标准,使生产者不得不参与进来。他们明示或默示的主张促进公共利益。他们履行起通常由政府所履行的规制项目,而且可能修改甚至取代这种计划。通过改变政策制定的定位、动力和实体内容,民间环境规制计划因此对于重塑国内和国际政策制度具有重大潜力。"②

通过民间方式所实现的规制和标准制定不仅包括传统的行业自律,而且也包括跨国民间规制。所谓跨国民间规制(transnational private regulation),指非国家行为体联合起来编纂、监控,在某些情况下还认证公司在执行劳动、环境、人权或其他应负责的标准的状况。③ 跨国民间规制构成了一种由规则、实践和进程的新的规则体系,它主要包括私人行为体、公司、非政府组织、独立的专家,如技术标准制定者和智识共同体。它们

---

① T. Princen and M. Finger (eds.), Environmental NGOs in World Politics (London: Routledge, 1994); Ronnie D. Lipschutz, with Judith Mayer, Global Civil Society and Global Environmental Governance (Albany, N. Y.: SUNY Press, 1996); Lipschutz, "Reconstructing World Politics: The Emergence of Global Civil Society," in Jeremy Larkinsand Rick Fawn (eds.), International Society After the Cold War (London: Macmillan, 1996), pp. 101~131; P. Wapner, Environmental Activism and World Civic Politics (Albany, N. Y.: SUNY Press, 1996); J. Smith, C. Chatfield, and R. Pagnucco (eds.), Transnational Social Movements and Global Politics: Solidarity Beyond the State (Syracuse, N. Y.: Syracuse University Press, 1997); Margaret Keckand Kathryn Sikkink, Activists Across Borders: Advocacy Networks in International Politics (Ithaca, N. Y.: Cornell)

② ErrolE. Meidinger, "'Private' Environmental Regulation, Human Rights, and Community," Buffalo Environmental Law Journal, 2000, www. ublaw. buffalo. edu/fas/meidinger/hrec. pdf, viewed on 11 May 2000.

③ Gereffi, Gary, Ronie Garcia-Johnson, and Erika Sasser, The NGO-Industrial Complex, Foreign Policy, July/August, 2001.

要么实施的是自治的规制权力,要么是执行由国际法或者国内立法授予和转让的权力。[1]

法面里奇奥·卡法吉(Fabrizio Cafaggi)同时认为,最近跨国民间规制的发展,一方面反映了规制权从国内向全球层面的重新分配;另一方面,它反映了规制权在公共和私人规制主体之间的重新分配。

跨国民间规制在私人行为体之间、它们与民族国家之间产生了强大的分配效果。它既不同于传统的国际公共规制,也不同于传统的类似商人习惯法那样的民间规则制定形式,其他主要区别既涉及主体本身,也涉及效果。跨国民间规制不同于传统的国际公共规制是因为规则的制定不是以国家的规制为基础,而是以私人行为体为核心,并与国际组织、政府间组织相互影响。这并不是说国家不再参与,也不受跨国民间规制的影响。而是跨国民间规制很大程度上强调国家作为一个规则接纳者而不是规则制定者的作用。它对不需要国家参与的立法中介产生直接影响。不过,它仍缺乏一套综合和统一的共同原则。其整个规制手段与国际公法还有很大差别。民间规制机制是针对专门领域的,是由常常冲突的不同支持者们推动的,因为他们保护的是各自不同的利益。他们所制定的标准通常要比国际组织制定的更严。公、私机制之间的相互补充常常包含了多重标准,例如公共机构提供最低的强制性共同标准,私人机制提供自愿的更加严格的标准。[2]

二、跨国民间规制的模式

跨国民间规制涵盖了广泛的私人部门,超越了工业部门,包括非政

---

[1] Fabrizio Cafaggi, New Foundations of Transnational Private Regulation, *Journal of Law and Society*, Vol. 38, No. 1, March 2001, p. 20.

[2] Fabrizio Cafaggi, New Foundations of Transnational Private Regulation, *Journal of Law and Society*, Vol. 38, No. 1, March 2001, p. 21.

府组织领导的规制主体,多重利益相关者组织。新的主体也包括进来:尤其是非政府组织,它们通常游离于商人习惯法领域之外,在功能上等同于民间造法形式。跨国民间规制克服了传统上存在于规制者和被规制者之间的局限,从而也远离了传统的自我规制机制。它表现为很多不同形式,从由贸易协会和市场主体所培育起来的规则到由非政府组织和工会所推动的规则。目前在国际上具有重要的影响的规制领域包括:(1)一个关于个体企业、股东和利益相关者推动的规制框架;(2)由大的跨国公司对供应链上的小企业的规制,如跨国民间食品安全规制;(3)由评级机构和会计公司对财务方面的规制;(4)通过工会和国际组织,如世界劳工组织对跨国劳动标准的规制;(5)对环境问题的规制。这些民间规制已经初步形成了以下几种模式:(1)行业驱动模式,如各种贸易协会规制其成员的行为;(2)主要由非政府组织主导的模式,如消费者国际、国际乐施会等;(3)专家主导的模式,如互联网的治理;(4)多个利益相关者模式,如国际森林管理理事会、国际海洋管理理事会、国际掉期业务及衍生投资工具协会等。[①]

菲利普·潘特伯杰(Philipp Pattberg)则认为跨国民间规制可根据国家在其中的作用大小把规制模式分为一个连续带上的若干不同类型:一是相当宽泛的,包括国家和非国家行为体在国际层面的行动,这些行动是非等级模式的,如政府间或者国际组织间的讨价还价;另一个是更多限制的,只包括涉及至少一个非国家行为体的非等级的模式,如全球公共政策网络。他主张,不同的模式和行为体格局分别处于位居两端的两个不同的"地势"之间的连续带上,范围从更传统的国家间的谈判(它在规则制定的过程中已经涉及非国家行为体)到公、私伙伴和全球公共政策网络的混合体,再到完全民间形式的规制。后者包括公司、商业协会、

---

① Fabrizio Cafaggi, New Foundations of Transnational Private Regulation, *Journal of Law and Society*, Vol. 38, No. 1, March 2001, p. 20.

倡议网络、思想库和非营利组织,它们通过提供服务、规则制定和执行聚焦于建立和维护全球公共利益。① 这种模式划分也恰恰表明,有些跨国民间规制也并不是纯粹民间的,它们有时仍然与国家机制相结合的,这就是跨国公、私规制机制的制度互补,这个问题我们将在下文探讨。但不管怎样,虽然这种跨国民间规制通常是自愿的,但是一旦参与了,就要受法律上的约束,违反了规则就要接受制裁。这种制裁机制不同于公共规制的惩罚方式,其制裁方式主要是黑名单、取消成员资格、拒绝交易之类的声誉处罚和资格罚。但也恰恰是声誉、成员资格、没收担保和其他损毁商业信誉的制裁之类的东西,对于商人们至关紧要,这种惩罚也常常是最有效的制裁机制。

三、跨国民间规制兴起的动因

跨国民间规制的大量出现被一些学者称为是"过去 50 年里最富创新性和令人吃惊的制度设计"。② 如何解释这些制度的创生呢?

首先,这是全球化所带来的结果。多数学者认为随着商品和服务供应链的全球化,在全球层面,主权国家间缺乏规制能力满足新形式的"全球治理"需要。全球化也使原本在一国国内活动的民间组织进入国际社会,参与跨国治理,一个全球公民社会正在形成。③ 然而,全球化并不能解释为什么治理选择了某一特定方式而不是另一种。比如,为什么对血

---

① Philipp Pattberg, What Role for Private Rule-Making in Global Environmental Governance? Analysing the Forest Stewardship Council (FSC), *International Environmental Agreements*, Vol. 5, 2005, p.178.

② Cashore, Benjamin, Graeme Auld, and Deanna Newsom. *Governing through Markets: Forest Certification and the Emergence of Non-state Authority*, New Haven, Conn.: Yale University Press, 2004, p.4

③ 何增科:《全球公民社会引论》,载李惠斌主编:《全球化与公民社会》,广西师范大学出版社 2003 年版,第 123~141 页。

汗工厂和滥砍滥伐森林产生了通过认证制度而不是其他可能形式的跨国民间规制。①

其次,国家在全球规则制定方面的局限。一方面,由各国制定国际条约本身就是比较艰巨的任务,跨国民间规制常常是对政府间机制失败的一种回应,比如,有些民间规制机制正是由于各国不能达成以条约为基础的政治共识而触发的。比如在环境领域,1992年里约大会的失败就加速了民间非政府组织领导的森林保护机制的产生。还有一个例子是民间碳交易制度的产生,也是对现有气候变化应对措施机制模式的补充。②

另一方面,已经证明公约制定后通过公共规制统一实施有关的国际标准也并不容易,国家在执行国际规则的有效性上也经常受到质疑。国际规则制定后常常是要由国内行政和司法当局来执行的,由各国监控执行经常带来利益冲突,地方保护主义的监控在没有跨国机制监控的情况下会迎合个别国家或诉讼当事人的利益,监控资源可能会被用于促进国内利益而牺牲了全球共同利益的保护,正如在国际环境保护体制中所展现的那样。这有悖跨国规制的基本原则。这并不是说国内监控的执行不发挥什么作用。相反,国内法院的作用是巨大的。不过,重要的是要承认它有局限性。关于国家在输出商品和资本方面如何不能有效地对

---

① Tim Bartley, Institutional Emergence in an Era of Globalization: The Rise of Transnational Private Regulation of Labor and Environmental Conditions, *American Journal of Sociology*, Vol. 113, No. 2 (September 2007), p. 298.

② Keohane & Victor, *The Regime Complex for Climate Change*, (2010), p. 26.

违反规则的行为进行监控方面,食品安全和金融市场可以提供例证。①国家在执行跨国规制方面会存在偏见。跨国民间规制的出现革新了执行技术,就是试图回应这些缺陷。

再次,引起跨国民间规制增长的另一个因素是新技术的发展,这种新技术发展重新分配给有利于私人行为体的规则制定权,转变了民族国家的作用。信息通信技术,尤其是对互联网的规制要求提供了技术领域规则制定权由国内转向跨国、从公共转到民间的例证。由跨国技术精英创造的一个信息跨国法或者全球法正在形成。②

最后,协调国际规则的需要。由于各个国家不同的国内立法规制形式和内容,导致了实质上的国际市场规制的碎片化。即在同一类产品和服务领域,不同的国家有不同的规范和标准,不同的地区有不同地区的规范标准,在全球层面也有不同的组织在制定着不同的标准。国家规制的碎片化,已经构成了一种贸易和投资壁垒。国际上也在探索通过国家间贸易机制来解决,推动了标准化进程,授权国际政府间组织做出回应。虽然这些规范和标准的统一可以由政府间组织制定和实施,但由于前述国家规制的局限,国家规制所制定的标准常常是较低水平的,其执行的水平也参差不齐。在这种情况下,基于市场驱动的民间规则走上前台。有时候,跨国民间规制就是对各不同地方层面上迥异的民间规制机制的反映。目前,跨国规制的民间协调正在获得日益重要的地位,构成了对

---

① Henson and Humphrey, 'The Impacts of Private Food Safety Standards on the Food Chain and on Public Standard-Setting Processes', Paper Prepared for FAO/WHO, (2009); OECD, 'Working Party on Agricultural Policies and Markets, Final report on private standards and the shaping of the agro-food system', AGR/CA/APM(2006)9/FINAL 2006; James Franklin, Risk-driven Global Compliance Regimes in Banking and Accounting: The New Law Merchant Law, Probability and Risk, Vol. 4, 2005, pp. 237~250, Advance Access publication on May 11, 2006.

② Aron Mefford, *Indiana Journal of Global Legal Studies*, Fall 1997, Vol. 5, pp. 211~235.

国际规范碎片化的一种回应。这种协调既表现为由普遍目标来推动,也可以由特定目标来推动。很多竞争性跨国民间规制已经在食品安全领域、环境保护领域出现了大量认证程序。甚至在全球维度,跨国民间规制也变成了一种由民间规制竞赛所造成的国际碎片化的不同形式。在民间领域,我们也看到了一种从地方到全球层面的碎片化。如地区性标准和具有重要国际影响的行业性标准同时并存。当然,这种民间规制标准最终会通过市场选择机制来统一规范和标准。

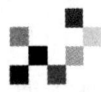 第二节 跨国民间造法的合法性

随着上个世纪九十年代冷战的结束,全球化进程的加快,国际政治经济形势发生了深刻的变化,主要表现在以下方面:(1)区域一体化进程和统一市场的形成;(2)通过吸收合并,跨国公司的迅猛发展;(3)随着跨国公司迅猛发展而来的世界法人发展环境的变化;(4)全球通信技术革命和因特网、EDI 和 EDIFACT 使用率的大大提升;(5)全球范围内资本流动的大幅度增加;(6)世界财政和资本市场的产生;(7)新国际贸易经济学的产生;(8)国际社会倾向于形成一个全球性的社会;(9)市场逐步走出国界,真正实现全球化,在这些领域内国家主权观念逐渐消退;(10)影响和控制国家和国际经济发展的强权国家力量的下降;(11)非正式方法逐步影响国际规则和决策的制定。

这些政治和经济上的变化引起了一系列的法律理论和观念的发展和更新。比如,冷战时代占主流的、强调国际法只是实现国家利益的工具的现实主义国际法观念式微,一些新兴的国际法理论产生,如新自由主义国际法观、纽黑文学派、建构主义国际法学等等。① 这些宏观国际法观念的更新无疑又直接影响了商法领域的国际化进程,国际商事立法呈现以下趋势:(1)当事人意思自治理论取得胜利;(2)人们逐渐意识到国内法的立法技术不适合国际贸易的发展;(3)在国际私法和国际公法领域内法律制定的民间化;(4)非政府机构的重要作用增加;(5)CISG 公约和其他国际统一法律的成功适用;(6)国际私法(冲突法)的重要性下降;(7)在国际合同法中对公平和合理的强调;(8)承认比较法是一门独立的法律学科;(9)成文法和普通法的逐步融合;(10)欧洲一体化进程加速并致力于制定一部欧洲民法典;(11)在一些迄今为止仍保留有浓厚的国家立法色彩的领域(例如:反垄断法,破产法)开始国际化;(12)在国际贸易领域仲裁和选择性争端解决机制的适用大幅增长;(13)在审理程序方面,仲裁和国内法院的审理逐步趋同;一部真正的仲裁判例法正在出现。②

上述商法的国际化进程向传统国际法观念提出了挑战,新兴的国际法理论承认,法律规则和原则既可以由政治的、法律的进程而产生,同样也可以通过社会进程而产生,即自发地通过特殊化的、无形的、精心界定的文化、经济、科学或技术性的全球网络而产生。这种造法进程所形成的法律由特定的社会群体或协会创造,它打破了传统的政治地理边界,这些规则虽独立于传统国际社会(国家间社会)之外,但却越来越受到国家间社会的重视。他们所创制的这种规则体系被有的学者称为"没有国家的全球法"。③

跨国民间造法不仅仅是指全球公民社会(包括国际商人社会)通过自身实践自发的形成商业惯例这种造法形式,在上个世纪末,跨国民间造法

---

① 参见刘志云:《现代国际关系理论视野下的国际法》,法律出版社 2006 年版,第四章。
② Klaus Peter Berger, The New Law Merrchant and the Global Market Place-A 21st Century View of Transnational Commercial Law, available at http://www.trans-lex.org/000002, p.13.
③ Gunther Teubner, Global Law without A State, Dartmouth Publishing Co. (January 1996).

已经发展成为一种民间部门软性的、精心编制的过程。在这个过程中，虽然它们游离于国家正式造法进程之外，但在民间组织的监控下，产生的却往往是硬性的结果。这些规则在正式法意义上是"自愿的"遵守，这意味着违反了并没有法律制裁。然而，如果一个行业中的行为体决定不遵守标准，那么它就要冒相当大的被市场放逐的风险。这些是由私人各方、非政府组织以及中层的技术官僚们联合起来围绕共同的实实在在的经验与切身感知的自我利益而"编纂"（codifying）的规范。这些规范反映的是团体的实践，为团体实践规定了条件。随着时间的推移，这些非正式的规则常常被不经意地嵌入更加正式的法律制度之中，从而成为"法律"。西方有学者将这种民间造法称为"自下而上的立法"（Bottom-up Lawmaking），以与国家所实施的"自上而下"的立法相区分。自上而下的造法，是居于国家主义国际法学者所坚持的核心观点。[1]

对于这种自下而上的造法的合法性，Janet Koven Levit 认为，不能从传统的法律制定的合法性要求上来审查。传统立法理论所要求的合法性要做到法律制定过程的公开、透明、普遍参与、有可问责性，但这种自下而上的造法的确在一定程度上存在民主赤字。他通过考察贸易融资领域三个民间制定的规范性文件来说明了这一点。[2] 但在另一篇文章中，他对WTO出口补贴规则的起源、气候变化所引起的温室气体减排民间交易机制、跨国公司劳工保护领域民间倡议和计划的产生过程及其影响进行了考察，说明这种自下而上的国际民间造法的过程、特征及对国际造法理论的

---

[1] Janet Koven Levit, Bottom-Up Transnational Lawmaking: Reflections on the New Haven School of International Law, *The YALE Journal of International Law*, Vol. 32, 2007, pp. 393～420.

[2] 这三个金融文件分别为国际商会的《跟单信用证统一惯例》（UCP500）、伯尔尼联盟和出口信用保险制度、各国出口信贷机构与全球官方支持的出口信用机构安排。参见 Janet Koven Levit, A Bottom-Up Approach to International Lawmaking: The Tale of Three Trade Finance Instruments, *The Yale Journal of International Law*, Vol. 30, pp. 125～172.

贡献。[①] 其中，在伯尔尼联盟推动下信贷和投资保险人国际联盟制定了《出口信贷保险领域伯尔尼协议、谅解和义务：普遍谅解（2001）》，谅解规定了特定的、技术性的，有时甚至是过于烦琐的规则，把成员们提供的保险产品加标准化，包括保单包含的可能提供的术语、限制的术语等。因此，《普遍谅解》是一个关于出口信贷保险行业的综合性规制文件，实际上把保险商业实实在在的经验转变成了一套技术规则，用来为交易确定标准，约束行业做法，从而防止一种出口信贷保险政策成为掠夺性出口补贴遮丑布。尽管普遍谅解从技术上说并不是国际法，但这些规则仍然具有法律应当具有功能——它们具有权威性、有实际上的约束力。我的研究表明，几乎所有的伯尔尼联盟的成员都遵守这些规则，将它们并入到他们的保险单中，设计符合这些规则的计划和产品。当出现成员违背了这些规则的情形时，一套非正式的制裁就会使用——公开的惩罚到门厅非议（hallway gossip）、让其他成员以牙还牙到重新安排核查等。随着伯尔尼联盟规则持续促进了5000亿的年贸易额，而大幅度冲洗了出口信贷补贴，其他更加正式的造法体制，著名的如OECD、WTO以及欧盟等借鉴了《普遍谅解》来建立其自己的规制出口信贷补贴的规则就不足为奇了。例如，WTO反补贴协定就把官方支持的出口信贷政策列为禁止的出口补贴，除非它符合《普遍谅解》某些规定。因此，很多伯尔尼联盟规则，甚至是某些形式，都已经硬化为国际法，来矫正出口信贷保险领域的补贴。人权规范在正式的国际条约制定进程之外也得到发展。如由联合国、私人部门、劳工和公民社会之间共同建立的《联合国全球契约》（*UN Global Compact*）就确立了一个旨在支持人权、劳工和环境标准、反贿赂领域的十项原则，旨在促进"负责任的企业公民"的形成。它要求跨国公司宣誓支持人权原则，透明地实施

[①] Janet Koven Levit, Bottom-Up International Lawmaking: Reflections on the New Haven School of International Law, *The Yale Journal of International Law*, Vol. 32, 2007.

"改变商业操作",这些原则成为公司策略、文化和日常操作的组成部分。目前已有来自 80 多个国家的超过 2000 家公司已经签署了全球盟约,其中自美国就有 83 家,包括耐克和 GAP,这两个公司劳工方面的臭名昭著过去都曾受到过公众的关注。另外一个著名的跨国公司民间人权保护倡议是《安全和人权自愿原则》(the Voluntary Principles on Security and Human Rights),这是一个由美国和英国倡议,把采掘业最大的跨国公司、人权非政府组织、公司责任团体和劳工团体集合起来的计划。在有些民间规制机制中,国家发挥了类似"中间人"的角色,而利益相关者则致力于对民间规制机制的监控,从而形成民间组织、国家、利益相关者共同参与的跨国民间规制。例如,在非政府组织公平劳工协会(FLA)与跨国服装制造商之间达成的《服装行业伙伴关系协议》(AIP),就是一个把"血汗工厂"的条件与人权和劳工规范结合起来的民间协定。而且随着遵守行动守则目标的最大化,它支持第三方监控(正如在 AIP 协议和 FIA 行动守则中所呈现的)发表第三方监控的年度报告,建立第三方投诉程序,第三方(非政府组织或者个人)可以对其所看到的违反行动守则的行为进行秘密投诉,启动调查。超过 19 个国际知名服装公司,76 个国家的 3500 个供应商,产量超过 3000 亿的货物,都参加了 FLA;另外,超过 190 所大学和学院也参加了推动与行动守则相一致的实践的运动,要求凡印有其 LOGO 的服装都要遵守守则。这说明了这种透明度和民主赤字问题正在得到克服。跨国民间规制机制越来越借鉴正式立法程序上的优势,尽可能地吸引外部利益相关者参与规则制定和实施的监督。他认为这种自下而上的造法有两个典型特征可说明其规则的合法性和正当性。[①]

第一,"自下而上"这一标签就把这一规范制定过程的基础定位于实务

[①] Janet Koven Levit, Bottom-Up International Lawmaking: Reflections on the New Haven School of International Law, *The Yale Journal of International Law*, Vol. 32, 2007, p. 409.

工作者(practitioners)(包括那些凭借他们在某一专门领域具有专业知识的技术专家而不是那些地理政治学家和外交家们),无论是公共的还是私人的,包括那些利他主义者,也包括那些逐利主义者,他们与其他感兴趣者联合起来分享经验、将实践标准化、实现共同的目标。

第二,"造法"这一标签是用来表示一种从非正式规范到硬法的过程。在每个例证中,都是些被问题困扰的团体,有的是紧密型的有的是松散型的,他们都抓住问题建立规范,植根于实践,最初设计规范都是自我规制的形式,但最终发育成熟为更加正式的或者官方的法律结构。因此,尽管自上而下的造法也是定位于实践的法律进程,但自下而上的造法是个实践和行为胶合在一起的法律进程。自下而上的造法,就像纽黑文学派及其继承者所主张的那样,使国际造法成为一个复杂的、去中心化的、多元化的进程,一个百衲衣式的多种规范生产共同体的网络,而不是一个事先规划好的中央化的立法进程。而且就像纽黑文学派一样,自下而上的造法拥抱社会现实主义,因而倾向于脚踏实地的微观决策,工作常常是以精细的、秘密的、非直接的方式塑造个体和公共机构的意识。自下而上的造法的"合法性"主要不是来自政治、法律意义上的民主透明和可归责性,而是来自它要实现的功能,它所具有的实际功效,这即所谓的自下而上的造法所具有的"自执行性"。

当然,这也并不是说民间造法的民主参与性、公开性、透明性不重要。实际上,跨国民间规制也开始越来越重视这种传统合法性来源。例如,尽管伯尔尼联盟的《普遍谅解》是"秘密的",但它们通过并入了 WTO 反补贴协议后就成为公开的文件了。从功能上说,WTO 就公开化了这些规则。此外,为了回应来自那些被剥夺了发言权的选民的指责,通过参与正式造法机构,如 OECD 已经采取了扩大到非成员的方法来加强责任性。① 同样,伯尔尼联盟也建立了"布拉格俱乐部"作为自己的姊妹团体,② 这个团体由来自发展中国家的出口信用保险商组成,那些不能满足商业规模资格要件的成员,仍然能够观察甚至参与伯尔尼联盟的意见。实际上,正式国际组织在制定政策和法律的透明度上也有一个发展过程,如 WTO 在很大程度上也是为回应人们对其不透明的抗议,现在已经把"透明度"作为其核心原则之一,而且建立了一个综合性的网站,在网站上发表文件、解释资料和争端解决的裁决的。同样地,2004 年末,伯尔尼联盟也首次发表了"价值声明"(Value Statement),在声明中它承认了透明的重要性,最近伯尔尼联盟修改了它的网站,添上了另外信息和定期新闻发布。③ 这就是说,自下而上的造法所固有的缺陷实际上是可以纠正,或者改善某些民主合法性的赤字。

第三,从国内立法者的视角看,民间治理作为去中央化的"自下而上"的规则创造过程似乎表达的是一种国际商事活动去法制化的道路。由于它们的高度抽象性,国内法规则无法为日益复杂的商业世界提供实用的规制框架。民间的规则创造受到专业领域的专家的影响,它产生的不是笼统抽象的法,而是特定的专业领域的规则,这些规则考虑了商业活动的特殊

---

① See OECD, Public Affairs Division, Public Affairs and Communications Directorate, Annual Report 2006, at 7 (2006), available at http://www.oecd.org/dataoecd/37/61/36511265.pdf.

② 传统的民间的、自下而上的造法团体往往都是具有俱乐部性质的,具有秘密性和排外性。如出口信用保险立法机制产生于 1934 年瑞士伯尔尼的一个酒吧的聚会中,当时一小撮欧洲私人出口信用担保人决定以完善保险实践为名收集关于索赔和赔偿的经验数据,定期在那里聚会交流信息。这种非正式的集会产生了伯尔尼联盟。现在,伯尔尼联盟已经超过 50 个成员,包括官方和民间的,几乎都来自经济合作与发展组织(OECD)和工业化国家。

③ See, e.g., Press Release, Berne Union, Three New Members Join the Berne Union (Oct. 2004), http://www.berneunion.org.uk/Press%20Release%20October%202004.pdf (讨论了一个"价值声明",承认了"透明度"的重要)。

性。这些实践所创造的规则可能很容易调整到满足快速变化的商业环境的需要。民间造法的高度灵活性更适合"试错"式规则制定,快速变化的国际商业世界经常激起示范法或者两边协议,而不是形式化的、缓慢地国内立法程序和通过公约那样的国际造法程序。因此,民间治理好像提出的问题是国家和市场的正确划界问题、公私的划界问题。而且,由民间治理所建立的实体规则的统一有两个优势。在更普遍的层面来看,它取代了"国际私法的产出无能";在民间合同实践层面,跨国性的统一规则创立了国际合同当事人的"水平博弈领域",从而赋予了所有国际商事贸易参与者以平等机会。这种确保当事人平等的方面与任何冲突法考虑,都是重要的实际优势。

 ## 第三节　跨国商法是跨国民间造法的产物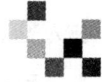

跨国商法的渊源大体上可以分为两类:一类是不成文的贸易惯例和标准格式合同条款,它们主要是由商人们通过合同实践创造的;另一类是被称为"一般法律原则"的规范,它们主要是由法律编制机构和仲裁裁决所创立的。无论哪种形式,这些规范都是由商人社会和民间团体创造的,因此,应当说它们都是跨国民间造法的产物。这些商人习惯法规则不是由传统的国家政府代表组织的国际立法机构依职权通过条约制定程序制定的,而是在法律进程的外围,通过不断地在全球范围内的自我重述和完善,与实体法在世界范围内的发展以及民间组织之间的协商等方式发展起来的。合同实践和国际仲裁裁决在跨国商法的这一发展进程中起到了举足轻重的作用。

一、通过合同实践造法

（一）后工业社会是通过合同治理的社会

在国际商事交易中，合同成为实现当事人意志的最重要手段，在没有保护消费者需要的情况下，国际贸易和商业活动就为发展完美发展合同结构的提供了一种自由的理想环境。私人治理的观念因此扩大到合同本身。合同治理或者"由合同进行的治理"在社会层面产生了，[①]只不过我们这样一个商业社会是商人们参加全球商品、服务和货币交换的社会。合同在没有国界的社会里，凭借着现代 IT 技术，在非实体化的全球市场下成为一种"自动规制"的手段。在当代商业关系中，跨国经济形式和结构的多变要求法律制度也要及时作出反应，国家法显然将滞后于商业实践，而合同是当事人利益追求的直接反映，商人们的合同实践正好可以具有这种适应功能。因此，在现代跨国商业实践中，合同正在发挥着一种法律渊源的真正功能。诚如 Galgano 所言：

"现在正是合同构成了一种法律变化。传统法律概念不包括法律渊源之间的合同。但如果我们继续把合同想象成是一种纯粹的法律适用，而不把它看成是一种法律来源，我们将不可能理解我们时代的法律是如何变化的。合同正在占据法律的位置，即使是在社会组织中。几十年前 Millibad

---

[①] Peer Zumbansen, Piercing the Legal Veil: Commercial Arbitration and Transnational Law, *European Law Journal*, Vol. 8, September 2002, pp. 425～426. 在该文中，作者提出了合同在法律化过程中的三个功能：等级化（hierarchicalising）、世俗化（temporalising）和外化（externalising）。等级化大致相当于合同内在规定赋予自身以法律约束力；世俗化是指原来离散化的合同发展成为关系合同（relational contract），这类关系合同长期地得到执行便具有了准社会的品质（quality of quasi-society），这时个别合同也就不再是建造跨国商法规则的砖瓦石料，规则已经在合同中得到描述了；外化就是合同制度得以固定和确认下来，并经当事人授权仲裁监控合同执行，从而使当事人意思自治所创造的这个法律体系具有了"官方"和"非官方"的二重性。

写道，人们比以往任何时候都把国家视为所有规定的渊源，甚至看成是他们幸福的渊源。今天我们必须说，这种观念正在消失。现在，社会照看它自己而且倾向于自我组织……"①

Galgano 还进一步分析认为，合同在后工业化时代甚至已经成为维护公共利益的手段，比如广告业的自律不欺诈消费者、门到门销售的自律、城市联盟行使共同管理权等都是通过合同来实现的，合同正在充当取代传统立法的法律渊源。另外，他指出，后工业社会的最大特征是商业的重新兴起，商业再度居于主导地位，这使得后工业化时代的法律应相应呈现中世纪时商人社会的特征，因此，合同在构造法律秩序中的作用也应重新认识。②

(二) 从商法规则的形成机制来看，合同合意本身就是一种造法力量③

国际法理论认为，平等主体之间形成规则需要一个"多方合意"。如商业协会的章程、公司的规章制度或其他由共同体实施的规则和规定就是这样形成的。国际商事交易合同对于个别当事人来说是单独的，但由于各类国际交易的频繁发生，每个合同都不得不视为是其他商人为实现特定交易或者从生产商向消费者提供商品的一连串交易之间的联结因素，这些合同条款的使用会因商业团体成员的理性选择而优胜劣汰，自然选择，效益高的能给商人们带来便利的合同得到推崇并因反复使用而强化，从而形成了团体必要的合意密度，久而久之，这些反复使用的合同条款和合同格式就所产生了规则和规范的法律力量。在国际商业活动中，贸易术语就是在国际货物买卖合同的长期实践中对反复适用的合同条款的一种编辑，信用证

---

① Francesco, The New Lex Mercatoria, *Annual Survey of International and Comparative Law*, Vol. 2, 1995, p. 99.

② Francesco, The New Lex Mercatoria, *Annual Survey of International and Comparative Law*, Vol. 2, 1995, p. 103.

③ See Klaus Peter Berger, *The Creeping Codification of the New Lex Mercatoria*, 2nd Revised Edition, Kluwer Law International, 2010, pp. 142~143.

条款也是如此,如合资合同、辛迪加交易、国际融资合同和重大建设工程合同(如 FIDIC 条款)。

这种合同起草实践与造法之间的相互作用在国内法就是商事惯例造法的过程。不过,在跨国商法背景下,这一现象具有更高的法律品质。这是因为,不断产生的双边或多边合同惯例通过国际编法机构的"编纂"努力得以重新加强,并与国际仲裁庭的裁决(也是建立在当事人合意基础上)联合起来发挥作用,由国际商事仲裁裁决赋予这些惯例以法律效力。

这一进程意味着合同合意呈现了它本身的一种造法力量。它由除了当事人从交易中追求自我利益之外的标准来塑造、影响和赋予效力。这一外在赋予效力的过程可能受到当事人坚持某种普遍或特定领域市场标准的影响,受到一种存在于当事人祖国、在第三国(如履行地)或者在地区和全球层面的不成文的文化和/或道德标准的调和,或者受到包含在软法文件,如相关行业的行动守则中的成文标准的转化。这种当事人主观合意的客观化如果建立在他们的合同而不只是在临时基础上谈判的条款之上的话,还会获得一种额外力量,例如建立在地区或全球层面运行的行业组织或者编法机构所准备的格式合同,如联合国欧洲经济委员会(ECE)工厂供应品和机套出口一般条件和由国际商会发布的 FIDIC 分销、代理和国际销售条件和示范合同。

另外,仲裁机制将强化合同的造法力。如果一方信任另一方能信守合同条件,这种信任没有被亵渎,建立在当事人合意基础上选择的仲裁员就会推定具有控制事态的功能。当事人的信任不再聚焦于对方会否信守合同条件,而是聚焦于仲裁庭作为一个私人组织的国际贸易的真正法院的能力如何。案件从个别交易领域向仲裁庭的转移也引起视角的改变。仲裁员的中立性要求他们对案件采取客观的眼光,适用客观的商业标准如"公平交易"、"合理性"和"贸易惯例",从而用商业生活来丰富抽象的合同合意(有约必守)。仲裁程序的私人性因此并不可能被当作一种否定国际仲裁员行使控制力的根据。确切地说,他们的能力来自合同的属性保证了跨国法律进程的同质性,因为不仅参与仲裁而且服从控制都是建立在同一法律理论基础上,即合同协议本身。因此,不用奇怪,无论是一般合同法还是仲裁的特征都是同一原则赋予的,即尽量使其有效的原则(in favorem validitatis)。

再者,以合意为基础的争端解决体系对跨国法的发展也具有重要影响。国际贸易合同的起草实践要实现避免冲突的理想,就必然要对国际仲裁庭的判例法作出反应,从而巩固和稳定了新商人习惯法的一般结构。反过来,新商人习惯法又被国际起草实践所塑造,受到国际起草实践的影响。

正是在这一节点上,合意造法的圆圈得以闭合。通过仲裁或其他争端解决技术所进行的争端解决在自发和回应性的起草技术和新商人习惯法的形成和发展之间建立起重要联系。跨国法因此可以追溯到国际贸易参与人之间的合意。这一合意本身具有法律力量,不需要国内立法者承认在先。

二、跨国商法法典化编纂的新气象

新商人习惯法法典化的标志开始于1994年夏。1994年5月份,罗马国际统一私法协会(UNIDROIT)出版了《国际商事合同通则》。一年之后,欧洲合同法委员会出版了第一部欧洲合同法原则。1999年12月份,这个组织又出版了对这些原则和规则进一步的修止和补允。UNIDROIT也正在试图对其出版的原则进行新的修改和完善。其他的规则编纂还有德国科隆大学跨国法中心(CENTRAL)。其在1996年公布了《关于原则,规则和商人习惯法标准的清单》。这些清单,连同仲裁法的内容,以及国际统一法原则和各国的国内法在该中心的网上数据库里都是可以利用的。

就行业领域的民间标准和规则制定而言,[①]会计业是另一个长期以来公认的标准化的领域。国际会计标准(IAS)和国际财务报告标准(IFRS)长期以来就是由国际会计标准理事会(IASB)发展起来的。该理事会由一个民间的、建立在特拉华的基金来运行。这些民间规则现在已经进入了欧盟法和很多国家的商法。它们为"自下而上"的规则制定提供了绝好的例证,在商业生活的重要领域,这种规则制定为国际和国内立法机构所接受。

巴塞尔银行监管委员会为非立法性规则制定提供了另一个例证。这种规则制定随后即转化为国内法。该委员会具有混合性质。它隶属于一个国际机构——位于巴塞尔的国际清算银行(BIS)。国际清算银行建立于1930年,其背景是为解决一战后强加给德国的德国赔款和监督德国财政问题的。后来,即使它成为对银行监管和规制最有影响的机构,巴塞尔委员会也不是 BIS 的一个正式机构。委员会的成员是 10 国中央银行行长或者金融监管机构的领导,传统上独立于这些机构的政治进程。委员会成员们的使命不是建立在政治合法性上,不受制于政治进程的控制。相反,委员会成员独立投身于他们的共同目标,增强对监管问题的理解,改进全世界银行业监管的质量,从而确保世界金融体系的稳定。在与诸多其他专家团体,如欧洲银行业监管者委员会(CEBS)等机构复杂磋商后,巴塞尔委员会发布重要规则和其他制度。在这些规则中,1988 年的巴塞尔规则Ⅰ和2004 年巴塞尔规则Ⅱ最为重要、最有影响。巴塞尔协定构成软法,直到它们转化为欧盟法令或者国内法。在影响这一转化方面,国内立法机构只依赖委员会成员的专家意见,不质疑委员会规则制定过程的合法性问题。2008/2009 世界金融危机暴露了由巴塞尔委员会所确定的全球世界银行业监管体系的弱点,但委员会为应对这一危机发布了一揽子强化 2009 年早期的巴塞尔协议Ⅱ的资本框架。这些措施的目标是保证与贸易活动有

---

① 参见 Klaus Peter Berger, *The Creeping Codification of the New Lex Mercatoria*, 2nd Revised Edition, Kluwer Law International, 2010, pp.41~45.

关的银行财务资产组合所固有的风险不再发生,披露资产负债表的手段以及相应的对公众的披露都更好地反映在了最低资本要求、风险管理实践和相应的公众披露要求中。因此,世界金融危机已经显示了巴塞尔委员会作为民间和公共规则制定机制之间的一种"混合"性编法机构对全球层面世界金融市场风暴的快速反应能力。

"非洲商法协调组织"(OHADA)、国际土木工程师协会、国际掉期与衍生工具协会(ISDA)、贷款市场协会(LMA)和建立于1879年的国际海事委员会等就是最早的这类编制机构。它们都起草了类似法典之类的国际商事的规则和原则编纂工作,如《跟单信用证统一惯例》、《国际贸易术语解释通则》、《联合国国际贸易法委员会仲裁规则》、《联合国贸易法委员会组织仲裁程序记录》或者罗马统一私法协会的《国际商事合同通则》。

"行为守则"或者"最佳实践守则"("Code of Best Practice)是国际商事活动中民间治理控制的另外的例子。第一部跨国公司国际行动守则是在1937年由国际商会创立的,称为《广告实践标准守则》。从那以后,这一技术作为反映"良好实践"或者政策的手段已经极为流行,这些良好实践和政策是参与制定者所属行业都预期可以信守的。国际劳工组织《多国企业原则三方声明》、《为金融机构在项目融资中确定、评价和管理环境和社会风险的行业标准赤道原则》、《电子行业行为守则》(EICC)以及《OECD多国公司行动指南》,展示了这些软法文件对于国际商事活动的重要性和多样性。私人公司也发布行为守则确定其社会责任。"公司行为守则"这一概念所指的公司的政策宣言就是为他们的行为确立的伦理标准。这些宣言的起草方式有很大不同。即使这些行为守则包含明确的规定说它们是没有约束力的,但这些规则也经常被转变成硬法,因为当事人把它们并入了他们的合同,并不在乎它们的教条属性。即使没有这种从软法到硬法的转变,因违反这些包含在行为守则里的规则和标准所遭受的恶名以及其他社会惩罚会让市场参与者遵守这些守则。

在国际商事仲裁领域,民间治理很久以来就通过由如国际商会、伦敦国际仲裁院(LCIA)或德国仲裁院(DIS)这样的民间仲裁机构所发表的仲裁规则展示出来了。今天,国际仲裁的民间治理已经呈现出新气象。最近,大量"最佳实践标准"(best practice standards)对国际实践产生了显著影响。1999年《国际律师协会国际商事仲裁中的取证规则》和2004年《国际律师协会国际仲裁利益冲突指南》提供了这一重要发展的两个例子。今天,跨国法律规则的制定正前所未有地受到"编制机构"(formulating agencies)的影响,这些编制机构或以政府体制或以非政府体制的形式而存在,而不是通过国内立法机构。因此,法律的协调和创立不再是通过像主权国家立法机构那样"自上而下"的进行,即通过国际公约或者双边条约的方式,法律创造不再像近代法典化那样追求人为的精美建构,相反,它是通过实践而缔造的规则。这些以非正式方法所制定的规则是以"自下而上"的方式产生的,它的创立以注重实效为目的、以习惯性做法为基础。有人认为,这些规则从经济上说比国家立法更为有效。像联合国贸发会、国际商会、国际统一私法协会等的发展显示了商人习惯法发展的新迹象——国际商法逐步法典化的新现象;也反映了国际商法编纂模式的逐步改变,即从国际立法机构向民间组织的转变。然而,这并不意味着商人习惯法的法典化是在创造规则,相反,它只是对已经形成的习惯规则的文字复制。即使他们是在国际立法机构的庇护下工作的私人编纂机构,也不能称之为商人习惯法的缔造者。新商人习惯法是由国际贸易的双方当事人意思自治和国际仲裁裁决的产物。所以,罗马统一私法协会和兰多所制定的一般法律原则和规则并不是新商人习惯法的重述,而是新商人习惯法的预先制定。[①]

---

① Klaus Peter Berger, *The Creeping Codification of the New Lex Mercatoria*, 2nd Revised Edition, Kluwer Law International, 2010, pp.142~143.

第六章

跨国商法的自治性研究

在关于跨国商法或新商人习惯法的争论中,所有反对意见都存在一个基本理论预设,即国际商人共同体不能够建立它自己的法律体系,因为它们所创立的规则体系无法像国内法体系那样保证正义。更重要的是,跨国商法的存在纯粹是一批法国教授的虚构,非国家法的观念只是一种幻想而已,商人习惯法没有国家法的支持并不能有效地运行,它必须保持与国家法的最低联系。因此,其自治性是令人怀疑的。而新商人习惯法理论的支持者则立场鲜明地反对这种看法,主张不能以传统的狭隘的实证法的概念来理解新商人习惯法,在他们看来,"国家"和"法"的识别是不必要的。跨国商法是一个自治的全球法律秩序,它证明了存在独立于任何主权国家的民间造法(private law-making)。在他们看来,这种非国家实证法产生于各种功能上统一的国际商业实践。跨国商法的法律性需要从功能角度去理解,而不是从强制性上去理解。换句话说,与其无休止地争论法律是什么,不如转而思考法的功能是什么,关注规则的实际功效。法的功能主要在于维护秩序,跨国商法作为国际商人社会交往所形成的规则体系,同样能够实现这一功能。他们甚至强调这一功能即使没有国家法的保障照样可以运行良好。那么,跨国商法究竟是不是一个自治的法律体系?它能不能实现自治?如果能够自治,其自治的限度是什么?这些问题都需要从理论上给予回答。

第一节 "自治"(autonomy)的涵义

实践中,人们经常用到"自治"这个词。在关于商人习惯法的讨论中,这个词使用的很频繁,后来发展到在关于民间造法的讨论争论中,这个词使用得也十分普遍。人们总是强调商人社会造法的自治,跨国民间社会规制的自治性。实际上,理解这个词的真正含义对于我们准确理解跨国商法的"自治性"当然也是十分关键的。

一、西方语境下的理解

《布莱克法律词典》把"自治"这个名词界定为两个含义:一是自我治理权(The right of self-government)。二是一个自我治理的国家(A self-governing state)。就这个解释来说,Peter Mazzacano看认为存在明显的不足。它把自治定义为一个"政府"或者一个"国家"的自治,显然就没有考虑到中世纪的商人阶级的自治。商人们之间的关系就是"自治的",商业事务与国家之间的关系也是自治的,商人阶级并没有别的主权借口。他们只希望从事从一国到另一国的商业活动,不参考任何地方法律。因此,布莱克的定义是不充分的。不过,它也把我们引入了另一个更有趣的方向。根据"当事人自治"这个短语,布莱克解释为"合同自由"。在那里,我们发现合同自由是一个原则,人们享有在法律上约束自己的权利。根据合同自由,当事人不应当受到外来的国家的直接控制,这就有助于我们使用"自治"的功能性定义了,至少在民间法律秩序背景下,笔者就是在这个意义上使用"自治"这个词的。这个含义来自希腊文的"Auto-Nomos","Auto"的意思是"自我"(self),"nomos"的意思是法(law).因此,"自治"(Autonomy)就是给自己制定法律。根据"自治"的这一定义,中世纪的商人习惯法就体现了一种独特的、自治的民间法律秩序,这种秩序主要存在于国家的庇护之外。这种民间法秩序的特别独特之处就是商人社会的自我规制性质,尤其是在造法领域和争端解决方面。

二、自治的内外视角

在我国语境下,根据《辞海》对"自治"一词的解释,一般解释是"指行政上相对独立,有权自己处理自己的事务",详细解释有"自己管理或者处理"的意思。这个解释似乎与西方的解释并没有本质区别,也无法推导出有"自己为自己立法"的意思。但无论对于西方还是中国来说,对于"自治"的理解都存在着一个观察视角问题,从体系的外部视角谈自治,一般的理解就是指它具有独立于其他事物的存在属性,它可以脱离开其他事物而独立运行;从体系的内部视角谈自治,则是指体系自身可构成一个内循环,从其内部获取运行所需要的营养,自我复制,自我约束、自我发展。那么,究竟应该从那一视角来理解自治?对于这一问题,我国和西方学者的观察视角似乎有所不同。

我国已有学者对国际商法的自治性问题进行了专题研究。该研究认为,国际商法自治的主要社会根据就是国际商业社会的现实需要,而把理论根据定位于哈耶克的"自生自发的秩序"理论和埃里希的活法理论。[①]笔者当然认同跨国商法产生的社会基础在于国际商事交往行为,但我们是否可以做出如下推理:商人社会的自治就意味着他们所创造的法律体系就

---

① 向前:《国际商法自治性研究》,法律出版社 2011 年版,第 15~17、46~51 页。该研究采用了"国际商法"的表述,因为采用了"国际"二字,自然应当把国家间的商事规范纳入其中,因此,该书像我国大多数国际商法教材和研究文献一样,把国际商法的渊源涵盖了国际条约,这与本书对"跨国商法"的理解有所不同。

是自治的？毕竟,现代商人习惯法是已经经历了近代的国家化进程的,国家法已经控制了社会的方方面面,所有的社会争端最终不能再依靠自力救济,都有诉诸国家救济。在这种背景下,国际商人社会所创造的规范的自治性就受到了限制。换句话说,商人社会的自治与他们所创造的法律体系在现代国家框架下能否实现自治是两个不同的问题。我们不能从商人社会的自治就得出当代商人习惯法也必然是自治的这一结论。同时,哈耶克和埃里希的理论也分别是政治学和社会学理论,把它作为跨国商法自治的理论根据也是从法律之外来观察法律的性质,而不是从法律内部洞察法律的真谛。或许正是因为这一点,我们在上一章才看到,西方学者在看待法律的体系性时是从法律内的视角而不是从法律之外看法律。同样,对于跨国商法的自治性,我们也应当从跨国商法的内在结构上观察它的自治性。

目前,在跨国商法自治性的理论争论中,强调跨国商法是一个自治的法律体系的学者多数是从外部视角观察的,这种研究成果已经很多。而从内部视角的观察只是最近几年的事,其代表性理论即自创生理论。

第二节　跨国商法是个自创生系统

Peter Mazzacano 认为商人习惯法一度既是非国家法又是以国家为基础的法。它不是在国家层面上创造的,它也不只是在商业活动中创造的。他的意思不是说它存在于事实和虚构之间的某个地方。但它是通过法律自身创造的。他借鉴了托依布纳重新塑造自创生系统理论,把自创生理解为自我创造。他说,这是一个过程,在一个系统中,这个系统可以是一个有机体、一个法律体系或者一个公司……。这个系统生产了它自己的组织,维持并构建了它自己的空间。通过自创生理论,他提出商人习惯法是一种自治的有机体。正如托依布纳和米歇尔·拉夫（Ralf Michaels）所指出的，它是一个自足的（self-contained）和自我维持的法律秩序。因此，商人习惯法与其说是个实体法体系，还不如说是一个过程，通过这个过程它组织和生产了自己。

托依布纳在卢曼的社会系统理论基础上，在1983年发表的力作《现代法的实质性要素和反思性要素》中提出了他对法律演进的三个类型的划分：形式法、实质法和反身法。托依布纳认为，形式法的特点是强调个人主义与自主性的完善，以及私人活动领域的确立。它以规则为导向的，注重概念体系的逻辑分析、严密的演绎推理来建构法律。但是随着全能政府观念的兴起，政府规制全面渗透，开始出现法律的"再实质化"（rematerialization）倾向，实质法更强调国家进行"有目的的、有目标指向的干预"（purposive, goal-oriented intervention），更着重于通过实质性的规则和标准来实现预设目标。但随着社会分工的不断细化，实质法越来越不能适应日益复杂的社会结构，出现了托依布纳所称的"干涉主义国家的危机"。这表现在：第一，由于社会的复杂和功能性分化，国家试图通过颁布更多法令来干预乃至改造社会，从而导致了规制过剩的问题。第二，由于法律只是一个社会的子系统，它并不能整合社会其他的所有子系统，官方的法律和政府机构无法解决社会大系统的所有功能复杂的问题。第三，随着各类实质法的繁衍，立法者逐渐不能胜任调整某一法令以及协调各种法令，导致在执行或者解释法律时，执法者将会具有更大的裁量权。作为对"干涉主义国家危机"的回应，反身法（reflexive law）应运而生。①

1993年他出版了《法律：一个自创生系统》一书，提出反身型法（reflexive law）来应对西方社会法律的形式理性危机。② 反身法概念的提出

---

① 参见岑剑梅：《反思法在现代社团治理中的意义——兼评长春亚泰足球俱乐部诉中国足协案》，载《浙江社会科学》2004年第1期。

② 实际上，在1982年他就提出了"反身法"的概念。

虽然有着深刻的政治背景,原本是个政治上的概念,但它也被用于分析法律系统。反身法的主要功能在于运用有效的内部控制结构来取代外在的干涉控制。在功能分化的社会中,法律系统作为一个自我指涉、自我复制的社会子系统,它并不是倾向于直接介入其他的子系统并予以直接的约束,而是通过提供程序上、组织上以及能力上的规范,促成其他社会体系达成民主的自我组织和自我规制。在解决社会问题的同时,避免破坏社会生活有价值的模式。

  基于这一理论,托依布纳和他的后继者们把这一分析路径也引入了对跨国法的分析,提出跨国法与正式法律一样也是一个自我创造的自治的法律体系。① 在晚近的研究中托依布纳本人也开始关注非国家法在全球治理中的意义,提出了"没有国家的全球法"的概念。② 其中,现代商人习惯法是其关注的重要领域之一。在他看来,全球化进程意味着法律规范传统的等级结构已经自我解构了,法律多元主义就不再只是个法律社会学上的命题,而变成了一个对法律实践本身的挑战。传统上,由"民间机制"所制定的规则在国内宪法的等级(hierarchical)框架下是受到压制的,但一旦这一框架得以打破,那么新的法律制度框架就只能是变态分层(heterarchical)的。全球非国家法的起源是递归性法律运行的结果,这种跨国法不只是在经济领域,在其他领域,如环境保护、人权、技术标准化、通讯和互联网,甚至体育领域都正在形成。③ 但就跨国商法领域而言,国际仲裁机构和民间立法虽然本身都是建立在合同基础上的,但它们将合同上所创立的权利和义务转变成了"非官方法",这种非官方的法律却受到仲裁机构的

---

  ① Peter Mazzacano, The Lex Mercatoria as Autonomous Law, (September 27, 2008). CLEA 2008 Meetings Paper; CLPE Research Paper No. 29/2008. Available at SSRN: http://ssrn.com/abstract=1137629.
  ② G. Teubner (ed.), Global Law Without A State, Aldershot: Dartmouth Gower, 1996.
  ③ 参见第五章第一节"跨国民间规制的兴起"。

"官方法"的控制和约束。民间仲裁和民间立法变成了裁决体系的核心,这个裁决体系便开始建立起一个规范等级和一个组织机构等级。于是,它便使商人习惯法的反身性成为可能,使商人习惯法发展为一个自治的法律体系成为可能。①

 ## 第三节 跨国商法的自治性质疑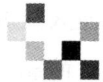

一、中世纪的商人习惯法并不是完全自治的

根据研究商人习惯法的传统理论,中世纪商人团体的商事行为由商人习惯法所支配,而不由国家的普通法支配,也不由城市、自治城市或其他城镇的习俗支配,商人法从产生到法律适用再到纠纷的解决体现了商人自治的特征。但是,当西方学者打开尘封的中世纪圣艾文斯地区的集市法庭案卷时会发现,商人们此时的商事习惯并非像许多学者所说的那样是自发形成并由商人自己独立适用的,而是在很大程度上受制于当时"国家"力量的统治,无论是从法律的适用方面,还是纠纷的解决方面。文献还显示出,圣艾文斯地区的商人并没有根据自己的需要和意愿创造适用于商人自己的法律秩序,相反,集市的管理在很大程度上归属于英格兰国王和修道院的

---

① Gunther Teubner, Breaking Frames: Economic Globalisation and the Emergence of lex mercatoria, *European Journal of Social Theory*, Vol. 5, 2002, pp. 199~217; Gunther Teubner, Breaking Frames: The Global Interplay of Legal and Social Systems, Author(s): Reviewed work(s): Le droit ou les pasachotes du Jeu. By Michel van de Kerdrove & Francois Oss. Source: *The American Journal of Comparative Law*, Vol. 45, No. 1 (Winter, 1997), pp. 149~169.

权威统治,国王和修道院院长对集市法律秩序的建立、纠纷的解决和法庭判决的执行施加了很大影响。另外,从圣艾文斯法庭案卷中我们并不能发现在圣艾文斯集市从事贸易活动的商人拥有专属的权利去独立解决自己的纠纷,所以他们并不享有在贸易管理上的自治权。① 因此,如果说中世纪商人法是一个完全自治的法律体系——自发设立、独立发展、独立被商人适用和实施的话,那么对于 Stephen E. Sachs 所说"外在的封建力量对商人法庭施加了实质性影响"这一点我们是无法解释的。他还提到"商人法的起源问题不止一次被众多学者所讨论,但很少有人对它做出过透彻的分析,所以说,这个问题还是很模糊的,没有足够证据能来证明中世纪商人法是否真的是个自治性的、游离于当时城市法之外的规则"②。学者们对于中世纪商人法是否具有自治性这一问题的分歧,为我们研究中世纪商人习惯法留下了很大思考空间。下面是学者们提出的一些实证分析:

1. 国王和修道士对集市法庭运作所产生的影响

为了进一步说明外部的封建权威力量是如何对商人法庭产生影响的,首先需要分析在集市法庭中,修道士对法庭的管理和司法权力的影响以及封建君主是通过怎样的方式对法庭运作施加影响的。

我们知道,商人习惯法本身并不具有促使贸易双方去履行一个判决的强制性,事实上,这种强制力量被牢牢地掌握在了修道院院长的手中,因为此时的法庭和庄园一样被视为修道院的一部分祖传财产,修道院处理法庭事务的权力来源于皇帝的许可。例如,亨利一世时期,修道院收到允许其在圣艾文斯每年定期举办集市的特许状,特许状还允许其在集市上收取通行费和设立一个专门的法庭去管理集市贸易。1252 年,修道士起诉几个王室的财产执行官,声称这些执行官在未经修道院许可的情况下到集市上

---

① Stephen E. Sachs, From St, Ives to Cyberspace: The Modern Distortion of the Medieval "Law Merchant", Yale Law School Student Scholarship Series 2050, p. 18.

② Stephen E. Sachs, From St, Ives to Cyberspace: The Modern Distortion of the Medieval "Law Merchant", Yale Law School Student Scholarship Series 2050, p. 13.

收取通行费和摊位租金,他们的这些行为影响了圣艾文斯集市正常的管理和贸易秩序,而且,这些行为与皇帝的特许状是背道而驰的,有悖于皇帝的意愿。修道士还多次主张,集市是他们自己的领地,他们可以根据自己的意愿行事,因此反对王室的执行官在属于修道院的领地上收取通行费和其他费用。这同时也意味着,除了修道院地主和官吏,其他任何人不能擅自扣押和没收集市法庭上商人们的财产。1291年,哈门(Hamon)在事先没有经过修道院许可的情况下到集市执行丈量布匹的公务,结果他因擅自行使公职权力被逮捕。在法庭上他辩解道,测量麻布、帆布的行为得到了王室官员的授权,但是集市法庭官员援引封建领主的特许状"任何王室官吏和官员都不得以任何方式干预集市上的事务"来反驳它的辩解,因为"这将影响到修道士对于集市上事务的正常管理"。[1]从以上这些案例中,我们可以看出修道院官员在商人集市管理上享有的实质性司法、管理等权力,直接来源于皇帝的特许状,他们甚至于可以以拥有特许状为由来抵抗来自高层行政机构的命令。换句话说,在没有经过修道院同意的情况下,任何人不得在属于修道院管辖区域内行使行政权力。

集市法庭所在的圣艾文斯村庄的大部分村民有着农奴一样的处境,他们对修道院负有耕作义务。所以,修道院院长对在圣艾文斯集市法庭上出现的村民享有直接的司法管辖权,他们出现在集市法庭就如同出现在他们所属领主自己的法庭上一样。这种状况一直持续到1874年,圣艾文斯收到一个"城市特许状"(a town chater),城市的司法管辖权才介入到商人法庭的管理中来,而在这之前商人法庭一直受制于当地封建领主的管辖。

修道士对集市法庭的影响,首先是体现在对集市法庭办公人员的任选上。事实上,包括执行官、书记员和勤杂人员在内的所有法庭工作人员都由修道院院长或其代表任命。其次是体现在法庭的设置和罚没资金的归

---

[1] Stephen E. Sachs, From St, Ives to Cyberspace: The Modern Distortion of the Medieval "Law Merchant", Yale Law School Student Scholarship Series 2050, p. 37.

属上。集市法庭设立在修道院院长自己的行政管理楼里,所有的罚没资金和摊位租金都需送交到修道院院长自己的金库中。再次,修道院院长指定人选,赋予其在法庭管理事务上享有众多权力:负责收取当事人在法庭上应缴纳的费用;在一方未出庭时要求其出庭;如果被告缺席,则可扣押其货物;对于违反法律的人可以将其监禁。另外,修道院的官员统治并直接参与到集市法庭上一切事务的管理中来。例如在没有管辖权的情况下,负责把案件移送到有管辖权的修道院管辖。尽管我们经常拿中世纪的商人法庭与现代商事仲裁法庭做类比,但事实上,集市法庭非常不欢迎商事仲裁,很多情况下,法庭官员直接运用行政权力决定双方当事人的财产命运,商人很少有机会能逃脱集市法庭的司法管辖。在这些权力中,尤其是对违反法律规定的人监禁的权力,如果没有封建权威力量干预的话,这种强制力将很难实施下去。所以,基于这些理由,不能让我们相信圣艾文斯地区商人是自己案件的主宰者,或者说他们对发生在集市上的纠纷有"自由裁判权",他们在集市法庭上的命运被掌握在修道士手中。

2.集市法庭运作所依据的法律规则

许多学者认为,集市法庭对贸易进行裁判的依据是商事习惯和惯例,但事实上并非如此。第一,圣艾文斯地区的商人所依属的法律除了商人习惯法外还有很多法律制度,包括修道院条例、国王颁布的成文法规和平等原则等。第二,在圣艾文斯法庭所适用的某些法律基本原则和当地的非商人法院和庄园法院所适用的规则十分相像,这就说明了集市法庭并不是商人的特别法庭,因为其所适用的并非只有商事习惯和惯例,而是与普通法院适用的规则具有一致性,在法庭判决中也经常援引修道院管理条例、国王颁布的法规等。第三,圣艾文斯法庭规则的适用对象并非只是针对商人,而是普遍适用于圣艾文斯村庄的所有出现在法庭上的人,因为村庄里的村民对修道院都负有耕作义务、受制于修道院的统治,守夜人和治安官属于非自由人,他们对修道院也负有服役义务。这样看来,集市法庭自然对圣艾文斯地区的所有居住者享有司法管辖权,这种管辖权并非只是针对商人的,而是一种普遍管辖,这种管辖权依据来源于圣艾文斯地区居民对修道院负有的特定义务。①

为了进一步说明这个问题,国外一学者在对圣艾文斯集市法庭案卷进行仔细研究时深受震动:第一,他被裁决中"商人法(lex mercatoria)"引用的次数之少所震撼。在整本案卷中仅发现在七个案件中引用了"依据商人法(secundum legem mercatoriam)"这一词或者它的变体。这七个案件体现的主题分别是"货物保全(包括有几个宣誓的助手要求对他们索赔,这些仆人们在他们主人的位置时是否会这样做,货物被卖掉后偿还债务的时限);通过支付定金达成销售协议;在宣誓讼法过程中需要质押;需要特别指定一个王朝年份发起进攻;蜡封的债务契约才具有可接受性;国王对欺诈性销售甘草进行索赔;第三方屠户有权干预鱼肉的销售"。②不管中世纪的经济形式有多么简单,这些原则是远不能组成一个实体法来调整欧洲的商事贸易关系的,因此我们必须考虑到是否存在别的法律规则管理着集市上商人的贸易行为。后来学者们发现,商人法远不是唯一的在集市法庭上所被引用的规则,相反,修道院条例、国王颁布的成文法规和裁判者心目中形成的公正观念等同时在法庭判决中起作用,他们都参与到商人法这样一个活生生的法律的形成中来。所以,似乎可以得出,集市法庭所依据的法律原则不仅仅考虑了商人团体的意愿,同时,封建君主和修道士的意志也参与到法庭日复一日的管理中来。从这个意义上说,集市法庭并不是集中体现商人意志的特别法庭,其运作也体现了国王和修道士的意志,他们在集市法庭法律秩序的形成中发挥了不可小觑的作用。

另一耐人寻味的标志是,圣艾文斯的法庭记录和地方法院的法庭记录十分相像,集市法庭遵守着和同时代地方法院相同的程序法。关于实体

---

① Stephen E. Sachs, From St, Ives to Cyberspace: The Modern Distortion of the Medieval "Law Merchant", Yale Law School Student Scholarship Series 2050, p.18~20.

② Stephen E. Sachs, From St, Ives to Cyberspace: The Modern Distortion of the Medieval "Law Merchant", Yale Law School Student Scholarship Series 2050, p.40.

法,集市法庭也频繁地适用地方法院所经常引用的法律原则。例如,地方法院在判决书上经常引用修道院条例和国王颁布的成文法,而这些内容在集市法庭的判决中也频频出现着。这些证据又一次告诉我们集市法庭不是商人的特别法庭,因为法庭所适用的程序规则和实体规则和地方普通法院所适用的规则并无太大差别。

　　基于以上几点分析,大致可以得出如下结论:中世纪商人习惯法不是由商人阶层自己所独自创设的,国王和修道士在对集市法庭运作和商人习惯法的形成过程中也发挥了很大作用;集市法庭不是商人的特别法庭,因为它不仅对商人享有管辖权,对其他居民也同样享有管辖权;集市法庭与地方法院和庄园法庭在法律的适用和程序的设置上具有很多相似性。我们并不能看到商人对商人习惯法的形成所产生了怎样的实质性影响,也不能体会到商人在集市法庭运作中承担多么重要的角色,所以很难说商人习惯法是商人的自治法,集市法庭是商人的自治法庭。

二、自创生系统也是个开放的系统

　　法律的自创生系统和反身法理论认为,民间产生的治理机制要成为跨国法受制于两个条件:第一,所发生的纠纷必须由第三方裁决来解决;第二,这些裁决判决理由必须公开。一旦先例公开可用了,它们就会被并入到以后的裁决中,从而建立起一个相互交流参考的网络。法律规范的存在只是这一正在出现的分散的法律论证网络的副产品,据此,跨国法才能发展成为一个自我指涉的沟通系统(自创生)。① 通过仲裁判例系统自我观察、自我复制、自我指涉、自我创造才可以创造出一个独立的民间法律

---

① Gralf-Peter Calliess, Moritz Renner, Transnationalizing Private Law - The Public and the Private Dimensions of Transnational Commercial Law, *German Law Journal*, October1, 2009, pp.1342~1343.

体系。

但正如自创生理论提出自己所承认的那样,这个系统也并不是完全封闭的,它在认知上是开放的。在托依布纳看来,通过法律的社会规制是由两种不同的机制的结合来完成的:信息和干涉(interference)。这两种机制将法律的操作闭合(operative closure)和对环境的认知开放(cognitive openness)结合起来。一方面,通过系统本身生产知识,法律生产"自治的法律实在"。法律据此来修正自己的操作,而无需任何与外部世界(环境)的现实接触。另一方面,法律通过在系统之间运作的干涉机制与其社会环境相连。法律系统与其实际环境的"耦合"以及由此产生的交互限制,是在法律之内的事件、结构和过程与法律之外的事件、结构和过程相互作用的结果。法律通过规制自己来规制社会,是描述信息和干涉这两种机制共同行动的一种方式。① 这也就是说,法律尽管有其自身独立性的一面,使之区别于其他社会系统,即法律就是法律,但法律作为社会系统中的一个子系统,也不可能摆脱其他社会系统的影响和制约。比如,即便现代法律独立于政治,不受政治因素的干扰,但诸如经济法、商法这些旨在维护经济交易秩序和保护商人权利和义务的法律部门则不可能不随社会经济发展的变迁而动。事实上,托依布纳引入外部环境对法律的干涉这一要素,目的即在于克服卢曼反身法理论的封闭性和僵硬性,使法律的自主性具有可以改变的灵活性。②

就跨国商法而言,作为对创立新商人习惯法闭合系统发挥重要作用的国际商事仲裁也并不是完全自治的。诚然,现代国际商事仲裁高度自治于国内法律体系,这集中体现在:(1)仲裁是当事人自主选择的争端解决方式,当事人还可以选择争议所适用的实体法和程序法;(2)根据《纽约公约》

---

① [德]贡塔·托依布纳:《法律:一个自创生系统》,张骐译,北京大学出版社 2004 年,第 78 页。
② 王小钢:《托依布纳反身法理论述评》,载《云南大学学报(法学版)》2010 年第 2 期。

的规定,一方面,仲裁裁决的国内承认和执行也不受国内法院的实体审查,因而具有高度的可执行性。但另一方面,它又不是完全独立于国内法体系的。

在国内法背景下,仲裁性质上的"自治论"和"司法论"已经长期争论不休,其很大程度上要依赖第三种道路,即所谓的"混合论或综合论"。① 因为无论是自治论还是司法论,都走向了极端,都不能准确阐释当代国际商事仲裁的制度特征。现在已经广泛承认,仲裁庭并不构成国内管辖权的一部分,但仍然受到国内程序法和国内法院的强大影响。事实上,就《纽约公约》所规定的国内法院可不予执行仲裁裁决的程序审查权,基本上是参照了国内诉讼程序法上的"严重违反程序正义"的事由。另外,虽然在实体法层面也已经确立,国际仲裁庭不受法院地的冲突规则的限制,毋宁受它自己根据比较法方法所发展出来的冲突法规则约束,但《纽约公约》也规定了各国实施"公共秩序保留"的审查权。虽然国际上也有学者提出了"国际公共政策"或者"跨国公共政策"的概念,但对于"国际公共政策"的涵义却并没有一致的认识。虽然学者们对于这一概念的内涵也进行了大量探讨,但并没有形成共识。至于在实践中,也并没有司法判例和裁决适用这种跨国公共政策,更无国家根据《纽约公约》作出符合这种公共政策观念的解释。② 而根据《国际法协会 2002 年新德里大会国际商事仲裁委员会以"公共政策"拒绝执行国际仲裁裁决的最终报告》来看,虽然接受了"国际公共政策"的概念,但其对"国际公共政策"的界定依然是认为应当是裁决执行地国的那些原则和规则,包括国家希望保护的,有关正义和道德的基本原则,旨在维护国家基本政治、社会或经济利益的规则,国家对其他国家或国际组织承担的国际义务等,而不是什么超越执行国国家利益的东西。

---

① 宋航:《国际商事仲裁裁决的承认与执行》,法律出版社 2000 年版,第 9~17 页。
② 宋航:《国际商事仲裁裁决的承认与执行》,法律出版社 2000 年版,第 173~174 页。

第四节 跨国商法是个半自治的法律体系

从前面跨际商法自治性和非自治性的争论中我们已经可以看出,二者都在一定程度上强调了跨国商法的某一方面的特征,并将其夸大化。过于强调自治性者当然旨在为从事跨国商事活动的商人们建立自己的法律秩序谋取空间,而强调跨国商法非自治的特征旨在加强国家法对跨国商事活动的监督和控制。但自近代以来民族国家的强盛以及商人习惯法的国内化已经为商事法治的国家化套上了"禁锢咒",可以说,任由你千变万化也无法逃脱国家法的桎梏。对此,国际法学家们也在理论上承认,跨国民间规制打破了国家法一统天下的格局,但跨国民间法仍然无法取代以国家为主体参与制定的国际法,跨国法只能补充国际法,或者推动主权国家承认国际法不是万能的,诸多国际问题需要非国家行为体参与才能更加有效地加强以解决,国际法必须承认非国家法秩序的合法地位,全球社会的善治需要跨国公、私行为体结成伙伴关系共同治理。

一、国际商事仲裁是国家法和非国家法的共治

前已论及,在跨国商法这一自治性法律体系的形成过程中,国际商事仲裁机制发挥着重要作用,但国际商事仲裁既有自治的一面,又有受到国内法制约的一面,它并非完全超然于国内法秩序的"独立王国",那么,国际商事仲裁的自治和非自治的两面性存在怎样的关系?它们在构建跨国商法这一体系中各自发挥着怎样的作用?对此,格拉夫—彼特·凯利斯(Gralf-Peter Calliess)和莫瑞兹·瑞纳(Moritz Renner)为欧洲国家承认和执行国际商事仲裁裁决过程中适用"公共政策"的考察可能提供了大致的

框架。在他们的《私法的跨国化：跨国商法的公、私维度》一文中，他们考察了欧洲国家适用"公共政策"拒绝承认和执行仲裁裁决的三个方面的实践，即公共利益（如反对通过合同进行不公平竞争、禁止贿赂）、基本权利和保护弱方当事人（如保护商业代理人）等。通过对仲裁实践的考察，作者认为，初看起来，揭示了两个问题：第一，国际仲裁庭确实适用了公共政策规范。第二，这种适用既不完全由国家监督来决定，仲裁庭似乎也不能独自发展出一个一致的公共政策概念。虽然他们努力想创造一个"真正的跨国公共政策"，但迄今为止，这一概念的范围也只限定在严重违反普遍公认的一般法律原则上。在很多法律领域，国际仲裁必须反映各国国内政策思路的不一致。解决这一困境的方法之一就是用冲突法规范补充跨国公共政策的一般原则，通过从各个不同的国内法渊源中确立适用强制规范的超规则（meta-rules）。换句话说，这种公共政策观念的产生依赖于根据各不同的民间和公共行为体对话的"辩证规制"（dialectical regulation）过程。[①] 一方面，因为国际仲裁庭自治于国内法体系才会力求找到各国公共政策中能够跨国化的一般法律原则。另一方面，国际仲裁庭在很多法律领域必须依赖国内公共政策观念，因而要致力于与国内法院和国内法理论对话。到目前为止，这种对话还被限制在仲裁程序的特定阶段。如果国内法院和仲裁庭都更希望驯服公共政策这匹"难以驾驭的野马"的话，那么还需要做进一步的努力。毕竟，公共政策的考量不应消解为纯粹的道德论证和政治敏感，而应创建为一个真正的法律概念，只有那样，才能达成法律话语所提供的论证方法。正如在反贿赂规范方面，当仲裁庭开始广泛地依靠早先的仲裁裁决，依靠国内法院的先例，甚至依靠理论文献的时候，这种规范才变得清晰起来。另外，它也依赖于当事人的争论以及之后法院的审查程序。这种证立要求在法律一致性与个别案件的充分需要之间达致平衡。在这一

---

① Robert B. Ahdieh, Dialectical Regulation, *Connecticut Law Reviews*, Vol. 38, 2006, pp. 863~892.

点上,跨国背景下争端解决的论证就变成了法律论证。但这些论证绝不会完全脱离国内法律话语,而是嵌入到一个复杂的论证网络之中,在这个网络中国内法继续扮演着主要角色。正是在跨国公共政策作为一种跨国商法的宪制化(constitutionalization)出现的意义上,它才被看作是一种涉及公、私因素的辩证过程。他们还提出,公共政策问题不诉诸政治进程就不能得到回答,政治进程依然在民族国家的结构内占据主导,在国内强行法中得到反映。在法律完善的进程中,仲裁庭必须致力于在公、私规制模式之间,国内和跨国政策之间作出区分。这种区分越来越具有渗透力,国际仲裁庭和国内法院注定要更加紧密地相互作用。[1]

上述对国际商事仲裁中的"公共政策"的分析表明,通过仲裁创造跨国商法的过程仍然无法完全摆脱国内法的限制,国内法仍然可以基于国家的公共政策受到损害为由不予执行仲裁裁决,而公共政策的确定依然无法超越国内法。可以说,这种基于公共政策而对国际商事仲裁裁决的否定,可能打断商人习惯法自我创造系统的闭合循环,使跨国商法的自创生功能失调。

二、自下而上的造法和跨国民间规制进程同样不是纯粹的自我规制

虽然在全球化时代的国际治理事业中,自下而上的造法可以创造一个外在于正式法的"民间法律体系"(private legal systems),但这种民间法体系有时也只对正式法起到补充作用,甚至最终被国际法所吸收。比如,许多跨国民间组织所制定的技术标准被政府间国际组织制定的法律文件接

---

[1] Gralf-Peter Calliess, Moritz Renner, Transnationalizing Private Law – The Public and the Private Dimensions of Transnational Commercial Law, *German Law Journal*, October1, 2009, pp. 1353~1355.

纳,更有力地规范了国际秩序。典型的例子如前述伯尔尼联盟制定的出口信用保险的规则成为 WTO 确定补贴的重要参照;跨国公司制定的劳动标准正在成为世界劳工组织推荐的行动守则;许多民间组织所制定的食品安全经营标准正成为政府间实施食品安全监控的依据……。反过来,跨国民间法有时也需要由自上而下的进程所产生的国际法的支持才能更好地发挥其规制功能。

自下而上的跨国造法一般与两个过程相互关联:一是规范创造的非正式进程;二是创造的非正式规范还有个硬化过程,官方法律制度嵌入这种非正式规范,或者由非正式规范的适用团体自主引入正式法的某些正当程序以实现合法化。两个过程常常是分不开的,它们以相互解释、评价和调整的方式联系起来。

就商人习惯法来说,居于商人习惯法核心的当事人自治原则的法律效力仍然是来源于国家的授权。有些学者认为既然现代文明各国都认可当事人意思自治,那么,合同就具有的天然的造法力量。这实际上无视了国家合同法的授权。须知,国家法中对于当事人的意思自治还有很多限制和禁止性规定,它们体现了国家的公共政策。因此,当事人的自治仍要依赖国内法体系,也需要由国内法体系来强制执行。商人习惯法的其他实体法规则也需要当事人将其并入到合同中时才会由国内法院来执行。

随着商人习惯法理论的影响,一些学者提出诸如像联合国贸发会《国际商事仲裁示范法》、《巴黎国际商会仲裁院仲裁规则》第 17 条和一些国家的国内法中规定,在当事人没有选择交易所适用的法律时,仲裁庭可以适用"法律规则"(rules of law),这种规定代替了原来的适用"法律"(law)。这就表明,当事人约定的适用于解决争议的法律规则不再仅限于某一个国家的法律,从而仲裁庭也就可以将商事习惯法这类超越一国国内法范围的行为规范列入解决国际贸易纠纷可予适用的法律规范之中。此外,也可以由仲裁庭决定适用其认为"适当的"法律规则。这些都被认为是国际商事仲裁和商人习惯法自治的表现。但就目前适用商人习惯法的实际情况而言,在当事人没有授权使用的情况下,仲裁庭的适用商人习惯法仍然是十分慎重的。① 这主要是因为商人习惯法的具体规则仍然不够清晰。

当然,主张跨国商法自治的学者也指出,当代商人习惯法的编纂工作已经使规则变得越来越具体、明确,商人习惯法模糊的传统弊端正在得到克服。但正如有学者指出的,编纂也并不能达成目标。因为那些被编纂原理所承认的规则都是由法学家们以国内规则、统一法(很大程度上是由法学家们编纂的)、国际原则和共同内核重述(很大程度上是由法学家们比较研究得出的)为基础,通过所谓的"功能比较方法"而编纂的,并不是所有的原则和规则都得到了仲裁裁决的验证或者参考了大量仲裁裁决而得出的。对于它们来说,要说是成长于商业实践的规则,恐怕有些言过其实了。实际上,只有它们参考的仲裁裁决越充分,其说服力才越强,但我们仍然还没有看到什么信号说明它们已经反映了共同的商业做法,或者它们已经变成共同的做法。虽然商人们可能会以不同方法支持这些工程,有些人甚至还参与其中,在实践中也存在一些援引适用的情况,但从总体上说,它们还主要是由法学家们发动或推动的,基于不确定数量的法律体系,为商人们(和其他缔约方)应当做什么而开出的药方,而不是描述商人们实际上做了什么。在这一意义上,这些比较法学家们所编纂的原则和规则还远不是什么"自发的派生物",实质而言它是一种人为的产品,是由那些并非专心记录商业实践而毋宁说是选择应当调整行为的规则的外部人所制造的产品。换句话说,那些证立存在自治商人习惯法体系的主张就是被那些设计来增强其自治的文件,即编纂破坏掉了。②

---

① Celia Wasserstein Fassberg, Lex Mercatoria—Hoist With Its Own Petard? *Chicago Journal of International Law*, Summer 2004, p. 76.

② Celia Wasserstein Fassberg, Lex Mercatoria—Hoist With Its Own Petard? *Chicago Journal of International Law*, Summer 2004, p. 80.

三、跨国民间规则与国际法之间的制度性互补

实际上,在当代全球秩序的建设和维持上,基本事实仍然是国际组织和政府机构间组织所制定的规则是国际法规则的主体,跨国民间规制只起到必要的补充作用,但这种补充作用并非可有可无,而是必须为国际正式规则所倚重的规则体系。因为如前所述,国际法正式规则有其自身无法克服的缺陷,有时候依赖跨国民间规制则更为有效。公平而有效的国际治理应当在跨国公、私规制之间形成一种伙伴关系(Transnational Public-Private Partnerships)。①

跨国公私伙伴关系在学界的讨论中被认为是一种国际公共机构与跨国民间组织混合的治理形式,这种形式是通过把政治权威扩展到非国家行为体实现的,不再是通过过去的民间组织游说来影响全球治理,而是由非国家行为体直接参与政治控制,与国家行为体一道共同治理。② 跨国公私伙伴关系的从表现形式上看从松散的合作形式到实施特定项目的有法律约束力的合同都有。它们致力于设置议程、政治编制和执行、应对一系列问题,如气候变化、生物多样性保护、卫生、公司社会责任以及人道主义援助等等。很难描述有多少人参与了跨国公私伙伴关系,按照伊恩·布罗德沃特(Ian Broadwater)和英奇·考尔(Inge Kaul)的统计,至少有 400 个公

---

① Marco Schäferhoff, Sabine Campe, Christopher Kaan, Transnational Public-Private Partnerships in International Relations: Making Sense of Concepts, Research Frameworks, and Results, *The International Studies Review*, Vol. 11, No. 3, Sep. 2009, pp. 451~474.

② Pauline Rosenau Vaillancourt, Public-Private Policy Partnerships, Cambridge and London: MIT Press, 2000; Steven P. Osborne, Public-Private Partnerships, *Theory and Practice in International Perspective*, London and New York: Routledge, 2000.

私伙伴关系来应对全球挑战。①虽然西方不同学者对于跨国公私伙伴关系还有不同角度的理解，对它们在跨国治理中所能发挥的作用、对其优势和弊端还有不同看法，但跨国民间规制作为一种事实存在已经是不容小觑的国际规制力量。②

近年来，西方对于跨国民间规制与公共规制之间的关系给予了比较多的关注。法布里齐奥·卡法吉（Fabrizio Cafaggi）就研究了跨国公私机构规制机构之间可能存在的规制互补关系。根据民间规制主体的独立程度，他把与民间规制和公共规制关系形态描述为纯粹的自我规制机制，规制者与被规制者契合的机制，到包含企业、非政府组织和公共机构的多种利益相关者，在治理结构中包括被规制者和受益者的机制；从公私机构通过规制合同合作的一体化形式到非正式的事先授权，到通过国际组织、政府间组织或者国际法正式授予民间组织规制权力；从事后得到司法或者行政公共机构认可的民间规制到威胁引入硬法规制指导私人当事人的指南和原则等等不同形态。具体而言，在公私关系维度至少有四种不同的关系转变形式：混合（hybridisation）、协作制定规则（collaborative rule-making）、共济（coordination）和竞争（competition）。③

（1）混合。他认为，公、私法工具之间的混合出现在两个方向上：行政法原则适用于民间组织在跨国层面行使规则制定权上；合同法和组织法规则和原则适用于国际组织和政府间组织规制公司和其他实体的行动上。

---

① Ian Broadwater and Inge Kaul, Global Public-Private Partnerships: The Current Landscape (Study Outline), A UNDP/ODS Background Paper, New York: UNDP, 2005.

② 关于跨国伙伴关系的研究检视，参见 Marco Schäferhoff, Sabine Campe, and Christopher Kaan, Transnational Public-Private Partnerships in International Relations: Making Sense of Concepts, Research Frameworks, and Results, *International Studies Review*, 2009, Vol.11, pp.451~474.

③ Fabrizio Cafaggi, New Foundations of Transnational Private Regulation, European University Institute, Florence Obert Schuman Centre for Advanced Studies Private Regulation Series-04, p.26.

(2)协作制定规则发生在公私行为体致力于共同起草规则的过程中。一个变化是当私人行为体起草规则时;公共行为体随后就批准、核准了它们。显然,当后者发生时,私人行为体就内化了公共行为体所核准的民间规则。协作的规则制定能产生于包含公私行为体的多种利益相关者内部,通过规制合同,以协议或者谅解备忘录的形式。

(3)共济意味着独立的私人和公共行为体之间的相互依赖。不像协作制定规则那样,这里两种机制都是自治的,但它们的规制行为是相互影响的。共济具有不同的目标。在有些情况下,它服务于消除阻力。典型的例子是一种公共机制规定了遵守民间标准的合理的谨慎。在另一些情况下,它通过使用跨国规则的有目标的监控来提高有效性。共济支持跨国移植制度;它推动规制策略和执行从私到公的转变,反之亦然。就像很多公共安全机制中所采纳的"供应链方法"那样。民间规制主体设计的规则经常得到公共规制者的认可,或者是通过司法认可,或者是通过行政认可。

(4)跨国层面的公私机制之间的竞争导致民间行为体提出为公共行为体界定标准,从而提高公共规制的正当性,使其占据领导地位,不受制于国际公法机制所要求的程序要件。在某种高难度上,当那些赢得竞争的人被新来者模仿时,竞争就会产生法律移植效果。竞争既有对跨国规制主体和国家的纵向补充,也有国际组织和国际政府间组织和民间规制主体之间的横向补充。

这些模式意味着跨国民间规制在很多情况下并不是独立发挥作用的,它仍然需要与公共规制模式之间相互信赖、相互补充、相互支持,才能更好地发挥作用。这是因为跨国民间规制本身在某些情况下也存在功能上的缺陷,甚至它本身也是制造国际利益不平衡的罪魁祸首。例如对可持续发展大会(WSSD)①中的公私伙伴关系的研究显示,这个体制主要是由工业化国家主导和推动的,其中的跨国非政府组织也主要是来自发达国家,而来自发展中国家的 NGO 比例则比较低。因此,它们反映了强大的北方行动者的利益而没有合并发展中国家的需要。② 而罗格斯大学商学院(Rutgers Business School)的凯文·考本(Kevin Kolben)教授则通过对跨国劳工问题的民间规制的个案研究表明,跨国劳工规制是一种多主体参与的政策选择过程,其中内嵌了政治问题和社会问题,并且还需要回应市场的需求,应该被理解为一种多重力量博弈的结果。他还认为,跨国民间规制在全球层面的发展是不均衡的,根植于发达国家的治理理论未必就能适用于发展中国家,需要针对特定的情境制定不同的规制方案。比如发展中国家通常处于权力失衡与冲突的情况下,那么建立在协商民主和公民权利基础上的传统西方规制理论则很难在发展中国家完全奏效。就劳工问题的民间规制而言,只注重民间规制在发展中国家可能比较难以奏效,因为它们还不像发达国家那样已经具有了较好的民主和人权建设为基础;当这些方面明显较弱的时候,公共规制较之民间规制则拥有更强的政治和实践优势。最后,凯文认为,私人规制是不能独立于公共规制而存在的,一项现实的任务即为加强公共规制与民间规制之间的沟通与协调,这种沟通可以是正式的,也可以是非正式的,使得民间规制机制融入整个规制战略中去。

---

① 世界可持续发展大会(WSSD),也常被称作 2002 年约翰内斯堡峰会、地球高峰会议、全球可持续发展首脑会议,将吸引各国政府、联合国机构、多边金融机构、私营部门、商业界、非政府组织(NGOs)、民间社团组织(CSOs)、媒体以及其他团体出席。大会的目标是评估全球变化并产生具体的行动方案。在一个人口日渐增加,对水、食品、能源、卫生服务、住房和经济安全的需求不断提高的世界中,做到一方面提高人民的生活水平,一方面保护自然资源。

② Marco Schaferhoff, Sabine Campe, and Christopher Kaan, Transnational Public-Private Partnerships in International Relations: Making Sense of Concepts, Research Frameworks, and Results, *International Studies Review*, 2009, Vol. 11, p. 466.

第七章

跨国商法的编纂[①]

 第一节 跨国商法的编纂进程

在上个世纪,比较法学家们和一些民间机构就为跨国合同法的统一做出过多方面的努力。其中很多合同法编纂项目在跨国合同法统一的讨论中发挥了重要作用。他们为新商人习惯法从理论转换为现实搭建了沟通的桥梁,使新商人习惯法从理论层面无休止的争论回归现实的规则梳理。

这些早期的跨国商法编纂可以分为双边或地域性的项目与全球项目。双边和地区项目相对比较容易实现,但它也为跨国商法的全球编纂提供了实际可行的基础。

[①] 鉴于德国科隆大学跨国法中心伯杰教授的《新商人习惯法的逐步编纂》一书对于跨国商法的编纂进行了系统研究,本章主要借鉴了该书的研究成果,在此表示感谢和敬意!

(一)双边或地域性项目

1.法国——意大利义务法草案

该草案可以说是双边和地区性编纂项目的代表。第一次世界大战期间,意大利教授维特里奥(Vittorio Scialoja),即后来罗马国际统一私法协会的发起者和首任会长,提出了一个双边的编纂法国——意大利合同法(Project de code des obligations et des contrats)的设想。① 在1917年,成立了两个民间委员会分别在意大利和法国为这一计划展开工作,意大利的委员会由维特里奥作为主席,法国委员会则由莱纳德(Larnaude)负责。1928年,一个致力于立法统一的法国—意大利委员会发布了第一个非官方草案以及相应的注释。这份草案包括739条规定,涉及一般合同到特殊类型的合同,包括买卖合同、租赁合同、居间合同、借贷合同、运输合同、担保合同等。除了这些详细的条款,该草案也包含了法律的一般原则。这些概括性条款旨在为法官进行个案的利益衡量提供必要的法律原则。这一草案的目的之一是减少对于衡平法的公开援引,因为当时衡平法在法国法庭广泛使用,这些衡平法适用所导致的判决参差不齐。② 例如,法国法官迈奈德(Magnaud)曾经在20世纪20年代做出了一系列相互冲突的判决,而他个人却认为,依据公平和正义原则,这些判决都是合法合理的。事实上,当代法庭针对个案做出公正且合理的判决,采用的却是概括性条款的做法可以追溯到法国法庭的早期做法。

但是,在两次世界大战期间,由于政治环境变幻莫测,法国和意大利政府最终放弃了这个项目。尽管该项目最终没有取得成功,但这一草案还是

---

① 对照 Rotondi, Am. J. Comp. L. 1954, at 345 et sep. 转引自:Klaus Peter Berger, *The Creeping Codification of the New Lex Mercatoria*, 2nd edition, Kluwer Law International, 2010, p.152.

② Rotondi, Am. J. Comp. L 1957, at 345, 351 et seq.; the provisions were later found in Arts 833, 1448, 1467, 2041 and 2047 of the Italian Codice Civile of 1942. 转引自:Klaus Peter Berger, *The Creeping Codification of the New Lex Mercatoria*, 2nd edition, Kluwer Law International, 2010, p.154.

对《意大利民法典》和同时期其他法典的编纂产生了一定影响。受影响的法典包括1937年的《波兰民法典》，1927年的《阿尔巴尼亚民法典》，1934年的《罗马尼亚民法典》和1940年的《希腊民法典》。

我们认为，就算不考虑当时的政治变化，这一编纂计划并没有可能从两国层面扩展到全球层面，因为这一计划太狭隘同时又过于宽泛。首先，虽然这个方案局限于两个罗马法系国家之间，使得起草工作更加简单，但同时也降低了项目对法国和意大利法律体系之外产生影响的可能性；项目涉及的法律体系太少，因而无法为这个方案提供所需要的比较论证，扩大到其他法系的国家。第二，这个方案在起草的范围和方法上又太过激进。私法统一必然会触及有关国家的主权，影响有关国家相关领域的法律体系，因而为了减少来自相关国家立法和实务部门的阻力，最好是先从小步骤入手，在法律的确定领域内进行。而这个编纂方案却试图将普通合同法和特殊类型合同的统一一并解决，胃口似乎太大了。实践中同时解决这两个方面难度很大。实践证明，后来的国际统一私法协会工作组正是考虑到这种困难才将其编纂方案限制在合同法一般原则上，个别合同类型适用的相关法律的统一留给了未来项目来完成。

2. 美国合同法重述

人们经常会把罗马国际统一私法协会编纂的《国际商事合同通则》（以下称"罗马国际统一私法协会通则"）与美国法学会的《合同法重述》进行比较。实际上，这两个方案不只是惊人的相似，而且美国《合同法重述》还是国际统一私法协会工作组进行国际统一合同法编纂的一个样板。

美国合同法重述的发起者们大都是来自活跃于美国国内商业和贸易领域的律师。他们想要克服因为美国法律体系严格的联邦特征所引起的法律的不确定性和复杂性。就像罗马国际统一私法协会通则一样，美国合同法重述也是有民间机构起草的。这个民间机构设立特别调查员在合同法不同的领域进行调查，然后在1932年集合在最终的草案当中。合同法重述中的法律规则和原则是以黑体字法(black-letter law)的方式来起草的。① 另有一系列"法庭上的重述"和"州注释"对这些规则和原则进行补充,从而显示了合同法重述被美国法庭引用的时间和次数,以及这些合同法重述中规定的原则是否以及在多大程度上被美国不同的州所使用。

美国统一州法委员会习惯于颁布示范法,例如在公司法领域颁布的《修订商业公司示范法》、《统一合伙法》、《统一有限合伙法》等,在一般商法领域则颁布了著名的《美国统一商法典》。但是美国法学会常常采用的一个基本的政策就是独辟蹊径。采取这种特殊起草技术的原因是在一般合同法的适用过程中保证必要的灵活性。与罗马国际统一私法协会通则相似,合同法重述是以黑体字法的形式起草的,同时也包括评论和示例。与一个条款相似,单独的法律原则或规则并没有明确的历史渊源。选择"重述"这个名字,是因为开始时起草者们只是想把"法律本身"确定下来而已:因为这些规则首先是由法庭确定的。因此,法律原则和规则并不是在合同法重述中被"发现"的,它们只是被重新阐释了一下,以便可以在日常法律实践当中运用。就像罗马国际统一私法协会通则一样,合同法重述就像是从未被违背过的那些法律。

除了这种作用,合同法重述中的原则和规则在制定过程当中是按照最大限度上的"清晰、明确、连贯、统一、可行"的标准来要求自己的。然而,这可能只是字面上的问题,并不能改变合同法重述仅仅是一系列普通合同法的衍生法的事实。根据美国法学会的报告,美国法庭审判的涉及合同法重

---

① 按照维基百科的解释,"黑体字法"这个词是指那些对于某一特定法律领域所具有的基本标准因素,这些因素通常是众所周知的,不受质疑或争论的。例如合同的标准要素,殴打的技术定义等。在美国法律体系中,"黑体字法"这个词通常也用于表示那些确定的判例法。至少在英国法中,"黑体字法"是用来描述那些以技术规则为特征的法律领域而不是那些更具理论色彩的法律领域。合同、侵权、土地法是典型的黑体字法领域,而诸如行政法这样的领域很大程度上不被认为是黑体字法。(关于黑体字法的历史和语源学解释,亦参见维基百科英文网页,http://en.wikipedia.org/wiki/Black_letter_law)

述的案件,只有大约百分之二违背了合同法重述的规定。①

但无论是从理论还是从实践的角度来看,合同法重述的功能都不只是局限于法律的衍生物。在一些特殊的案例当中,起草者并不满足于重述普通法本身。在这些案例中,合同法重述就不只是反映合同法的"实然",而是着眼于合同法的"应然"。这时,起草的方式就不再与"重述"最初的理念相一致。起草者认为合同法重述应当以一种"分析的,批判的和建设性的"模式紧跟合同法的发展,超越单纯地收集整理法规和判决的做法。虽然这种起初试图以宽泛的起草方式起草重述的观念胎死腹中,但仍旧有三种方法使得合同法重述在合同法体系当中发挥着更加创造性的功能。②

第一,针对特定法律问题,起草者们会采纳那些不同于一般美国案例法而比以往的判决更加公正的法庭判决。第二,起草者们会从一系列看上去相互冲突和矛盾的法庭判决中摘录出某一个法律问题的出现概率,然后将最后产生的法律原则以"黑体字法"的形式编写出来。第三,起草者们用判例法中形成的法律原则来分析还未解决的法律问题,从而创造出新的法律规则。最终,这样的判例法实质上以混合的起草方式渐渐模糊了已经实行的法律与仍然需要发展的法律二者之间的界限。

对于美国式法律重述这种关注法律应该怎样的倾向,存在诸多不同看法。一些人坚持认为这种创造性功能可以使得重述达到最好的适用效果。另一些人则认为合同法重述在一定程度上是不可信的,因为其中的很多改革太过深远。后一种观点大概是太过严重了,因为第一次合同法重述所取得的有限的成功恰恰是因为它在本质上只注重描述现在的法律,它只包括

---

① Dieter Blumenwitz, Einführung in das anglo-amerikanische Recht, Beck Juristischer Verlag (January 1, 2003), at 82. 转引自 Klaus Peter Berger, *The Creeping Codification of the New Lex Mercatoria*, 2nd Revised Edition, Kluwer Law International, 2010, p. 156.

② Klaus Peter Berger, *The Creeping Codification of the New Lex Mercatoria*, 2nd Revised Edition, Kluwer Law International, 2010, p. 156.

了"黑体字法"的原则和规则,加上很短的评论和示例。只有在后来的重述版本当中,才收录了解释注释、特别注释、法定注释和理性评论,以此来增强重述的使用价值和它的权威性。在起草第二次合同法重述的过程当中,起草者们则对这些注释和评论给予了特别强调,从而使合同法重述的原则和规则更具适应性。

3. 经济互助委员会的国际商事合同法项目

在 20 世纪 80 年代中期,经济互助委员会启动了一个计划来起草统一的国际商事合同法。该统一法的目的是补充成员国之间统一的经济条件,起草过程立足于"社会经济一体化"的传统。除了在重大的属地性的权利和个人权利的一般条款,草案同时包括了合同签订、合同内容、合同履行、损害赔偿、合同变更、合同当事人变更等方面的具体规则。草案还将抗辩、期间的计算以及不当得利纳入其规定范围。这个草案试图达到两个目的:第一,为那些在共同经济条件提供的环境下仍无法解决的法律问题提供指引和实体法。这样,该草案的初衷就是避免对国内法律体系的依赖,为新的共同经济条件提供模型。第二,该草案中很大一部分与国际合同法有关的内容是为了将国际合同法统一的各种成果融合在一起。结果,该草案就是建立在这些成果以及《联合国国际货物买卖公约》的基础之上的。但是,由于在 20 世纪 90 年代东欧政治和经济上陷入骚乱,这个项目未能完成。

4. Pavia 小组的欧洲民法典项目

在 1990 年 10 月,一个总部在意大利 Pavia 的欧洲私法律师学会旗下,名为"GEDEC"的工作组,由意大利法学教授甘多尔菲(Gandolfi)领导,基于 1989 年欧洲议会关于起草欧洲民法典的决议,决定起草一部欧洲民法典。工作组决定不去单纯地整理一份非正式的、类似重述那样的法律规则和原则的集合,而是要建立一个欧洲民法典的基本框架。最终,工作组决定以两个已经存在的法律"模板"为基础展开起草工作:第一个是《意大利民法典》第四版,二是麦克戈瑞格(McGregor)为英国法律委员会起草的合同法。甘多尔菲选择《意大利民法典》的原因有两个:首先,该法典是欧洲大陆传统民法典和普通法体系的综合产物；第二，该法典固有的现代性不同于一般的欧洲法典，它没有经历过陈旧的法律改革方式带来的挫折。

（二）合同法统一的全球性项目

1. 康奈尔大学法学院的"法律体系核心"项目

1968年，康奈尔法学院的学者提交了十年研究项目的成果，该项目致力于发现世界主要法律体系的共同核心（法律的一般原则项目）。这一项目是受到了它的信念导师施莱辛格（Schlesinger）教授的启发而发起的。在他看来，所有法律体系存在共同核心的观点是很难反驳的。"共同核心"的意思是指法律的一般原则，正如《国际法院规约》第38条规定的那样，它们可以作为国际公法的法源。在施莱辛格看来，第38条的重要性不只是局限于国际公法。除了那些考虑到国际公法明确性的一般原则，第38条也涉及那些可以运用于任何完善的法律体系中的私法的法律原则。鉴于这些原则的私法来源，这些原则可以很容易地运用到私法当中。正因如此，这些原则也是新商人习惯法（跨国商法）的关键元素。

尽管使用了全球性研究的方法，这个项目并没有提供一个完整的国际合同法基本原则的框架。相反，它的目的是弄清楚与"要约和承诺"相关的合同法的基本原则。康奈尔研究小组并没有尝试任何编纂行动，也没有在国际合同法的某一领域有所发展。最终研究项目只是将所有法律体系中关于合同要约和承诺的共同的法律原则进行了整理。

康奈尔法学院研究小组的研究被称为"比较研究的里程碑"和"比较法运用于实践"的证据。该研究为国际合同法重述的起草和跨国商法的逐步编纂提供了丰富的资源。同时，他们研究的资料也可能成为私法领域比较研究的参照标准。从正式法律编纂的角度看，康奈尔法学院的项目使用的是一种不同于以往的方式来研究国际合同法问题，但有三个原因给这项研究的理论可信性带来疑问。①

首先,很多重要的法律体系未被纳入到该项研究当中。从比较法的角度来看,该项目的首要理论缺陷是因为重要的伊斯兰法律体系,以及非洲、拉丁美洲、亚洲法律体系都被研究小组忽略了。尽管比较研究可能永远不会研究所有相关的法律体系,但完全排除世界某些地区或者某些类型的法律体系一定会对研究结果产生武断的影响。

第二,该项目没有考虑到社会现实。康奈尔的研究项目局限于合同订立的法律问题和机械性问题上,共同核心因而被理解为法律技术的集合,而非一系列系统的原则和标准。康奈尔大学选择的研究方式排除了法律和社会现实之间的相互联系对于研究结果的影响。

第三,该项目忽略了法律的一般原则和具体法律规范之间的互动。在众多反对康奈尔研究小组所选择的理论方式的不同声音当中,有一种反对意见是指出康奈尔的研究仅限制于合同的订立,忽视了其他重要合同法问题,例如代理、损害赔偿责任等。康奈尔的计划从未考虑到新商人习惯法的特殊性,它局限于合同要约和承诺的技术性规则,没有考虑到国际合同法的大环境。总之,该计划并没有为跨国商法体系的发展铺平道路。

2. 罗马国际统一私法协会秘书处的国际贸易法逐步编纂计划

1971年,罗马国际统一私法协会秘书处在《国际贸易法逐步编纂》的报告中提出了一个起草国际合同法一般原则的想法,这份报告在所有和法律统一有关的机构的四次会议上筹备,这些机构包括罗马国际统一私法协会、联合国国际贸易法委员会、联合国贸易与发展会议、欧洲法律合作委员会等。这个计划不同于以往的项目,它采取的方式更为全面,意图通过各方面的努力将国际贸易的各个分支转化为全球性的项目,来为国际商业和贸易活动制定统一的法律。1968年在罗马召开的统一法相关组织第九次

---

① See Klaus Peter Berger, *The Creeping Codification of the New Lex Mercatoria*, 2nd Revised Edition, Kluwer Law International, 2010, p.164~169.

会议上，大卫（David）、施米托夫（Schmitthoff）和布拉格耶维奇（Blagojevic）的提议对该项目的发展产生了很大影响，其结果就是起草包括国际公约、示范法和个别涉及国际商业合同的国内法的基本示范法典在内的法律编纂运动。其最有影响的合同法编纂成果就是1994年通过的《国际商事合同通则》（以下称《通则》）。

按照《通则》的规定，该《通则》可以具有如下功能：第一，它为各国或国际立法者起草合同法时提供了一个范本，无论是起草一般合同法还是特定类型的交易法。第二，如果当事人选择适用"商人法"、"一般法律原则"之类的措辞，就可以适用该《通则》。第三，《通则》可以作为解释或补充国际统一法律文件和国内法的工具。第四，在当事人没有选择合同的准据法时，可以适用《通则》。《通则》是建立在对各国立法、既有的国际合同立法、对合同惯例等资料比较研究的基础得出的合同法一般原则，是对存在一套合同法一般原则的确认，构成了跨国合同法的基础。《通则》的系统编纂实质性地解决了"商人习惯法"、"一般法律原则"的模糊性问题，从而为"商人法"、"一般法律原则"的发展作出了决定性的贡献。

总之，对国际或者地区性合同法编纂项目的研究持续了近一个世纪，它们给很多相关问题提供了答案。很讽刺的是，虽然在合同法这一特殊领域取得了这些进展，但是应当说成果仍然是有限的。但应当承认，对于以往编纂项目的研究也会对新商人习惯法的编纂产生重要影响，这种影响表现在有人主张在联合国国际贸易法委员会的支持下起草一部商人习惯法公约，但在经历了上述编纂项目的艰辛曲折的历程后，大家逐渐意识到通过编纂国际公约或者示范法的方式或许并不是新商人习惯法的最佳编纂方法。尽管如此，通过美国合同法重述而使合同法得到巩固和发展的实践仍然表明了跨国法的编纂应当存在一条可行之路。这条道路在适逢恰当的政治和经济时代后，就会迎面而来。20世纪90年代早期东西方冲突因苏联和东欧的政治经济巨变而结束，南北之间的冲突也随之减弱，跨国法统一的障碍逐渐消失，这便预示着跨国商法编纂新时代的到来。

(三)编纂主体的变革

在国际商人习惯法统一的过程当中,为统一化作出努力的立法组织和机构很多,其中既包括由不同国家组成的,比如提供资金的政府间国际组织,也有由国际商业界和国际法学家们创立的非政府间国际组织。罗马国际统一私法协会(UNDROIT)、海牙国际私法会议(Hague Conference on Private International Law)、联合国国际贸易法委员会(UNCITRAL)、经济互助委员会(Council for Mutual Economic Aid,CMEA)等都属于政府间国际组织。巴黎国际商会(ICC)、伦敦国际法协会(International Law Association)以及安特卫普国际海事委员会(Comité Maritime International, CMI),等则属于非政府间国际组织。这些国际组织或机构,无论是政府间的还是非政府间的,都有各自的宗旨和成员资格要求。例如,在国际经济贸易领域有权威地位的联合国国际贸易法委员会,其宗旨就是致力于起草跨国贸易方面的国际公约和示范法;海牙国际私法会议则在解决法律冲突这一领域内促进制订了《国际货物买卖适用法律公约》等。国际商会则以编纂商人们的国际商事惯例为己任。[①]

1. 政府间组织编纂的代表——罗马国际统一私法协会

这是一个专门从事私法统一的政府间国际组织,成立于1926年,总部设在意大利的罗马,宗旨是统一和协调不同国家和国际区域之间的私法规则,并促进这些私法规则在各国的逐渐采用。但有时也可能涉及某些公法领域。如参与制定《战时文化财产保护公约》。协会主要致力于推进法律方面和立法技术方面的统一,而不过多地涉及"政治性"问题。

协会有59个会员国,中国于1985年7月23日正式接受该协会章程,并从1986年1月1日起已正式成为其会员国。成员国大会是协会的最高权力机构,由每个成员国各派一名代表组成,至少每年开一次大会。协会

---

① 关于这些国际组织的基本情况及其编纂跨国商法的成就,参见姜世波:《国际商法理论问题研究》,中国人民公安大学出版社2006年版,第88~94页。

主席由意大利政府指定，是理事会的当然成员。其主要工作方式是：

在确定某一课题是否纳入协会的工作计划时，理事会特别关注国际社会对该领域法律统一的需要程度，同时还要考虑在该领域协调各不同法系之间分歧的可能性。在选择统一法的类型和适用范围时也要考虑这些因素。目前已纳入协会的工作计划并正在进行调研的课题主要有：特许经营协议、检验合同、有关实施危险行为的民事责任、关于软件的法律问题等。某一课题如被纳入了协会的工作计划，秘书处在专家的协助下将进行必要的准备性研究。研究主要侧重于对相关法律的比较，以及该项目的可行性，有时也会草拟一个初步的统一规则草案。该研究结果将提交理事会，如获理事会同意，则授权一个工作组正式起草规则草案。工作组由国际知名专家组成，在考虑工作组的构成时，秘书处会尽可能地兼顾到各个不同法系的代表性。工作组完成起草工作后将文本提交理事会，理事会将授权秘书处组织政府专家委员会审阅。政府专家委员会由每个成员国指定一名或多名代表组成，一些对此感兴趣的非成员国也可被邀请作为观察员。政府专家委员会经过一轮或多轮审议后，将草案提交理事会批准，并将最后文本交由成员国外交大会讨论通过。①

国际统一私法协会运用比较法方法研究各种不同法律体制，如社会主义的、资本主义的，大陆法系和英美法系的，既有的国际公约和国际惯例，国内立法和判例，国际仲裁裁决等资料，从中抽象和提炼共同法律原则和规则的方法受到后来各国际和民间跨国商法编纂机构的重视和效仿。从上世纪末开始，随着经济全球化的到来，跨国商法的编纂主体也开始发生一些微妙的变化，除了上述既有的政府间国际组织和非政府组织，以法学家和执业律师发起的民间组织，各国政府内的技术官员所组成的半官方组织日益活跃于跨国商事规则和标准的编纂。

---

① 参见原国家对外贸易经济合作部条法司编译：《国际统一私法协会〈国际商事合同通则〉》："国际统一私法协会简介"。

2. 地区性民间编纂的范例——欧洲兰多委员会和"欧洲民法典"研究组

在欧洲各国间,尤其是在 15 世纪到 18 世纪之间的欧洲各国间,法律往往具有较高程度的一致性。这种一致性来源于那个时期它们共有的各种封建法、教会法、罗马法、商法和国际法。在此意义上,西方学者认为存在一个"欧洲共同法学"。① 17 世纪开始的国家民族主义使这种共同欧洲的意志日趋消弱,随之而起的欧洲各国的法典化运动更加剧了实证法的离散。然而,随着二战后欧共体的建立,尤其是 1987 年,《单一欧洲文件》(Single European Act)的生效,西欧的政治一体化进程取得了历史性进展;而 1992 年《马斯特里赫特条约》的签署则进一步加快了这一进程,为制定欧洲共同私法的构想提供了现实动力。此后,欧洲越来越多的学者开始为欧洲私法的统一奔走呼号,他们纷纷以比较法研究为依托,围绕着"欧洲共同法"这一热门话题展开了形式多样的工作,试图构建欧洲共同私法的理论框架。与此同时,《欧盟条约》将共同体的权限扩大到包括消费者保护在内的几个领域,欧洲人权法院将人权触角延伸至婚姻家庭领域等,也为欧洲民商事法律的协调提供了依据。欧盟开始越来越频繁地通过一系列指令和"软法"(soft law)调整成员国的私法,推动私法的"欧洲化"(Europeanization of private law)。据统计,欧共体发布的指令中已有 70 多项涉及公司法、劳动关系、企业财产、版权法、产品责任等私法领域,其中最重要的几项指令涉及消费者保护(侵权法领域)和成员国的合同法。②"欧洲私法"这一新的法律类型的产生具备了政治和法律条件。

尽管在欧洲私法协调和统一的推动力中,欧盟官方的力量不能忽视,但欧洲私法统一的实际工作却是由法学家们身体力行的,尤其是欧洲的比

---

① Markku Kiikeri, *Comparative Legal Reasoning and European Law*, Kluwer Academic Publishers, 2001, p. 15.

② Mel Kenny, Constructing a European Civil Code, Quis Custodiet Ipsos Custodes, Vol. 12, *Columbia Journal of European Law*, 2006, p. 777.

较法学家们。① 然而,在欧洲建立诸如统一的《欧洲民法典》的努力受到一些法学家们的担心和挑战。他们认为,制定一部统一的《欧洲民法典》是一种狂妄和傲慢,会对对法律多元化的观念构成冲击,无视并边缘化了普通法的合理性以及英国人的正义观,将民法典凌驾于普通法法律家的世界观之上。另外,法典化还会导致政治权威的集中化及对法律的过分简单化的认识。② 基于这种反对意见的警醒意义,欧洲私法的统一避开使用"法典"之类形式而可能采用"重述(restatement)"、"法律规则体系(a body of legal rules)"、"共同参照框架(the Common Frame of Reference)"之类的较少带有政治性和意识形态色彩的术语。类似《美国统一商法典》那样的示范法可能成为其首选的编纂形式。象《美国统一商法典》是由美国法学会编纂的一样,相应地,欧洲私法统一的案文也由欧洲比较法学界起草和编纂。

在欧洲,有两个最引人瞩目的彼此呼应的学术组织正在从事这方面的工作:一是欧洲合同法委员会(the Commission on European Contract Law),二是"欧洲民法典"研究组(the Study Group on a European Civil Code)。这两个学术机构都力图在此前欧洲比较法学家们研究比较合同法、比较侵权法比较担保法的基础上,以债权法作为起点,提供一部欧盟范围内的各种私法的重述,并最终获得颁布和法律效力。它们的共同特点是:运用功能比较方法,把"类似的假定"(praesumptio similitudinis)作为研究的出发点,从现行法律中抽象出具有普遍性的规则,以其内在的合理性(rationality)和相对的优越性赢得合法地位。

(1)欧洲合同法委员会的工作

欧洲合同法委员会是在丹麦哥本哈根大学法学教授奥雷·兰多(Ole

---

① 朱淑丽:《比较法学者对"共同欧洲私法"的推动》,载《华东政法大学学报》2008年第2期。

② Pierre Legrand, Against a European Civil Code, *Modern Law Review*, Vol. 60, 1997, pp. 58~60.

Lando)的领导下于 1980 年成立的,故该委员会又被称为"兰多委员会"。它由来自欧盟各成员国的著名法学家组成,其工作是负责编纂、解释和评注欧洲合同法的原则。兰多委员会从 1995 年开始相继出版其阶段性的工作成果,即包含三个部分的《欧洲合同法原则》(the Principles of European Contract Law,以下简称《原则》)。《原则》同样采纳的比较研究欧盟各成员国合同法的各项具体法律制度和规则,评论哪个是最普遍或是最适宜的方法,判断哪个解决方法在大多数欧洲国家不具有效力,因此不能奉为欧洲法律的共同核心,以此确保法典草案不只是停留在汇编已经存在的规则上,而是还要反映法律的更新和现代化。因此,最终形成的《原则》不是现行欧盟立法(指令和条例)的汇编,而是由一套新的完整和连贯的规则组成的规则体系。其适用范围也不限于欧盟层面,而且也及于国内法。其最终目标之一是要为未来的《欧洲合同法典》的制定奠定基础,被认为是构造《欧洲民法典》文本迈出的第一步。[①]

(2)"欧洲民法典"研究组

20 世纪 90 年代中期开始,一些法学家希望在兰多委员会工作成果的基础上继续推进欧洲私法的法典化和统一,最终致力于起草一部《欧洲民法典》。为此,欧洲法学家们在兰多委员会的基础进一步扩大组织,于 1998 年成立了"欧洲民法典"研究组。它由来自全部欧盟成员国的大约 100 名法学家组成,德国奥斯纳布吕克大学法学教授克里斯蒂安·冯·巴尔(Christian von Bar)担任主席。研究组的目标是"构造一部关于欧洲私法核心的法典化的和带评注的综述","促进欧洲私法的学术理解和教学,满足跨国交易或纠纷中的当事人的需要,并且令人信服地为未来国家和欧

[①] 朱淑丽:《比较法学者对"共同欧洲私法"的推动》,载《华东政法大学学报》2008 年第 2 期。

洲层面上的立法措施提供灵感。"①研究组根据列入法典化程序的私法领域，在欧洲多个国家的大学或研究机构中分设工作组负责起草部分未来的《欧洲民法典》。工作组承担分派给它们的研究课题，例如奥斯纳布吕克工作组负责法定之债；汉堡工作组负责保险合同和信用担保；蒂尔堡工作组负责劳务合同；乌德勒支工作组负责涉及货物销售的法律等。研究组以各工作组的比较法研究成果为基础编制出各"原则"。这些原则将包含三个领域的法律：一是特殊类型的合同；二是非合同之债（侵权法、不当得利和无因管理）；三是涉及动产尤其是所有权的转移和信用担保的基本规则。这种编纂将配备有比较法上的概述，辅以详尽的评注，并以例证解释条款的实际适用和效果，最后还会补充附注，便于读者确定"原则"的相关条款是否、在哪里、以什么方式与各个成员国的国家法相扣。研究组计划首先出版各个部分的"原则"，各部分"原则"齐备后再出版包括《欧洲合同法原则》在内的统一版本。这个统一版本预期将成为一部完整的《欧洲债权法典》的模本。

编纂主体范围的日益扩展，从根本上说，有利于在不同层面全面地对国际商人习惯法进行整理归纳，适应商业社会不同领域的实际需要，更好地调整国际商事关系。由政府间编纂商人习惯法，到非政府国际机构及私人组织的不断参与，为商人习惯法的编纂提供了更多理论和实际的依据，为适应变化越来越快、越来越复杂的国际商事关系，做出了不可磨灭的贡献。

---

① Christian von Bar, The Contribution of the Study Group on a European Civil Code to the European Convention (Apr. 4, 2004)，资料来源：http://www.sgecc.net/media/downloads/forum.pdf 访问日期为 2007 年 9 月 18 日。转引自朱淑丽：《比较法学者对"共同欧洲私法"的推动》，载《华东政法大学学报》2008 年第 2 期。

 ## 第二节 编纂的新模式

跨国商法是一个处在动态中的、不断发展着的法律体系,为了确定这些不断演化中的规则,国际社会采纳了编纂的方式以让这些模糊的、不确定的规则成文化、明确化。但一旦编纂成文,这又意味着每一次编纂国际商人习惯法的努力又都会把静止因素引入这一法律体系,从而违反跨国商法作为"行动中的法律"这一性质。但是,实践却明确要求"编纂"应当把共同的法律信仰和观念转变为白纸黑字,因为凡法律规则都要求具有明确性、一致性、可适用性。如何让编纂的方法既能保持成文规则所具有的确定性、一致性,便于适用,又不至于使编纂造成僵化、缺乏适应性,这种两难困境,需要我们必须找到编纂跨国商法的一种正确的方式和方法。

一、跨国商法"逐步编纂"观念的产生

科隆大学跨国法律中心(CENTRAL)创立了一种新的跨国商法规则、原则编纂技术,该中心主任伯杰教授将其称为跨国商法的"逐步编纂"(creeping codification)方法。对于这一方法,按照伯杰教授的暗示,它首先受到了国际法编纂的启发,同时,在他提出这一理论之前大量学者"清单"式编纂的方法业已存在,他的方法是旨在避免上述编纂方法的不足而提出来的。

(一)国际公法编纂的启示——通过国际法委员会编纂国际公法

很多学者认为,跨国商法的概念和国际公法之间是并行的,具有相似

之处。① 尽管这两个法律系统之间的文献交流几乎完全相互隔绝,但国际公法还是为跨国商业律师提供了莫大的指引和帮助。② 有些人甚至争辩说,商人习惯法是国际公法的一部分,因为古典的法律来源的二元论就是国内法是一方,国际公法是另一方,不允许"第三种"法律制度的存在。③ 从商人习惯法与国际公法的这些相似之处来看,在编纂领域中相互借鉴是可行的。在国际公法领域,"编纂"和"逐步发展"国际公法的工作是国际法委员会(ILC)的任务,④他们通过谈判和起草国际条约来完成这一任务,在一个机构中把编纂国际法和发展国际法的功能结合在一起很难实现,因为这会引起混乱。目前我们仍不清楚国际公法到底包括哪些内容,国际法委员会起草的公约仅仅是宣布了现行的国际公法,但是建立新规则的任务并不明确。⑤

　　国际公法和新商人习惯法概念之间有很多共同之处。尽管两个体系的发展路线几乎是没有交集的,但国际公法还是给跨国商法学家们提供了巨大的灵感源泉。有些人甚至认为新商人习惯法应该是国际公法的一部分,因为依据法律渊源双重性,除了国内法律体系和国际公法体系,并不存在第三个法律体系。新商人习惯法和国际公法之间存在很多相似特征,因

---

　　① Roy Goode, Usage and its Reception in Transnational Commercial Law, International and Comparative Law Quarterly, 1997, at 1; Molinaux, *Journal of International Arbitration*, 1997, issue 1, at 55, 66. 转引自:Klaus Peter Berger, *The Creeping Codification of the New Lex Mercatoria*, 2nd Revised Edition, Kluwer Law International, 2010, p. 253。

　　② Roy Goode, Usage and its Reception in Transnational Commercial Law, *International and Comparative Law Quarterly*, 1997, at 1。

　　③ Booysen, RabelsZ 59 (1995), p. 245~252。转引自:Klaus Peter Berger, *The Creeping Codification of the New Lex Mercatoria*, 2nd edition, Kluwer Law International, p. 253。

　　④ Cf. UN Doc. A/Res. 174(Ⅱ) of November 21, 1947 Establishment of an International Law Commission, GAOR 2d Sess. Res. 105。

　　⑤ 参见 http://untreaty. un. org/ilc/guide/9_11. htm,最后访问日期 2011 年 12 月 13 日。

而可能实现二者编纂领域重要的交流促进。在国际公法方面,国际法协会负责法律编纂以及国际公法的逐步发展,通过协商并起草国际公约来完成编纂任务。例如,从 2000 年开始,国际法协会就开始尝试编纂起草关于国际组织责任的法律,这些草案规定了国际组织错误行为的性质及其后果。

部分法律理论认为把编纂法律和发展法律放在一个法律机构内实现是不可能的;认为这样的方法一定会导致困惑,对于国际法协会起草公约是否充分影响现有的国际公法,是致力于创造新规则还是巩固现有的国际公法规则和原则,都是不确定的;认为国际法协会的编纂工作和跨国商法的编纂之间明显具有相似性的讨论并不多,因为在新商人习惯法情境下,功能比较方法不仅可以巩固国际商法,更可以创造出新的甚至更好的,在国内法体系当中不存在的规则。

在伯杰教授看来,在国际法委员会的工作和跨国商法的编纂之间有明显的相似之处,在使用功能比较方法的情况下,不仅可以巩固商人习惯法规则,而且还能创造新的或"更好"的商法规则,而这种规则在国内法律体系中是找不到的。[①]

(二)寻找新的编纂方法

既然既有的国际法规则可以通过编纂的方式加以成文化,从各国法律、国际公约以及对商事惯例进行抽象,寻找其共同规则加以成文化同样是可能的。那种认为跨国商法无法编纂的推论是不正确的。近年来,从事比较私法研究的学者们已经在通过编纂方式试图实现跨国商法的成文化,但这些方法各有千秋,进展也各不相同。伯杰教授认为,必须寻找新的编纂方法,这种方法应当能够满足两个条件:

第一,开放性。法律制度的开放性,决定了需要开放式的编纂方法。

---

① 参见 Zamora, Stephen, Is there Customary International Economic Law?, 32 GYIL 1989, p. 9~22。转引自:Klaus Peter Berger, *The Creeping Codification of the New Lex Mercatoria*, 2nd Revised Edition, Kluwer Law International, 2010, p. 255.

商人习惯法本身就是一个处在不断变化发展的过程中的规则体系,而编纂即成文化就意味着将演变中的规则加以固化,因此,这就与商人习惯法的动态性不相协调。因此,即便是编纂也要考虑到商人习惯法发展的动态性,为商人习惯法的不断发展留下空间。而且,这种编纂的新方法还必须确保商人习惯法在日常法律实践当中的实用性。第二,也是最重要的,该编纂方法必须确保法律原则和规则的动态发展。商人习惯法编纂的不再是如中世纪时代的海事或贸易惯例那些初级阶段的规则,商法制度不断创新,国际法律惯例的接受范围不断变化,编纂新方法的适用对象还应包括国际仲裁庭的大量判例法和国际惯例。因为这种判例法和起草实践更加多样,其编辑的卷数超过了国际公法领域,因此,成功有效的编纂跨国商法的时机已经成熟。

二、崭新的概念:起草统一原则和规则的清单方式

长期以来,起草跨国法律原则和规则的清单就是新商人习惯法发展过程中的一个传统。这类的编纂清单的方式既存在于国际公法领域(基于国际法院规约第 38 条第一款),也存在于跨国商法领域。在私法领域,清单方式编纂的第一次重大努力是由乔治·里佩尔做出的。1933 年,他对私法的统一原则进行了全面整合,同时他也认为,这些原则也可以运用于国际公法领域。他提到了"国内私法统一的现代趋势",并强调新成立的罗马国际统一私法协会和《法国—意大利义务法》的起草就是这一新趋势的代表,它们已经产生了重大影响。[1] 里佩尔将这些发展视为在全球法律系统中存在统一规则和原则的重要标志。

---

[1] Ripert, Les Regles du Droit Civil Applicables Aux Rapports Internationaux, Rec. Cours 1933-Ⅱ, p. 585. 转引自 Klaus Peter Berger, *The Creeping Codification of the New Lex Mercatoria*, 2nd edition, Kluwer Law International, 2011, p. 262.

1956年,受里佩尔的强烈影响,约瑟夫·埃塞尔惊讶地发现"仅私法领域的全球各种机构的规定就够写一张极长的清单",他把这些研究成果运用到他自己对私法统一原则的整理归纳当中。但是这一时期的很多研究仅限于对统一的法律原则的整理,并没有深入跨国法律的具体层面,例如没有提及在跨国商法发展过程中扮演着重要角色的惯例、习惯、国际仲裁庭的判例法等,只反映了新商人习惯法的一个方面,即只是对于普遍适用的法律原则的认可。但毋庸置疑,这些研究还是为跨国商法"逐步编纂"这一现代理论的发展提供了宝贵的指引。

在国际商事仲裁领域,曾有过很多起草统一国际商事法规则和原则清单的尝试。如1993年,国际商会(ICC)的国际商事法律与实务研究所,与国际法联合会的国际商事仲裁委员会共同进行了一项关于"国际商事仲裁中的跨国规则"的研究。该项研究对一系列新商人习惯法原则进行了细致分析。新商人习惯法的开创者们,戈德曼、福查德和施米托夫也总会将跨国商法规则和原则的清单列入他们的理论思考。这些清单通过穆斯迪尔、保罗森、布莱森和其他国际商事仲裁领域的学者的研究得以完善。莫林尼克斯曾提交过一份清单,据说是"商人合同法"的一部分,是与新商人习惯法不同的法律领域。① 马格奈斯、法拉利以及其他几位学者也提出了衍生于《联合国国际货物销售合同公约》的基本原则清单。西班牙纳瓦拉大学的学者们则集体出版了整合1000条原则、规则的"全球法"的清单,正是这种完善和巩固过程使得新商人习惯法编纂的开放式清单理论显得对于国际法律实践如此重要。

1997年1月,开罗区域性国际商业仲裁中心(CRCICA)发表了包含26条法律原则的清单,随后仲裁中心的仲裁庭在案件仲裁过程当中适用了清单中的规定。CRCICA清单的结构与科隆大学跨国法中心所编纂的

---

① 参见 the application of 'international rules of construction contracts' in arbitral practice ICC Award No. 4650, YCA 1987, p.113.

TransLex Principles 很相似。清单既有"条约必须遵守"和"善意"这类基本概念,也包括了一些和基础问题联系密切的更加具体的规则,比如不可抗力(penal clauses)、航行代理(navigation agents of shipping lines)、延迟利益(interest for delay)、因果关系(the causality relation)、咨询工程师责任(responsibility of the consulting engineer)和"合同责任"等。此外,由于该清单是由知名国际仲裁机构运用清单理念来公布的一系列原则,从而摆脱了通过国内法律体系来公布的传统。值得注意的是,最近一段时间,CRCICA 并没有公布新的清单。但是,自 1985 年以来根据该清单所列规则和原则作出的裁决曾两度集结成册,依据该清单中的规则,仲裁庭可以更加明确、更加公开地得出结论,作出仲裁裁决。

最后,国际商会仲裁庭在 1996 年做出了一项仲裁裁决,适用了商人习惯法,罗列了 8 项原则和规则。仲裁庭认为,这 8 项原则和规则构成商人习惯法的一部分。这是第一个国际仲裁裁决,仲裁庭并不满足于像过去的那些法律问题解决方式一样,仅仅纠缠于新商人习惯法的定义或者重述某一项规则。相反,这一裁决列举了很多相关原则和规则,使得裁决对于纠纷各方以及要执行裁决的法庭而言都更具说服力。

清单编纂技术的潜力不仅体现在国际仲裁机构的采纳和使用上,在过去这些年里,清单编纂方式的适用范围也急剧扩大。虽然最初的清单只有五条、七条或者九条原则,但穆斯迪尔在 1987 年就一次公布了包括 20 条跨国商法规则和原则的清单。[①] 戈德曼认为清单当中所列的规则和原则将会为解决越来越多的法律问题提供有效的解决方法。当然,穆斯迪尔本人对于某些原则还是有所保留的。确切而言,清单来自于国际仲裁的裁决实践,这些法律原则包括了在国际仲裁判例法中发挥主导作用的那些法律领域。如国际公司法、冲突法、证据法规则、国际征收法、普遍仲裁法等等。

---

① 参见 Joseph F. Morrissey, Jcak M. Graves, *International Sales Law and Arbitration: Problems, Cases and Commentary*, Kluwer Law International, 2008, p.44.

同时,开放式的清单方式还表明,渐进式商人习惯法的编纂并没有充分反映在这些重述技术中,因为它的涵盖面有限。仅仅是国际合同法重述的发表并不能取代通过起草跨国商法规则和原则清单的方式所进行的商人习惯法渐进式编纂。

三、科隆大学跨国法中心的"逐步编纂"的开放清单方式

经过前述商人习惯法的编纂事业的发展,人们已经承认了通过清单编纂商人习惯法规则和原则这种方式。但为了解决一编纂即意味着将商人习惯法的发展窒息的"编纂困境"问题,仍然需要寻找一种能够摆脱这种困境的编纂方式。德国科隆大学跨国法中心在伯杰教授领导下创立的跨国商法"逐步编纂"的方法,就是旨在解决这一难题的编纂模式。①这项工作具有以下创新之处:

第一,跨国法中心将过去的静态清单方式发展为一种动态的开放的清单模式。也就是说,这份清单不是一编纂就静止了,它可以随着商人习惯法的发展可以不断地充实新规则。

第二,这种清单把所有已在国际仲裁和合同实践中得到公认并经比较研究获得的那些规则、原则再现为白纸黑字的法律。该清单统一了各种渊源,把跨国商法培育成一个单一的、开放式的跨国商事法律规则和原则的体系,其中包括:一般法律原则、编法机构(formulating agencies)公布的国际贸易法、国际仲裁庭的判例法、具有造法力的国际示范合同和通用贸易条件等。经过科学的比较法上的分析,抽象出共有的法律原则和规则。②

---

① 参见 Klaus Peter Berger, *International Economic Arbitration*, Kluwer Law and Taxation Publishers, 1993, p.543.

② 参见 Brower/Sharpe, Va. J. Int'l L. 2004, p.199~201。转引自:Klaus Peter Berger, *The Creeping Codification of the New Lex Mercatoria*, 2nd edition, Kluwer Law International, 2011, p.179.

在编纂清单的研究对象方面,既包括国际商事仲裁的案件记录,又有跨国商法方面的文章和书籍,尤其是对实务方面的法律问题的科学研究。因此,清单并非单纯的比较法学上的理论研究,而且着力于国际仲裁庭的判例研究,充当了一种"社会工程师"的功能,在商人习惯法的演变过程中起到关键作用。正是这种可能全面覆盖国际商人习惯法诸多来源的编纂资源,才可能为商人习惯法的规则和原则清单提供必要的合法性和权威性。

第三,该跨国法中心建立了自己的网站,建立了一个网上编纂平台,通过网站发布编纂信息和编纂成果,搜集编纂跨国商法所需要的比较法素材。这种方式被称为"通过网络编纂新商人习惯法"。[①] 网站内容包括四大板块:一是该中心所编纂的规则和原则。目前已经编纂到135条原则,而且每条原则还附有评论。二是跨国商法研究的参考文献。三是跨国商法编纂的研究素材。包括各国国内商事立法、国际公约、已编纂的跨国商法原则、法律重述、示范法、国际仲裁规则和调解规则、跨国商法的研究论文等等。内容林林总总,俨然是一个跨国商法研究的网上数据库。四是与跨国商法研究相关的网络资源链接。涉及国际贸易(商)法、国际私法、国际商事仲裁、国际组织、法律机构和协会、历史资料等。[②]

清单方式和罗马国际统一私法协会编纂国际商事合同通则之间的最大区别在于,前者更重视仲裁判例法。清单方式并不仅仅局限于跨国商事合同法,而是可以溯及国际仲裁领域的实践,形成国际仲裁判例法,例如国际公司法、冲突法、证据规则和统一仲裁法等。清单方式可以使人们对于"跨国法"的概念产生更深入的理解。[③] 而对罗马国际统一私法协会工作

---

① Berger, Klaus Peter-Codification of the New Lex Mercatoria through the Internet: The TransLex Principles at www.trans-lex.org, in: Weiler/Baetens (eds.) New Directions in International Economic Law, In Memoriam Thomas Wälde, 2011, S. 79-106.

② 该平台起初名为跨国法数据库(Transnational Law Database, Tldb),后发展为跨国法原则(TransLex Principles),其网站地址为 http://www.trans-lex.org。

③ 伯杰教授领导的跨国法中心所编纂的跨国商法规则的清单中就包含这些超越合同法的规则。参见 http://www.trans-lex.org/principles 网页,第十章以下。

组而言,国际仲裁法庭的裁决只发挥次要作用。即使这些仲裁裁决对商事合同法的现状提供了明确、详细和系统的描述。UNDROINT通则形成过程中的研究对象不是针对国际商业社会及其纠纷解决技术,而主要是比较法的成果。

而国际商事仲裁为跨国商法规则和原则的发展提供了肥沃的土壤。在仲裁过程中,仲裁员和双方的代理律师要陈述观点、答辩、提供背景信息,寻找适当的法律分析和解决纠纷。仲裁程序就扮演了商人习惯法逐步编纂情境下的双重角色。一方面,纠纷各方和仲裁员就是清单中所记录的规则和原则的主要接受者。另一方面,国际仲裁程序又为"发现"可列入清单的商人习惯法新规则和原则提供了一个平台。

这种清单的开放式特点可以实现原则和规则不断地更新和扩展,以顺应新商人习惯法作为"行动中的法律"这一特点的各种要求。因为,在实践过程中,仲裁员或者其他国际商事活动参与者会碰到在清单里没有相关规则或原则可以作为参照的情况。这时候,就要发挥新国际仲裁程序的"造法"功能,仲裁员在处理争议的过程中"创造"规则,将"创造"的规则加进清单中去,或者由比较法学家们通过比较各国商法得到共有的规则和原则,编纂到清单中去。因此,这种清单模式的首要目的不只是回顾过去以反映新商人习惯法的现状,同时也是为了高瞻远瞩给跨国商法的未来发展提供一种激励,促使其成为开放的法律体系。

当然,清单方式也存在问题。比如,如果一个国际仲裁案件的参与方分别依据不同的清单进行答辩,可能会导致"清单之战"。然而,鉴于新商人习惯法的特殊性,伯杰教授认为这种局面对跨国商法的进一步发展和改进而言毋宁说提供了一种机会而非危险。如果清单并不仅仅抽象地反映新商人习惯法的规则和原则,而是包涵全面的比较,那么即使不同清单的规则和原则存在文字上的差异,仲裁员和律师也有机会来分析其中相关的内容,并且得出结论。换句话说,这种"清单之战"恰恰体现了商人习惯法编纂的多元,而这种多元又为仲裁员或学者们从中比较,得到更为普遍的原则和规则提供了前提和基础。诚然,通过清单方式对新商人习惯法进行逐步编纂并不能完全排除跨国商法在应用过程中的不确定性。不过,这些不确定性是新商人习惯法作为"行动中的法律"的开放性所带来的必然结果,国际贸易和商业的不断发展也需要跨国商法具有这种灵活的适应性。

第三节　编纂方式的选择

一、编纂对于新商人习惯法确定性讨论的贡献

首先,清单方式不仅扮演了沟通理论与实践之间的桥梁,而且,对于跨国商法是否存在,是否构成一个法律体系的理论争论也构成一种最终的回应。作为跨国商法存在的支持者们来说,与其纠缠于旷日持久的争论不如拿出一系列统一的规则说话更有说服力。因此跨国商法的编纂就可以充当这种说服力的证据。尽管这些原则和规则是从跨国商法的不同渊源,诸如一般法律原则、国际公约、标准格式合同、国内法、一般的贸易条件、贸易惯例和习惯、国际仲裁案例法以及比较法研究中抽象出来的,但清单的内容能够提供比较实证的跨国商法存在的证据。清单中大量明确的规则也为新商人习惯法的适用提供了清晰合理的法律框架。如果只沉溺于理论说教,最终只会对新商人习惯法的确定性产生致命影响。

第二,开放式清单也为跨国商法的未来发展留足了空间。例如,开放式清单不只是确认既有的规则,同时也在一定程度上发展跨国商法,它是为应对传统编纂方式无法动态体现新商人习惯法的不断的演变进化而设计的。

第三，清单的更新并不需要像制定国际法、国内法那样遵循严格的立法程序，它通过仲裁、学术研究等方式得以实现逐步编纂的目标，首要的是面向复杂的跨国商业交易纠纷，提供及时有效的解决办法。它们的编纂避免了制定国际条约那样无休止的讨价还价、复杂的国内核准程序给跨国商法发展所带来的障碍。与此同时，实务界对于这些编纂成果的接受也将决定着未来国家间正式"国际"商法的发展。

二、法律重述方式优于示范法和国际公约模式

罗马国际统一私法协会工作组编纂 UNDROINT 通则为例。从起草程序开始，工作组就力图避免走传统"国际"商法统一的路径。罗马国际统一私法协会秘书处关于国际贸易法统一的报告引发了学者们对于国际商法统一的讨论，而这一讨论的最终结果是工作组尽量不选择国际公约或者示范法这样的编纂方式。而这是之前联合国国际贸易法委员会这样的国家间机制的立法方式。

不选择国际公约这样的立法形式，虽然会对跨国商法的效力产生不利影响。但这样做工作组就避免了在那些在复杂冗长的国际会议上浪费时间，公约的潜在缔约国的主权问题也不用考虑。这样从开始就避免了持续时间很长的修改程序。最后，重述这种方式可以淡化各成员国为维护主权提出的各种限制条款造成的"难以理解的混乱"。

工作组也没有选择示范法这种形式。示范法是在国际层面上协商旨在使全部或部分规则为相关国家采纳以补充国内法的法律文本。由此可见，示范法能否被采纳仅仅取决于起草它的机构是否有足够的权威和说服力。所以采用示范法的隐藏风险就是：为法律统一所作出的努力可能会因为很多国家拒绝采纳，或者虽然采纳但是立法者做出实质性修改而付诸东流。

放弃上述法律统一的传统方式，可以保证编纂过程的速度和效率，但是也要付出代价。比如，罗马国际统一私法协会在起草类似重述的国际合

同法一般原则和规则的集合时,就曾遭遇是编写可以直接运用于纠纷的实体规则还是编写统一的国际私法规则以指定适用何种实体规则,并曾经在这二者之间犹豫不定。统一编纂的初衷是通过起草国际公约或者示范法,将它们转化为国内法,然后来完成国际商法的统一,这种方法回应的是这样一种观点:国际商事纠纷中各自国内法的适用影响很大,而受一种自治的法律体系发展的影响较小。最终,罗马国际统一私法协会选择了面向为国际商业社会提供一系列具体明确的实体规则,回避了陷入国际私法指定适用国内法所可能带来的裁判结果的不统一。

跨国商法编纂所采取的非正式方式对于其编纂的规则的成功与否当然具有决定性的影响。反常的是,罗马国际统一私法协会通则和兰多原则这两个法律文本在国际社会产生了比较广泛的影响,甚至有人认为其影响比一个国际公约的作用还要大,因为一个国际公约在起草完毕只得到参与国家的暂时支持,还是没有约束力的,因为这些国家可能不会真正签署或核准。与此不同,上述两种跨国商法原则的编纂代表了无条件的承诺和国际著名学者的一致同意。

综上所述,事实表明,那些认为跨国商法原则和规则应当在一定程度上及时转化为国际公约才会有生命力的建议应受到极大的怀疑。不拘泥于形式的、非正式的跨国商法编纂应当提上议事日程。

三、对编纂方法演变的评价

从寻求规则的正式约束力的意义上说讲,非正式的编纂方式当然并不是最终的编纂方法。但在过去的几十年中,跨国商法一直陷入编纂困境。从1917年起草《法国—意大利义务法》开始,到后来的一系列编纂这些经历都可以发现,通过国内立法机构联合起来起草跨国合同法的想法并不现实。同时,跨国商法的传统编纂过程中,很多编纂尝试都将静态元素植入了这一法律体系,从而未体现跨国商法"行动中的法律"这一性质。欧洲合同法或者国际合同法重述的起草成为摆脱这一困境的良方。这种方法将跨国合同法变成了可能具有强制性（只要转换为国内法或者由当事人选择适用）的法律规则，同时也在一定程度上不失开放和灵活性。法律重述也为将跨国规则和原则用于解决跨国商事纠纷提供了一个可行的方案。

毋庸置疑，UNDROINT通则和兰多原则在新商人习惯法编纂的转型过程中都发挥过关键作用，它们让实践者们体会到了编纂跨国法律体系的重要性，即为了更好地处理跨国商事纠纷，必须增强法律的可预见性和确定性。同时，这些法律重述也为确定存在跨国商法规则和原则提供了一个理想的开端，对于支持跨国商法或新商人习惯法理论的存在也意义重大。尽管法律重述有以上优点，但有两个原因也使得它无法成为新商人习惯法的最终编纂方式：[1]

首先，起草者没有明确强调新商人习惯法的存在。在讨论新商人习惯法理论的可行性时，两原则的起草者对自治的跨国商法的存在并未采取明确的肯定态度，而支持还是反对新商人习惯法的存在可能会危及两个项目的成功与否。

起草者们所付出的代价是高昂的。一方面，对于实务者们来说，重述的法律性质并不确定，有些人甚至怀疑"不同的商人习惯可以统一成法律"这一理论，从而错误理解了两原则所具有的真正法律性。另一方面，重述无法作为跨国商法存在和其内容的有效证明，因为要成为新商人习惯法的一部分，其中每一项规则和原则还要通过国际商事实践和仲裁实践来证明。然而，这样一个耗时耗力的过程恰恰是很多法律重述本想避免的问题。

第二，两原则仅仅是部分跨国合同法的"瞬间记录"。新商人习惯法编纂的每次努力都是摆脱正式编纂那样的过程所带来的僵化和静态，但重述方式同样无法摆脱这种困境，就新商人习惯法的灵活性和变动性而言，它

---

[1] 参见 Klaus Peter Berger，*The Creeping Codification of the New Lex Mercatoria*，2nd edition，Kluwer Law International，2011，pp. 250~252.

们无法实现新商人习惯法所要求的正义。新跨国商人习惯法可能是动态的,在实践中可能会因为商业规则或者市场力量的变化而瞬间改变。这些不断改变的国际化统一原则和规则在很大程度上需要表达国际商务参与者的努力,广泛吸收他们的实践经验、解决方法、贸易组织规则等。

  编纂跨国商法的每一步都面临着这个基本困境:国际商事实践要求进行编纂,将普通的法律确信和观点转化为具有约束力的法律。因为这种编纂不但可以增强商事规则和原则的确定性和透明度,也可以保证仲裁或司法程序中的公正性,避免在商业行为中对单方利益过于保护。此外,一旦编纂成文固定下来,这些成文的规则即不能朝令夕改,从而也就无法顺应不断发展变化的国际商事实践。因此,为了给国际法律实践提供必要的工具,就需要对传统的编纂方式赋予新的定义。新商人习惯法的编纂不只是技术、文法上的意义,我们应该找到一些新的可以与新商人习惯法灵活的本质相适应的编纂方法。开放式编纂的方式恰恰能够弥补传统编纂方法所带来的缺陷。

  总之,承认新商人习惯法编纂本质上存在困境并不意味着没有克服的办法。我们应当寻找可以对新商人习惯法进行编纂的革命性方法,而不是直接接受国内法对于跨国商业行为主导型的控制。

  笔者认为,伯杰教授所创造的网上逐步编纂的方法,就是使传统编纂方式适应跨国法律体系特殊要求的编纂方法。这类方法满足了两个基本条件。首先,法律体系的开放性要求编纂方式也是开放的,在满足开放性法律体系的要求的同时,新的编纂方法还应当保证新商人习惯法理论在法律实践当中的可行性。第二,编纂方法应当保证法律原则和规则在事实上属于新商人习惯法,而不是停留在构成国际惯例或者贸易习惯的初级阶段。新商人习惯法制度性建设的观念应当包括国际法律实践对它的接纳,应当包括对判例法和已经进行的起草实践的过程研究,因为判例法和起草实践比国际公法更加多元化,更加广泛。总之,寻找到一种成功可行的跨国商法编纂方式的可能性,是不可小视的。

第八章

跨国商法的适用

 第一节　跨国商法适用的理论意义

一、跨国商法的适用对跨国商法理论者否定论是一个有力的回应

笔者在前文第三章关于学界对跨国商法的理论分歧中就谈及,很多学者否定跨国商法存在的根据之一就是认为,跨国商法只不过是支持这一法律体系的学者们的一种理论虚构。跨国商法由这些学者们演绎出来的,这个法律部门或法律体系在实践中并不存在,或者说即使存在,其适用范围十分有限。有限地法律适用何以证明存在这样一个独立的法律体系?如果一个法律部门或法律体系没有实践的支撑,那么其只能是一种纯粹的理论建构,其未来的生命力也必将不能长青。因此,研究跨国商法的适用问题将使跨国商法在国际司法和国际商事仲裁实践中的适用情况得以充分展现,从而有力地回应跨国商法否定论者的质疑,

二、跨国商法的适用有助于丰富跨国商法理论

跨国商法是一批当代西方比较法学家们根据经济全球化所带来的法律趋同化现象,在比较法研究的基础上所演绎出的一种新型国际商法理论。这种理论要具有足够的说服力就必须基于一定的实践存在。而这种司法实践的丰富程度也将影响着人们对于跨国商法信任和选择。跨国商法适用的丰富实践不仅说明了跨国商法的存在,而且这种实践也将为跨国商法理论的进一步发展提供坚实的实践土壤。因为法律适用的实践在检验法律理论和立法的可适用性的同时,也会对既有理论提出挑战,提出新的问题,要求理论进一步回应和反思自身。所以,跨国商法适用的研究是验证这一理论正确性的必要条件。

三、跨国商法的适用有助于跨国商法的传播

法律的生命在于适用。如果一部法律或者一条法律规则虽经由制法机关制定并颁布实施,但如果它在社会生活实践中被社会主体弃置不用,那么这个法律或规则就被事实上废止了。对于跨国商法而言,公认的编纂成文国际商事惯例,如《国际贸易术语解释通则》和《跟单信用证统一惯例》,其适用之普遍性自不待言,唯就一般法律原则或笼统所称之"国际贸易惯例"之适用,因其具体内容之不确定性,适用起来颇易引发争议。然后,就这方面的国际司法和仲裁实践加以考察,发现和整理相关国际案例,并将此类案例公之于众加以宣传,必将有助于推动跨国商法之传播,使这一法律体系在国际商事交易实践和国际司法实践中发扬光大。

 ## 第二节　跨国商法适用的方式

一、当事人选择适用商人习惯法

当事人选择适用商人习惯法是当事人意思自治原则的体现。目前，当事人意思自治原则已经成为确定国际民商事案件准据法的基本原则。当事人可以在合同中约定适用特定的国际条约，国际商事习惯或者某国的国内法，以及法律的适用顺序。对于不同版本并且各版本都有同等法律效力的法律文本，当事人还可以约定所适用的版本，如《国际贸易术语解释通则》先后修订过 5 次，新旧版本同时并存，新版本并不当然否定旧版本，商人们在国际商事关系中可以协议选择适用哪一版本。

当事人意思自治原则的确定及适用，为商人习惯法在国际商事领域，特别是国际商事合同领域中的适用打开了方便之门。因为当事人意思自治原则的确定突破了传统的选法规则，允许当事人选择非国内法规范来调整他们之间的法律关系，这就使商人们可以选择商人习惯法来调整他们之间的法律关系。当事人协议选择商人习惯法的方式可以是明示的，也可以是默示的，两种方式都得到国际商事公约的承认，如 1980 年《联合国国际货物销售合同公约》第 9 条第 1 款规定："双方当事人业已同意的任何惯例和他们之间确立的任何习惯做法，对双方当事人均有拘束力。"该条规定中，"同意"一词应理解为当事人通过协商一致，采用明示的方式选择适用的准据法。该条第 2 款规定："除非另有协议，双方当事人应视为已默示地同意对他们的合同或合同的订立适用双方当事人已知道或理应知道的惯

例。"该条是对当事人默示选择合同准据法的规定。

商事主体出于对自己从事的商行为法律风险的认识,以及对自己所从事的商行为法律成本的评估,往往选择商人习惯法来支配其合同关系,确定其权利义务。如在一常设仲裁院审理的许可协议纠纷中(当事人一方为一欧洲公司,另一方为一国际政府组织),在协议中,当事人明确约定将UNIDROIT《通则》作为协议应适用的准据法。最终,仲裁庭根据UNIDROIT《通则》第2.1.1条(变更的承诺),第2.1.2条(书面确认),第2.13条(合同的订立基于对特定事项或以特定形式达成的协议)和第2.1.6条(保密义务)作出裁决。

又如在ICC仲裁院第13012号裁决案中,合同当事人,法国公司和美国公司在合同中并未约定合同应适用的准据法,但纠纷发生后一方当事人主张适用法国法,而另一方当事人主张适用伊利诺伊州法,并且双方都同意作为一种替代机制,可以适用一般法律原则。仲裁员发现,在该合同纠纷中,合同的签订地、合同的履行地、当事人的居住地等连结点皆存在争议。既然合同当事人将法律一般原则作为国内法的一种替代选择,根据《国际商会仲裁规则》第17条,该案件不能适用国内法,而是应该适用"一般法律原则"或者说"商人习惯法"。仲裁庭认为,UNIDROIT《通则》兼容了不同法系通用的法律原则,并且国际商会仲裁中存在许多适用UNIDROIT《通则》的先例,所以UNIDROIT《通则》应该是最为适当的法律。同时,仲裁庭在裁决中也提到商人习惯法的两大基本原则,即"诚实信用原则"、"条约必守原则",以及与当事人协议有关的通用的国际商事惯例。本案中,商人习惯法虽然不是当事人的第一选择,但作为当事人所确定的替代方法,商人习惯法仍然得到适用。

国际商事实践中,也存在当事人默示选择商人习惯法的情形。如巴黎ICC仲裁院第8505号裁决案中,当事人对合同的准据法作出以下约定:"关于大米的价格适用《国际贸易术语解释通则1990》,关于不可抗力适用《跟单信用证统一惯例》(500)。"仲裁庭认为,当事人选择适用《国际贸易术语解释通则 1990》和《跟单信用证统一惯例》(500)就意味着当事人已默示同意其合同受到国际贸易一般法律原则和贸易惯例的调整。最终,就争端问题,仲裁庭既未适用《国际贸易术语解释通则 1990》,也未适用《跟单信用证统一惯例》(500),而是适用了 CISG 和 UNIDROIT《通则》。仲裁庭根据 CISG 第 76 条(关于损害赔偿)和 UNIDROIT《通则》第 7.4.6 条(依时价确定损害的证明)裁定,受损害一方当事人可对合同价格与合同价格终止时的时价之间的差额及其利息要求损害赔偿。通过该案例可以看出,商人习惯法由当事人的选择而适用,并且当事人若对合同部分内容选择适用商人习惯法时,仲裁员可以推定当事人已默示同意整个合同受商人习惯法的调整。

2、仲裁员决定或者建议适用商人习惯法

国际商事仲裁是运用商人习惯法的最好的试验场所,在国际商事仲裁机制下,除了允许当事人协议选择合同应适用的准据法外[①],也允许仲裁庭在当事人没有选择准据法的前提下,有权决定适用他认为适当的法律来处理当事人争议。

多数情况下,仲裁庭选择适用的是商人习惯法,因为商人习惯法更具"公正性"、"自治性"和"中立性",更能体现国际商事关系的特殊性质,因而得到仲裁庭更多的关注。[②] 如俄罗斯联邦工商商会国际仲裁庭第 100 号裁决案中,在一俄罗斯公司与匈牙利公司的房屋租赁合同纠纷中,针对申请人提出的退房申请,仲裁庭认为应根据 UNIDROIT《通则》作出裁决,理由如下:一方面,因为 UNIDROIT《通则》由独立的政府间的国际组织(即国际统一私法协会)编纂而成,并且在处理国际商事纠纷的过程中兼顾了不同法系的代表性;另一方面,在当今的国际商事实践中,UNIDROIT《通

---

① 此处的准据法应为实体准据法,程序准据法一般为仲裁地法。
② 赵秀文:《国际商事仲裁及其适用法律研究》,北京大学出版社 2002 年版,第 183 页。

则》通常被商事主体作为争端解决的背景。最终,仲裁庭根据 UNIDROIT《通则》1.3 条(合同的约束性)、1.7 条(诚实信用和公平交易)、7.3.1 条(终止合同的权利)和 7.3.2(终止通知)对该案作出裁决。

值得注意的是,即使当事人选择了某一特定国家的法律作为准据法,或者依据冲突规则应适用某一国内法为准据法时,仲裁员有时也可能根据案件需要决定适用商人习惯法来处理当事人之间的争议,如 ICC 国际仲裁院 2000 年第 10021 号案例中,仲裁庭以"仲裁庭应在任何情况下考虑贸易惯例"为由,拒绝当事人选择立陶宛法,而是适用了《国际商事合同通则》,并指出只在《国际商事合同通则》没有相关规定时,才适用《立陶宛民法典》作补充。又如巴黎 ICC 仲裁院第 5713 号裁决案,在本案货物买卖合同纠纷中,当事人就合同所适用的法律未作出约定,根据《国际商会调解与仲裁规则》第 13 条第 3 款:"当事人双方得自由确定仲裁员裁决争议所适用的法律。当事人双方未指明应适用的法律时,仲裁员应适用他认为合适的根据冲突法规则所确定的准据法",仲裁员认为本案合同应适用卖方所在国的法律。但是,根据《国际商会调解与仲裁规则》第 13 条第 5 款:"仲裁员在任何情况下都应考虑合同的规定和有关的贸易惯例",仲裁员认为,CISG 反映了国际商事实践中通行的贸易惯例,并且就本案应适用的"货物相符"的惯例作出详细规定,是最为适当的法律,尽管买卖双方所在国均非公约的缔约国。最终,仲裁庭根据公约第 38 条、第 39 条、第 40 条作出裁决。由此可见,仲裁员根据具体案例完全可以排除适用依据冲突规则所确定的国内法,而是适用更为适当的法律,这种情形下,商人习惯法完全可以因仲裁员的选择得到适用。

目前,商人习惯法还是一个不完善的体系,仲裁员在商人习惯法的发展过程中发挥着重要的作用。Mustill 认为:"仲裁员在裁决是除了阐述已有的商人习惯法外,他们更多的是创制新的商人习惯法。"①对此,Lando 也持同样观点:"……他们(国际商事合同的当事人)更愿意将合同争议诉诸商人习惯法。当这些普遍的规则不能查明时,仲裁员会适用或选择他认为最公平和适当的规则。这种部分适用法规,部分创制新规则的决定过程可称为商人习惯法的适用。"②

总之,商人习惯法能够从国际商事仲裁判例中吸取有用的养分,形成具体规则,从而在一定程度上使仲裁裁决成为商人习惯法的渊源。有学者认为:"只有仲裁员在仲裁时援引先前的仲裁裁决所确定的原则或规则来进行仲裁活动,才能促进商人习惯法的发展。"③仲裁裁决的适用能够促使商人习惯法体系化的发展,仲裁案例法使仲裁者和当事人更容易确定在国际贸易方面的商事规则。

二、商人习惯法具体表现形式的适用

自戈德曼的"自治商人法"理论提出以后,学界对商人习惯法的争论即未中断过。学者们在"商人习惯法是否存在"、"商人习惯法的内容"、"商人习惯法是否是一自治的法律体系"等一系列问题上都存在很大的争议。其中,争议最大的问题就是"商人习惯法是否有具体可行的内容",即商人习惯法具体规定可确定性问题。商人习惯法来源于商事实践,目的是为了适应商事活动的特殊需求,商人习惯法是否有具体可行的内容,直接关系到商人习惯法的可适用性。

---

① The Rt. Hon. Lord Justice Michael Mustill: The New Lex Mercatoria: the First Twenty—Five Years. In Liber Amicorum for The Rt. Hon. Lord Wilberforce 161.

② Ole Lando: The Lex Mercatoria in International Commercial Arbitration. *Int'l & Comp. L. Q.*, 1985,34:747.

③ Mustill, Lord Michael: The New "Lex Mercatoria": the First Twenty—Five Years. In: Bos and Brownlie eds., op. cit., 1987.149~183.

长期以来,强烈反对商人习惯法的学者们认为商人习惯法理论主要建立在理论假设之上,缺乏具体可行的内容。如 F. A. Mann 认为,商人习惯法"有时可能对填补漏洞有用,但是本质上,它们太基本、太显而易见,甚至太过陈腐,以至于不能对冲突的利益做出公正的权衡,尤其是对特定情形下具体含义的法律识别。"[1]国际商事仲裁是商人习惯法适用的主要领域,但是"商人习惯法过于模糊不清,并不能为仲裁员提供一个满意的指引"[2],仲裁员们不得不投入大量的时间和财力去探究商人习惯法的内容。"仲裁员们将面临任务艰巨的比较法研究……尽管仲裁员们在外国法和国际法问题上富有经验,但是面对众多并无先例而又无法预测的法律问题,很明显他们没有能力驾驭这样一个更为学术的问题。"[3]

我们认为,商人习惯法在内容和渊源上确实存在不确定性问题。在国际商事实践中,商人习惯法体系中适用比例最高是"公认的一般法律原则",而一般法律原则本身就极具有不确定性,其内容需要仲裁员(或法官)结合具体的案件去判断。"不确定性"同"灵活性"、"便捷性"一样是商人习惯法自身固有的特点,内容的不确定性也确实为商人习惯法在实践中的适用带来一定程度的不利影响,如法律的可预测性降低,依据商人习惯法作出的裁决(或判决)存在潜在的不公平等。但笔者同时反对带着国家法的有色眼镜审视商人习惯法,将商人习惯法内容不确定性问题无限放大,并据此否定商人习惯法在国际商事实践中的适用价值,这不仅有悖于国际商事实践的客观规律,而且也不利于商人习惯法理论的进一步发展。

---

[1] F. A. Mann: Reflections on a Commercial Law of Nations, 1957 *BRIT. Y. B. INT'L L* 20, 38.

[2] Hans van Houtte: *The Law of International Trade* 39, Published by Sweet & Maxwell (London), 1995.

[3] Otto Sandrock: How Much Freedom Should an International Arbitrator Enjoy?, 3 *Am. Rev. Int'l Arb.* 30, 50 (1992).

1. 国际商事惯例的适用

国际商事惯例是商人习惯法体系的重要内容。目前,世界上普遍适用的国际商事惯例大都采取成文化的形式,由一些民间组织根据长期形成的商业习惯制定,比较典型的如国际商会第522号出版物《托收统一规则》,国际商会第500号出版物《跟单信用证统一惯例》等。

国际商事惯例得以适用不可缺少的条件是必须是被特定的贸易领域中的当事人广泛知悉并惯常遵守的,这主要是排除纯粹的国内惯例或地方惯例在国际商事领域中的适用。如若一房地产代理商对一外国客户援引使用其所在国同行业的一个特定惯例。如果该惯例只具有地方性质,且只与国内因素占主导地位的贸易有关,那么该外国客户不受该特定惯例的约束。这有两点例外:在特定行业中被广泛知道和惯常接受的行业惯例,比如谷物、羊毛、棉花等特定产品交易,其质量、包装、运输标准、交货方式受特定交易惯例控制,其即使不被一般商人所了解,也属于CISG公约第9条第(2)款中的规范化国际惯例[①];关于商品交易或者贸易展销会的或港口的惯例,只要它们通常也被外国人遵守,则该惯例适用于与外国人的交易。[②]

一般而言,国际惯例不带有强行性,但当事人自愿选择后对各方具有拘束力。国际商事实践中,比较常用的国际惯例主要是《跟单信用证统一惯例》(UCP500)、《国际贸易术语解释通则》(INCOTERMS)。必须注意,INCOTERMS只涉及销售合同中买卖双方的关系,主要是为当事人设定若干特定义务,如卖方的交货义务,以及当事人之间的风险划分,不涉及违约的后果等,因此INCOTERMS常常需要与其他法律文件共同适用。如上文提到的巴黎ICC仲裁院第8505号裁决案中,仲裁庭认为,当事人选择

---

① 杨良宜:《租约》,大连海事大学出版社1994年版,第235页。
② 商务部条约法律司编译:《国际统一私法协会国际商事合同通则》(1994年版,中英文对照),法律出版社2003年版,第12页。

适用《国际贸易术语解释通则1990》和《跟单信用证统一惯例》(500)就意味着当事人已默示同意其合同受到国际贸易一般法律原则和贸易惯例的调整。最终,就争端问题,仲裁庭根据 CISG 第 76 条(关于损害赔偿)和 UNIDROIT《通则》第 7.4.6 条(依时价确定损害的证明)裁定,受损害一方当事人可对合同价格与合同价格终止时的时价之间的差额及其利息要求损害赔偿。

在一些国家,国际商事惯例的适用并不乐观,仅具有补缺功能。在中国经济与贸易仲裁委员会受理的中国当事人和韩国当事人买卖合同纠纷中,申请人根据 UNIDROIT《通则》第 7.4.2 条主张完全赔偿。因当事人并未就合同的准据法作出约定,仲裁庭依据最密切联系原则适用中国法。仲裁庭认为,UNIDROIT《通则》作为一种国际惯例(注:在一些案件中,UNIDROIT《通则》被作为"相关贸易惯例"被仲裁员考虑,如 ICC 仲裁院第 12446 号裁决),只有在国内法没有相关规定时才能适用。

2. 一般法律原则的适用

一般法律原则在商人习惯法体系中占有重要的地位,有学者对在国际商事仲裁中发展出的核心原则进行归纳,其中主要包括:(1)诚实信用;(2)减轻损害的义务;(3)情势变更和不可抗力规则等等。

商人习惯法领域中的一般法律原则必须按照国际贸易的特殊情况去解释,不能按照不同国家法体系中通常采用的标准解释,即对于那些国内标准,只有在被各个不同法律体系普遍接受时才能认定为商人习惯法领域中的一般法律原则。如若一高技术设备销售合同规定,如买方发现或者应该发现设备的瑕疵的,买方应及时通知卖方并说明瑕疵的性质,否则买方将丧失基于设备瑕疵产生的权利。如果买方操作使用该设备的所在国,这种设备很普遍,买方发现该设备有瑕疵,但给卖方的通知中,针对该瑕疵买方却提供了一份使卖方误解的通知,此时买方会丧失基于该瑕疵产生的权利,因为买方违背了商人习惯法领域一项重要的原则,即"诚实信用与公平交易原则",他本可以通过更谨慎的检测向卖方提供一份详细的说明。但如果买方操作使用该设备的所在国,这种设备很稀少,则在上述情况下,买方并不会丧失基于该瑕疵产生的权利,因为买方缺乏相关的技术知识,卖方不能理所当然地指望买方能够恰当地说明瑕疵的性质。由此可见,商人习惯法领域一般法律原则的判断标准在不同的案件会有所不同,或严或松,这需要仲裁员根据具体的案件结合企业所处的不同经济环境进行自有裁量。

国际商事仲裁有不少案例是根据一般法律原则作出裁定。如俄罗斯联邦工商商会国际仲裁庭第 18/2007 号裁决案中,申请人(俄罗斯公司)与被申请人(摩尔多瓦公司)签订一天然气供给合同。根据合同约定,天然气一部分交给被申请人自己,另一部分交给第三方(案中称为"接收人")。尽管接收人不是合同当事人,合同中约定接收人直接将价款支付给申请人。后来,接收人并未按照合同约定向申请人支付天然气价款。申请人向被申请人索要接收人所欠价款,遭到被申请人拒绝后,提起仲裁。仲裁员驳回了申请人的申请,理由是:首先,尽管被申请人已多次告知申请人,接收人并未正式承诺向申请人支付天然气价款,但是申请人依然向接收人交付天然气,可以视为申请人自愿承担接收人拒付天然气价款的风险;其次,也是最为重要的理由,仲裁前,申请人在与被申请人就该问题进行协商的过程中,并未通知接收人到场。仲裁员认为,申请人的行为违反了国际贸易的基本原则,即诚实信用原则,和 UNIDROIT《通则》第 5.1.2 条规定的默示义务。又如国际商会仲裁院在其第 13012 号裁决书中,仲裁庭在裁决中也提到商人习惯法的两大基本原则,即"诚实信用原则"、"条约必守原则"。

又如国际体育仲裁院(CAS)2004 年受理的威尔士足协诉欧足联案中,当事人双方对争议的性质产生纠纷。欧足联对国际体育仲裁院的管辖权提出异议,认为根据《欧足联章程》第 61 条和第 62 条,国际体育仲裁院仅仅对欧足联和其成员之间的与"(财产性质的)民事法律争议"有关的问题享有管辖权。欧足联认为尽管该争议具有经济方面的作用,但其主要涉及的还是体育后果,因此应当被认定为是一个体育性质的决定。而威尔士足协则认为取消比赛的处罚有严重的经济利害关系。仲裁庭认为,广为人知的"不利解释"原则是体育习惯法的一个基本原则,根据该原则,对一个意义不清楚的条款的解释,应当作不利于文件起草者或者提出者的理解。因此,针对《欧足联章程》第 62 条,如果当事人双方在具体争议中对是体育性质还是财产性质占主要地位不明确,通常应把其作为一种财产性质的争议。

随着商人习惯法的不断完善,商人习惯法在国际商事实践中得到广泛的认可。对于一些认可度比较高的商人习惯法形式如 UNIDROIT《通则》,仲裁员不会仅仅根据当事人"不熟悉"其内容排除商人习惯法的适用。如在国际商会受理的一高科技服务合同(当事人一方来自中东 A 国家,一方来自中东 B 国家)纠纷中,当事人就合同准据法的约定并不明确。仲裁员建议适用 UNIDROIT《通则》,而被申请人反对适用 UNIDROIT《通则》,理由是当事人双方对商人习惯法了解甚少,所以 UNIDROIT《通则》应慎用。仲裁员并未采纳被申请人的主张,认为根据《国际商会仲裁规则》第 17 条,该合同应该适用 UNIDROIT《通则》。仲裁庭认为,UNIDROIT《通则》作为现代合同法重述,由国际统一私法协会编纂,具有很大程度的权威性,并且已有数百种关于 UNIDROIT《通则》的出版物,150 多个适用 UNIDROIT《通则》的仲裁裁决和法院判决公布出来,并且 UNIDROIT《通则》已得到国际贸易法委员会的认可。在该案中,UNIDROIT《通则》的适用具有了类似国内法的强制性,并不仅仅因当事人主张对其不熟悉,而不予适用。对于商人习惯法是否得到国际社会的普遍认可,在具体案件中是否应适用商人习惯法,仲裁员有自己的界定标准。(ICC 仲裁院第 15089 号裁决)

商人习惯法理论的发展引起了国际社会的广泛关注,一些国际民间组织和个人对商人习惯法在世界范围或者特定区域内的适用情形展开调查。这对从宏观上把握商人习惯法的适用情形具有重要的意义。

第三节 商人习惯法适用情形的调查及启示

到目前为止,国际层面上比较权威性的调查只有两次:一次是,1997年,国际统一私法协会(简称 UNIDROIT)对《UNIDROIT 国际商事合同通则》(简称《通则》)适用情形的调查(简称 UNIDROIT 调查);另外一次是,1998—2000年,跨国法中心(Centre for Transnational Law,简称 CENTRAL)对商人习惯法在国际合同和仲裁领域中的适用情形的调查(简称 CENTRAL 调查)。

一、UNIDROIT 调查

《通则》自1994年颁布以来,一直受到国际学术界和学术界人士的青睐,可以说是商人习惯法中比较成功的范例。《通则》的成功除了其采取"示范法"这一灵活的形式以外,还存在许多其他的原因。1997年,UNIDROIT 对《通则》自颁布后头两年的适用情形做了调查,调查数据也印证了这点。

UNIDROIT 对《通则》的调查可以说是一次比较全面的调查。UNIDROIT 将制定详细的调查问卷分发给了1000个对《通则》感兴趣的人,其中有208份(已经超过了已分发问卷的20%)问卷得到了答复。调查结果来自于世界主要区域的39个国家,其中既有一些较大的国家,如美国、日本、俄罗斯等,也有一些比较小的国家,如乌拉圭、阿拉伯联邦酋长国、爱沙尼亚等。对问卷进行的答复的被调查者,有一半以上的执业律师和公司的法律顾问,其余的则是大学教授,他们中的许多人同时也是仲裁员。

调查结果显示，《通则》在学术界、立法界、司法界以及国际商事实践活动中都备受青睐。在学术界，许多学者都将《通则》作为研究的对象，许多相关著作在学术界也引起了很大的反响，一些大学纷纷将《通则》包括在法学院的教学课程里面。在立法界，《通则》主要是作为国内立法以及国际立法的示范法，如《荷兰新民法典》、《俄罗斯民法典》等。208份问卷中，约有1/2的被调查者提到在合同领域中适用《通则》，其中将近2/3的人提到在合同谈判阶段会用到《通则》，主要用于克服语言的障碍，作为合同条款的示范法等等；将近1/3的被调查者提到在合同起草阶段适用《通则》，其中，50％的被调查者提到明示将《通则》作为合同的准据法，另外的50％虽未明示将《通则》适用于合同，但提到"一般法律原则"、"商人习惯法"等，从而使《通则》得以适用。另外，有约1/5的被调查者提到在司法程序中适用《通则》（其中，86.4％存在于仲裁领域，13.6％存在于诉讼领域）①并且随着信息技术的发展，《通则》的适用已经开始适用于网络空间。②

二、CENTRAL 调查

与 UNIDROIT 调查不同，CENTRAL 是对整体意义上的商人习惯法做相对比较全面的调查，试图为商人习惯法在国际合同领域和国际商事仲裁领域中的适用提供比较可靠的数据支持。UNIDROIT 调查把调查对象局限在《通则》上，所反应的仅仅是《通则》在国际层面上的接受，虽然《通则》是商人习惯法的典型代表，其在实践中的适用情形对商人习惯法理论

---

① Michael Joachim Bonell: The UNIDROIT Principles in Practice: The Ecperience of the First Two Years, 2 *Unif. L. Rev.* n. s. 34 (1997).

② Michael Joachim Bonell: UNIDROIT Principles 2004—The New Edition of The Principles of International Commercial Contracts adopted by the International Institute for the Unification of Private Law, 9 *Unif. L. Rev.* n. s. 5 (2004).

的发展具有重要的启示作用,但是毕竟《通则》并非整体意义上的商人习惯法[①],不能全面反映商人习惯法在实践中的适用情形。而 CENTRAL 调查无论是从调查区域和被调查者身份选择上,还是从调查方式及程序上,都比之前的调查更全面,更正式,因此调查结果也具有更强的科学性和权威性。

下文以 CENTRAL 的调查结果为依据,以期对商人习惯法在实践中的适用情形进行有益分析,当然,CENTRAL 的调查数据并不能作为商人习惯法在实践中适用情形的代表。

1. 调查简介

调查于 1999 年 1 月开始,由 Klaus Peter Berger 教授和他的 CENTRAL 小组实施,调查问卷共分为五个部分:前三部分分别询问了被调查者在合同谈判阶段、合同起草阶段以及争端解决阶段适用商人习惯法的实践经验;第四部分要求被调查者对商人习惯法作一个总体评价;第五部分询问了被调查者一些补充信息。

CENTRAL 调查无论从调查对象,还是调查区域上皆具有全球性。CENTRAL 将 2733 份问卷分发给对国际商事领域的法律问题有着丰富经验的调查对象,包括大型企业的法务人员,知名律所的律师,国际仲裁员和国际商法领域的专家教授。问卷寄送的地址分布在 78 个不同的国家,既包括美国、德国、瑞士等发达国家,也包括中国、卡塔尔、叙利亚等发展中国家,但是在国际商事领域具有重要影响的国家通常比其他国家的地址要多一些。CENTRAL 共收回 808 份问卷,回馈率已达到 29.6%,在全球范围来说,这是一次相当成功的调查。

---

① 《通则》与商人习惯法的关系上,通说认为《通则》构成了现代商人习惯法的一部分。Klaus Peter Berger :The Lex Mercatoria Doctrine and the UNIDROIT Principles of International Commercial Contracts. Law and Policy in International Business,Summer,1997. 又见左海聪:《试析〈国际统一私法协会国际商事合同通则〉的性质和功能》,载《现代法学》2005 年第 27 卷第 5 期。

2. 调查内容

CENTRAL 调查的前提是"承认商人习惯法是一'自治性'的跨国法律体系,并且在合同领域和仲裁领域发挥重要的作用"。CENTRAL 对三个领域,即合同谈判,合同起草以及仲裁领域中商人习惯法的适用情形进行了调查。下文将根据分析的需要,在 CENTRAL 调查结果中节选与探讨本文主题相关的数据。①

问题一:商人习惯法具体规定可确定性

解决商人习惯法具体规定可确定性问题是此次 CENTRAL 调查的目的之一。调查结果显示,在合同领域,约有 1/3 的被调查者表示他们知道适用商人习惯法,仲裁领域约有 42% 的被调查者表示知道适用商人习惯法,通过以上数字,可以看出在国际商事仲裁领域,有意识去适用商人习惯法的人数比例更高一些,这与商事仲裁程序自身所具有的灵活性有关。国际商事活动追求"便捷"、"效率",国际商事仲裁能够满足商事活动的特殊需要,因此国际商事仲裁领域成为商人习惯法适用的主要领域之一。调查中,表示其在合同起草阶段就接触商人习惯法的被调查者中,有 85% 的人表示,他们缔结的合同中包含仲裁条款。

商人习惯法具体内容的调查对解决商人习惯法具体规定可确定性问题具有重要意义。CENTRAL 调查确实注意到这点,根据调查结果,在表示知道适用商人习惯法的被调查者中,人们对商人习惯法内容的选择具有一致性,"一般法律原则"是最常被引用的术语,其中合同谈判领域约占 23.32%,合同起草领域约占 21.28%,仲裁领域约占 28.64%;其次是"商人习惯法"和《通则》,提到"商人习惯法"的被调查者,合同谈判领域约占

---

① 更多数据参见 Klaus Peter Berger,Holger Dubberstein,Sascha Lehmann,Viktoria Petzold:The CENTRAL Enquiry on the Use of Transnational Law in International Contract Law and Arbitration—Background,Procedure and Selected Results,来源于 http://www.Trans-Lex.org-Please cite as www.trans-lex.org/000003,最后访问时间 2010 年 11 月 18 日。

13.45%,合同起草领域约占 12.21%,仲裁领域约占 18.31%,提到《通则》的被调查者中,合同谈判领域约占 11.27%,合同起草领域约占 8.29%,仲裁领域约占 10.49%。

一般法律原则是商人习惯法的重要组成部分,这点在学术界基本可以达成共识。"不可抗力"、"艰难情势"、"约定必守"等基本原则是人们在长期的实践过程中形成的,不仅在国内法领域得到广泛应用,同时在国际商事活动中也得到大量的应用,因为它们反映了"公平"、"正义"、"效率"等永恒的价值目标。另外,一般法律原则一般也不违反国际公共秩序和国内公共秩序,因此更易得到承认与执行。当然,当事人对一般法律原则的选择增加了仲裁员的自由裁量权,因此对仲裁员自身的素质提出了更高的要求。

值得注意的是,自《通则》颁布以来,越来越多的商事主体会考虑适用《通则》。UNIDROIT 调查结果也显示《通则》在商事实践中获得很大的成功。④事实上,《通则》在国际商事实践中的适用远远高于上文中的调查数据,因为《通则》在其前言中明确规定:"如果当事人同意其合同受'法律的一般原则'、'商事规则'或类似的措辞所指定的规则管辖时,亦可适用通则"。① 问及适用通则的理由时,许多被调查者声称,《通则》采用成文化的形式,相对于其他商人习惯法而言具有确定性。

必须指出,商人习惯法在内容体系上有着自己的特点。商人习惯法是经验的产物,而非逻辑的产物,因此商人习惯法不可能像民法、刑法等部门法有着体系明确、结构严谨的内容体系。并且由于经济发展的不平衡性,不同领域中商人习惯法的发展程度也不尽相同,经济比较发达的领域,商人习惯法理论也更为成熟,已经出现了成文化的商人习惯法;如国际合同领域中的《国际商事合同通则》,信用证领域中的《跟单信用证统一规则》以

---

① 商务部条约法律司编译:《国际统一私法协会国际商事合同通则》(1994 年版,中英文对照),法律出版社 2003 年版,第 1 页。

及国际民航领域中的《开普敦公约》等。另外，前文中也提到，商人习惯法体系从开始至今一直呈现一种开放的、不断发展的状态，随着商事实践的发展，新的商人习惯法不断产生，一些陈旧的商人习惯法因不适应商事实践的要求而不断消亡。商人习惯法的这一特性对仲裁员的素质提出了更高的要求。

遗憾的是，CENTRAL对商人习惯法内容的调查并未深入到合同、海事、民航等更为具体的领域中，对于具体领域中商人习惯法的内容我们无从得知。

问题二：商人习惯法在实践中的功能

理论界多圈囿于论证商人习惯法的自治性、法律性，有些学者乐观地认为，在国际商事领域，商人习惯法应取代国内法作为准据法。这种乐观、超前的象牙塔式理论构建不仅遭受到学术界许多学者的强烈批判，而且对商人习惯法自身的发展也是无益的。

CENTRAL调查显示，在国内法与商人习惯法的关系上，在表示知道商人习惯法适用的被调查者中，更多的被调查者倾向于将商人习惯法作为补充和解释国内法的工具，而并非许多学者认为的将商人习惯法作为取代国内法的准据法使用。其中，合同起草领域，有54.46%的被调查者表示"将商人习惯法与国内法一起使用"；合同谈判领域，46.60%的被调查者使用商人习惯法来"补充国内法"，28.16%的被调查者使用商人习惯法"解释国内法"；仲裁领域，相应的调查数据则分别为54.51%和33.83%。

除了用于"补充和解释国内法"外，调查显示，商人习惯法还用于"补充和解释国际统一法文件"。如《通则》在序言中明确表示："……通则可用于解释和补充国际统一法文件"。[①] 商人习惯法的这一功能有效防止了国际

---

① UNIDROIT调查中，有59%的被调查者声称，他们将《通则》作为合同谈判的指南，有13.1%的被调查者声称将《通则》作为裁决的依据。更多具体数据可参见，Michael Joachim Bonell: The UNIDROIT Priciples in Practice: The Experience of the First Two Years, 2 *Unif. L. Rev.* n.s. (1997).

统一法文件在适用过程中的"去国际化"问题,在理论界和实务界中并不存在争论。另外,实践中商人习惯法还有一个重要功能,即克服当事人之间的语言及法律障碍。国际商事实践中,不同地区、不同法域的人们从事着交易,交易过程中必然涉及不同法律观念的冲突,笔者认为商人习惯法本身就是一种"行为语言",其背后存在共同的基本原则以及价值追求,特别是存在于商人习惯法体系中的一般法律原则在这方面体现得最为明显。一般法律原则"得到统一适用,并且独立于任何国内法律体系。它们考虑到国际关系的特殊需要,能够使在概念上存在巨大区别的法律体系与公平、务实的个案争端解决方法之间实现富有成效的沟通"。①

问题三:影响商人习惯法适用的一个不容忽视的因素——商人习惯法信息与实践的缺乏。

在反对商人习惯法的被调查者中,大多数被调查者述及的理由是对商人习惯法信息及实践经验的缺乏。调查显示,在提及的各种反对理由中,合同起草领域,有26.45%的被调查者提到"缺乏实践经验",20.03%的被调查者提到"缺乏相应的信息";合同谈判领域,有7.51%的被调查者提到"模糊性",9.08%的被调查者提到"缺乏确定性和可预见性",而却有25.35%的被调查者提到"缺乏实践经验",19.41%的被调查者提到"缺乏相应的信息";相对应于合同谈判领域,仲裁领域中相应的调查数据分别为2.66%,3.91%,28.79%,15.65%。

通过以上调查数据,可以看到商人习惯法在实践中存在的主要问题是人们相应的实践经验和信息的缺乏,并且人数比例已远远超过提到商人习惯法内容具有"模糊性,缺乏确定性和可预见性"的被调查者。在调查过程中,经常有人抱怨"法律顾问和当事人根本就不知道商人习惯法"、"找不到商人习惯法的相关资料"等等。这一调查结果对支持商人习惯法的学者及实务者来说无疑具有重大的意义,如何扩大对商人习惯法的宣传成为促进

---

① ICC Award No. 8385,Clunet 1995,at 1061,1066.

商人习惯法可适用性的一个重要方面。

综上,通过CENTRAL的调查结果,我们可以看出商人习惯法在实践中已经得到有效的适用,并且,随着国际商事交易的继续进行,其发挥的作用也会越来越大。但是,商人习惯法理论在实践中仍然存在很多问题,如人们对商人习惯法实践经验和信息的缺乏,商人习惯法具体内容缺乏明确性等等,并且,商人习惯法研究还存在理论与实践相脱节现象。因此,对商人习惯法的研究仍需继续进行。

 第四节　促进跨国商法适用的建议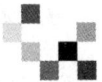

总体而言,CENTRAL调查是一次比较成功的调查,比较客观地反映了商人习惯法在实践中的适用情形。但是,CENTRAL仍是在一般意义上对商人习惯法进行调查,并未深入到国际商事活动的具体领域,"调查并未反映出商人习惯法的精确轮廓,以及实践中商人习惯法的发展轨迹"[①],因此不利于对商人习惯法进行更具体、更深入的研究。

为解决上文中提到的问题,提高商人习惯法的可适用性,笔者为商人习惯法理论的研究提出以下建议:

---

① Luke Nottage: Practical and Theoretical Implications of The Lex Mercatoria for JAPAN: CENTRAL'S Empirical Study on the Use of Transnational Law, 4 VJ 132 *Vindobona Journal of International Commerical Law & Arbitration*, 2000.

一、促进商人习惯法的法典化、统一化,改善商人习惯法的不确定性问题

20世纪80年代以来,商人习惯法领域,将成熟的不成文惯例"统一化"、"法典化",是商人习惯法一个重要的发展趋势。改善商人习惯法的不确定性问题,最主要的就是确定商人习惯法规则的内容和范围,使其规则确定、明晰,并且可供查明。成文化的商人习惯法"为法律冲突的解决提供了'一定程度的可预测性',从而确保在国际争端解决过程中实现更高的法律确定性。"[①]商人习惯法"法典化"过程中的立法主体呈现多元化,除商人们自己外,还包括商事团体、国际组织甚至是国家。

如何在保持商人习惯法"自治性"、"灵活性"的同时,改善其"不确定性",是国际商业社会的共同目标,也是国际社会所面临的一大难题。在学者、商人及商事团体,以及国际组织和国家的共同努力下,商人习惯法的法典化运动取得了令人瞩目的成果。被称为商人习惯法新渊源的《国际商事合同通则》和《欧洲合同法原则》,因内容全面、确定得到仲裁庭和国内法院的普遍性认可。成文化的商人习惯法形式使商人习惯法规则的内容得到充实和完善,在一定程度上弥补了其"模糊"、"不确定"、"不完整",缺乏"可预测性"的缺陷。《国际商事合同通则》最重要的意义在于"形成文字和具体的文件,从而带到法庭,援引其中具体的条款,人们可以轻而易举地找出和对照已知的条款,并应用于案件审理中。这是《国际商事合同通则》在使商人习惯法变得确定和有据可查的一个极其重大的贡献"。[②]《欧洲合同

---

① Klaus Peter Berger: *The Creeping Codification of the New Lex Mercatoria*, 2nd edition, Published by Kluwer Law International, 2010, p.270.
② Abul F. M. Maniruzzaman: The Lex Mercatoria and International Contracts: A Challenge for International Commercial Arbitration?, *Am. U. Int"l L. Rev.*, 1999, 14: p.657.

法原则》也是一套定义明确的法律规则,在仲裁活动中适用《欧洲合同法原则》"能够极大地减少法律规则的不确定性和不可预测性"。①

目前,商人习惯法的法典化主要包括两种形式,即商人习惯法的编纂和商人习惯法的创制。商人习惯法的编纂主要是国际商会、国际法协会、国际贸易法委员会等一些非政府间的国际组织对现存的商人习惯法规则进行整理,剔除那些过时的规则,把现存的比较成熟的习惯性的原则、规则和规章制度编成系统化的法典的活动。商人习惯法的创制是指由国际组织、国际商事团体等制法组织有计划、有目的地制定示范法性质的规则的活动。以上两种形式中,对既存商人习惯法规则的编纂是商人习惯法法典化进程中的主要方式,有代表性的法律文件如《国际贸易术语解释通则》、《跟单信用证统一惯例(500)》、《华沙—牛津规则》等。经创制形成的成文化的商人习惯法文件比较少,比较有代表性的有《国际商事合同通则》、《电子商务示范法》等。值得注意的是,《国际商事合同通则》、《电子商务示范法》等示范法文件在国际商事实践中都得到广泛的认同与执行,是比较成功的范例。这说明,在商人习惯法领域,特别是一些不成功的领域,采用示范法这种灵活的方式促进商人习惯法的法典化、统一化不失是一种有益的尝试。

CENTRAL 调查显示,自《通则》颁布以来,越来越多的商事主体会考虑适用《通则》,许多被调查者声称,《通则》采用成文化的形式,相对于其他商人习惯法而言具有确定性。商人习惯法内容不确定性问题一度成为理论界的争论焦点问题,也成为商人习惯法在实践中得以成功适用的重大阻碍。实践表明,对商人习惯法进行成文化的编纂是克服这一问题的有益方式。

---

① Michael J. Bonnell: An International Restatement of Contract Law: The UNIDROIT Principles of International Commercial Contracts (2nd edition), 1997, p. 211.

与一般国际性法律文件的编纂相同,商人习惯法编纂应该综合考虑世界主要法系的基本内容,以提高在世界范围内的可适用性。在这一点上,《通则》的起草过程可以为商人习惯法的编纂提供有益的启示,"……起草《通则》的过程中,尽量使用了最中性的法律语言。例如,《通则》采用了国际贸易惯例中的'不可抗力'(force majeure)和'艰难情形'(hardships),而回避了大陆法系中的'情势变迁'(change in circumstances)和英美法中的'合同落空'(frustration of contract)"[①]

由于国际商事活动的特殊需要,商人习惯法编纂面临的最大挑战在于如何协调成文法典的"稳定性"与"可适应性"之间的矛盾。《通则》通过对一般法律原则进行详尽的规定,在一定程度上解决了这个问题。法律原则"集中体现着某一时代或者某一部法律的内在精神价值",具有"稳定性","这一属性使得它对人们未来的行为具有可预测性"。[②] 商人习惯法体系中,一般法律原则作为对具体规则的抽象和概括,"不仅具有确定行为规则的作用,而且具有衡平利益冲突、为解释法律和合同提供准则及补充法律漏洞的作用"。[③]

为了提高商人习惯法编纂的可适应性,在编纂的方式上,Berger 提出"逐步法典化"理论,并得到学界的广泛关注。一位著名的国际仲裁员说:"Berger 提出的'逐步法典化'理论对于跨国法领域来说,无疑具有重大的贡献……贡献并不在于所编纂的清单本身,而是在于其采取的编纂方法,即逐步法典化的编纂方法,这确保了清单的开放性和发展性。"所谓商人习惯法的逐步法典化,是"将散布于跨国商事领域中的各种法律形式,如公认的一般法律原则,有立法权的制定机构制定的成文化的国际贸易法,国际

---

① 姜作利:《国际商事合同通则法理思想研究——以国际商事合同统一化为背景》,中国博士论文全文数据库,2007,(09)。
② 谢晖、陈金钊:《法理学》,高等教育出版社 2005 年版,第 70 页。
③ 姜作利:《国际商事合同通则法理思想研究——以国际商事合同统一化为背景》,中国博士论文全文数据库,2007,(09)。

商事仲裁领域中的判例法等等,编纂成一个单一的、开放式的规则和原则的统一体"。① 成文化的商人习惯法,"形象地展示了商人习惯法的具体内容,为商人习惯法的理论探讨注入了活力,也证实了一个自治的跨国商事法律体系的存在"。②

TransLex 数据库的建立是"逐步法典化"理论在实践中的体现。为了提高商人习惯法在全球的可接受性,2008 年早期,CENTRAL 建立了一个完全在线的法典化平台,即 TransLex（www.trans-lex.org）。TransLex 由四部分内容组成③：跨国法原则（TransLex Principles）,数据库中收录了将近 130 个一般法律原则；跨国法著作（TransLex Bibliography）,广泛收集了有关商人习惯法的论文、著作等；跨国法资料（TransLex Materials）,包括国际公约,示范法,法律重述,国内法规等等；跨国法链接（TransLex Links）,选择性的收录一些与商人习惯法的研究有关的链接,主要涉及国际民商事领域的一些法规,仲裁规则以及一些主要国家的法律等等。TransLex 系统性地向人们提供商人习惯法的主要内容,有利于商人习惯法在实践中的适用,并且 CENTRAL 对 TransLex 的内容进行持续性更新,提高了商人习惯法在编纂过程中的"透明度"④,有利于学者对商人习惯法的跟踪研究,同时也适应了不断变化的商事实践,是信息网络环境下,商人习惯法编纂方式的新尝试。

总之,开放式的编纂方法,既确保商人习惯法有一定程度的确定性,同时也不丧失其固有的灵活性,是对商人习惯法法典化进程的有益探索。

---

① Klaus Peter Berger：*The Creeping Codification of the New Lex Mercatoria*, 2nd edition, Published by Kluwer Law International, 2010, p.256.

② Klaus Peter Berger：*The Creeping Codification of the New Lex Mercatoria*, 2nd edition, Published by Kluwer Law International, 2010, p.263.

③ www.trans-lex.org,最后访问时间:2011 年 3 月 12 日。

④ Klaus Peter Berger：*The Creeping Codification of the New Lex Mercatoria*, 2nd edition, Published by Kluwer Law International, 2010, p.277.

二、注重对具体领域商人习惯法的实证研究

随着商品经济的发展,商人习惯在一些具体的领域中有了新的发展,典型的代表如国际劳工领域中的 SA8000(Social Accountability,企业社会责任标准)和电子商务领域中《电子商务示范法》等。SA8000 规定了最低的劳工标准,是国际社会对劳工待遇标准进行统一规定的法律规则,最早由美国的社会责任国际协会(Social Accountability International,简称 SAI)根据商人们长期积累的习惯而总结出来的整套最低劳工标准,属于商人习惯法的一部分。它是商人"自治"的结果,便于平衡各方利益,对国际劳工法的统一具有十分重要的意义。SA8000 得到西方发达国家的普遍认同与执行,并逐渐在一些发展中国家,如中国、泰国、印尼、越南等得到承认和适用。《电子商务示范法》是联合国国际贸易法委员会为适应电子商务迅速发展的客观需要,针对世界各国有关电子商务立法的空白和缺漏,在对最初由商人们和技术专家所拟定的电子商务标准或规模进行大量调查研究的基础上,制定出来的供各国进行有关电子商务立法作参考的法律范本。《电子商务示范法》在性质上类似于《国际商事合同通则》的习惯法规则,自颁布以来得到电子商务界以及世界各国的广泛认同,是迄今为止第一部有关电子商务问题的示范法,对世界各国的国内电子商务立法产生了重大而深远的影响,如新加坡、韩国以及我国香港地区的相关立法都照搬了该法的结构、体系以及相关概念的定义,反映了商人习惯法在电子商务领域中的新发展。

由于研究范围的局限性,人们无法得知商人习惯法在具体领域中是如何适用的,以及存在于具体领域中的比较具体的商人习惯法,这在一定程度上造成了商人习惯法在内容上缺乏具体性和明确性。同时,商人习惯法理论与实践的脱节,会导致商人习惯法理论失去进一步发展的动力,因为商人习惯法产生于商事实践,并且在商事实践中获得进一步的发展直至消

亡,实践中商人习惯法的适用情形能够为商人习惯法的研究提供导向,脱离商事实践去研究商人习惯法不仅是不可取的也是不现实的。

笔者认为学者们应加大对具体领域中以及实践中商人习惯法的研究,扩展商人习惯法领域的研究范围。具体如下:

首先,应加大对具体领域中商人习惯法的研究。CENTRAL 对"条约必须遵守"等一般法律原则在实践中的适用情形的调查,在应对"商人习惯法是否包含具体的内容"这一理论争论问题上具有重要的意义。CENTRAL 调查中,我们发现商事实践中,人们选择适用"一般法律原则"的比例往往很高。某些学者也认为商人习惯法主要由一些抽象的一般法律原则组成,缺乏具体内容。诚然,一般法律原则是商人习惯法的重要的组成部分,上文也已提到一般法律原则在商人习惯法领域发挥着重要作用。但是,笔者认为,商人习惯法在内容上不仅仅包括一般法律原则,在一些比较具体的领域仍然存在调整特定领域贸易活动的商人习惯法,如国际石油产业的"lex petrolia"、国际建筑业的"lex constructions"、国际海商领域的"lex maritima"国际体育领域内的"lex sportiva"等等。并且,即使是相同的一般法律原则在不同的领域中也会有不同的涵义。随着商事实践活动的发展,不同领域的商人习惯法会越来越丰富,商人习惯法不仅仅存在于某一国家或者是某一特定领域中,而且存在于整个商贸世界中。各个具体领域中的商人习惯法构成整个商人习惯法的有机组成部分,但是遗憾的是,在当今商人习惯法理论界,很少学者去关注一些具体领域中的商人习惯法。

其次,加大对商人习惯法的实证研究。商人习惯法理论应该从诸如 CENTRAL 调查等各种调查活动中得到有益的启示。当前商人习惯法的研究多集中理论研究,致力于商人习惯法"自治性"的构建,认为商人习惯法具有"灵活性"、"中立性"的特殊优势,因此在商事纠纷中,商人习惯法应完全独立于国内法,作为独立的准据法加以适用。但是,学者们圈囿于象牙塔内的理论构建,往往与实践差别很大。CENTRAL 调查显示,商人习惯法在实践中的适用更为灵活,更多的是作为补充或解释国内法的手段,这与理论上认为的商人习惯法应完全独立于国家法,作为独立的准据法加以适用的观点不相符。当然,这背后的原因可能是多方面的,如人们对商人习惯法的信息与实践方面的缺乏,但是至少我们可以看出,实践中,人们对商人习惯法的态度更加理性,也更加务实。

三、扩大对跨国商法的宣传

CENTRAL 调查显示,很多被调查者在商事活动中之所以不考虑适用商人习惯法,很大程度上并不是对商人习惯法存在教条式的歧视,而是对商人习惯法的了解较少。人们在实践中适用商人习惯法往往建立在对其有一定程度了解的基础上。UNIDROIT 调查结果也从正面证明了人们对商人习惯法的知晓程度往往与商人习惯法在实践中的适用程度密切相关。因此,要使商人习惯法在实践中获得更大程度的适用,必须扩大对商人习惯法的宣传。

商人习惯法的宣传工作是一个系统性的工程,既需要国际组织的努力,如联合国国际贸易法委员会、国际统一私法协会等,也需要个人的努力,如学者以及仲裁员、律师等实务界人士。具体而言,笔者认为可以采取以下几种措施:

首先,可以建立综合性的在线数据库。该数据库所涉商人习惯法的内容应该是综合性的,既包括成文化的商人习惯法,也包括援引商人习惯法的相关案例,还可能包括有关商人习惯法的著作等,让人们对商人习惯法以及商人习惯法在实践中的适用的有一定的了解。并且,数据库中的内容要注意时时更新,以适应不断变化的商事实践。在数据库的建构上,笔者认为,Unilex 和 TransLex 就是很好的范例,对于 TransLex,上文已有所论及,此处不再累赘。

其次,应该鼓励多国语言著作的发表。目前,有关商人习惯法的著作多以英文、法文以及德文等少数几种语言面世,即使是 CENTRAL 的调查问卷也只是采取了德语和英语两种语言形式,这对于不知晓上述几种语言的国家和地区来说,很难获得相关的商人习惯法的信息,不利于商人习惯法在全球的传播。笔者认为,一些国际组织以及上述国际和地区的专家、学者应该做好相关的翻译工作,促进商人习惯法在本地区的宣传,同时,也应加大对本地区商人习惯法适用情形的研究。

四、改革法学教育,增设双语课程和比较法课程

大学教育对于商人习惯法理论的传播及发展具有独到优势。在经济全球化的今天,大学教育应培养学生"全球公民"的意识,开拓学生的国际视野,学生除应掌握本国法的知识外,还要了解外国法的内容,在比较分析的基础上实现二者的对话。笔者认为,双语课程和比较法课程的设置对学生以上素质的培养具有不可替代的作用。

双语课程对于商人习惯法理论的发展发挥着重要作用。商人习惯法天生具有国际化的倾向,适用于国际商事活动,商人习惯法在编纂的过程中需要综合协调不同法系的相关规定,仲裁员在适用商人习惯法的过程中也需要了解多国法律规则和法律文化。双语课程能够为"进一步学习、研究外国法或国际法,为跨国法律实践打下坚实的基础"。[①] 值得注意的是,双语课程必须明确外语、专业外语及法律三者之间的关系。

同双语课程一样,比较法课程也在商人习惯法的适用及编纂过程中发挥着重要作用。在论及比较法的功能时,有学者认为,比较法在"深化法的认识与扩大法学视野"、"确认法的发展趋势"、"认识各法律秩序的共同基

[①] 王瀚:《法学教育研究》(第二卷),法律出版社 2010 年版,第 219 页。

础与确定理想类型"等方面发挥着重要作用。① 由于政治、经济、文化等因素的影响,不同国家法律语言的表述形式具有多样性,然而多元的表述背后往往存在共同的基础或者有着共同的价值目标追求。"从长远看,我们不能满足于这样一种统一法律的方法;其结果是增生了零碎不全的各个单独规则,而忽视了这些规则的共同基础。"②经编纂的商人习惯法应该最大程度反映不同法系的需求,因此,比较法在商人习惯法的编纂过程中发挥着重要的作用。另外,比较法也对学者以及司法工作者提出了更高的要求,要求人们进行全面的法律思考,在世界范围内找到一个比较好的解决问题的方法,这点在处理全球化的商事交易方面具有更为重要的意义。

五、跨国商法在我国的适用现状及建议

我国无论在立法上还是在学界都还没有跨国商法的称谓。学界对 Lex Mercatoria 或 Law Merchant 的翻译存在很大区别,赵秀文译为"商人习惯法",韩健译为"商法",李泽锐译为"国际商事法",徐国建、左海聪、郑远民等译为"商人法",对于 Mordern Lex Mercatoria,郑远民将其译为"国际商事习惯法",并认为其已经发展成为一个相当独立于国内法的新的法律部门。③

我国对商人习惯法理论的研究起步较晚,但对商人习惯法的研究从未中断过。早期的学术著作,如徐国建的《现代商人法论》,对商人习惯法的概念、性质、渊源、效力以及我国有关商人习惯法的理论与实践等问题进行了系统的研究,认为商人习惯法是一个混合法源的法律部门,构成该法律

---

① [日]大木雅夫:《比较法》(修订译本),范愉译,法律出版社 2006 年版,第 67～70 页。

② [德]K.茨威格特、H.克茨:《比较法总论》,潘汉典等译,法律出版社 2003 年版,第 35～39 页。

③ 郑远民:《国际商事习惯法发展趋势研究》,湖南人民出版社 2010 年版,第 24 页。

部门的法律规范主要包括国际贸易惯例、一般法律原则以及一般交易条件等方面;黄进、胡永庆的《现代商人法论——历史和趋势》把商人习惯法定义为调整国际商事交易的不依属于国内法律制度的具有跨国法性质的规范体系,商人习惯法在性质上作为一个自治的法律体系,不一定就要是完善的和自满自足的法律体系;郑远民的《现代商人法研究》是系统研究商人习惯法的著作,对商人习惯法的产生背景、性质、渊源、法律性质以及商人习惯法在国际商事仲裁中的适用进行了探讨,对我国商人习惯法理论的研究具有深远的意义。近期,系统研究商人习惯法的著作,如郑远民的《国际商事习惯法发展趋势研究》,对商人习惯法的发展现状,国际合同、国际劳工以及电子商务等领域商人习惯法的新发展,司法实践中商人习惯法的新发展以及商人习惯法统一化、法典化的发展趋势等对商人习惯法理论的最新发展进行了探讨,对商人习惯法理论进一步的发展具有重要的启示作用[1];左海聪的《试析〈国际统一私法协会国际商事合同通则〉的性质和功能》,通过具体实例比较详尽、全面地探讨了《通则》的性质以及多元化的功能[2],这对于具体形式商人习惯法的研究具有重要的指导意义;姜世波的《当代商人习惯法理论的发展述评》一文,介绍了20世纪90年代以来商人习惯法发展的新趋势,并认为当下商人习惯法发展已进入第三阶段,即"崭新的新商人习惯法"阶段,为商人习惯法的发展注入了新鲜的血液[3]。

(一)我国跨国商法的适用现状

改革开放以来,随着国际贸易的全面以及深入的发展,我国立法以及司法实践对商人习惯法采取了逐步接受的态度。从《仲裁法》中统一规定仲裁员应该"公平合理"地根据法律规定进行裁决到我国现行的两套《仲裁规则》,即《中国国际经济贸易仲裁委员会仲裁规则》和《中国海事仲裁委会

---

[1] 郑远民:《国际商事习惯法发展趋势研究》,湖南人民出版社2010年版,第24页。

[2] 左海聪:《试析〈国际统一私法协会国际商事合同通则〉的性质和功能》,《现代法学》,2005年第5期。

[3] 姜世波:《当代商人习惯法理论的发展述评》,载《时代法学》2011年第9卷第2期。

仲裁规则》,中明确规定仲裁庭应"参考国际惯例",再到我国《合同法》第125条要求仲裁庭应根据"交易习惯以及诚实信用原则"确定合同条款的真实意思,可以认为它们体现了我国立法上对商人习惯法的逐步接受。另外,其他法律法规以及司法解释中也间接或直接的承认商人习惯法的适用,如《中华人民共和国民法通则》第142条,《海商法》第268条,票据法第96条,《民用航空法》第184条和190条,都承认国际惯例在中国缔结或参加的国际条约或者国内法缺位时,可以用国际惯例来补充法律上的漏洞;一些司法解释,如《关于适用〈涉外经济合同法〉若干问题的解答》的相关规定;一些仲裁组织的仲裁规则,如《中国国际经济贸易仲裁委员会仲裁规则》第53条,《中国海事仲裁委员会仲裁规则》第57条等等,也都有类似的规定。

司法实践中,总体而言商人习惯法在我国主要是与国内法结合起来适用,适用的领域主要存在于商事仲裁领域。在我国的司法实践中也存在不少适用商人习惯法的案例。几个典型案例,如仲裁领域如电解铜买卖合同争议仲裁案(本案中《2000年国际贸易术语解释通则》与我国法律结合适用),羊毛买卖合同争议仲裁案与货物销售合同争议仲裁案(两案中《联合国国际货物销售合同公约》与我国法律结合适用)[1];诉讼领域如塞勒姆街北美有限责任公司诉上上不锈钢管有限公司案(该案中 CISG 公约的适用),白刚玉买卖合同纠纷案(该案中法院对贸易术语的解释以及对 CISG 公约的适用)[2],这些案例对商人习惯法在我国的进一步适用都具有很大的指导意义。

(二)我国商人习惯法适用情形的启示

虽然,我国立法以及司法实践对商人习惯法逐步接受,但是对待商人

---

[1] 中国国际经济贸易仲裁委员会,http://cn.cietac.org/,最后访问时间2011年4月9日。

[2] UNILEX 数据库,http://www.unilex.info/,最后访问时间2011年4月9日。

习惯法的态度仍然比较谨慎,商人习惯法在我国的适用范围以及适用顺序都存在很大的限制,与商人习惯法适用比较发达的国家相比,我国商人习惯法所涉及的领域仍然比较狭窄。

目前,我国只明确了商人习惯法规则中的"国际惯例"和"国际公约"的法律地位,并且能够得到承认的"国际公约"只限于我国所缔结的公约。根据我国法律规定,"国际惯例"只具有准法律性质的补充性规范,即必须是在我国法律和我国缔结的国际公约没有规定的情况下,才能考虑适用"国际惯例"。

而且,我国法律法规以及相关司法解释中,对商人习惯法的适用一直没有采常明确而直接的方式,大多数立法都是通过"国际惯例"以及"公平""诚实信用"等一般法律原则来间接表明对商人习惯法的认同,这种表述本身过于模糊,并且对商人习惯法的概述过于狭窄,在具体实践中很容易引起商人习惯法适用上的争议,不利于商事贸易的发展。

首先,我国可通过立法形式对商人习惯法的适用进行明确的规定。我国有些学者已就此进行了积极的尝试,如针对1994《仲裁法》,黄进、宋连斌等修改建议稿中增设"国际商事仲裁的特别规定"一章,其中第80条第1款明确规定:"仲裁庭应当适用当事人选择的法律或法律规则对争议予以裁决。当事人未作选择的,则适用仲裁庭认为适当的法律或法律规则。"这里的"法律规则"仿效了国际社会的通常做法,为商人习惯法的全面适用留有余地。当然,考虑到法律的稳定性,对于大多数既存法律法规,笔者认为可以通过法律解释的方法厘清应适用的法律。

其次,法院对仲裁的监督必须适度,不能过分干预当事人对争议所作的自主安排,包括当事人选择适用商人习惯法规则。商事仲裁因其"便捷"、"公平"的特点,构成适用商人习惯法的主要领域,商事仲裁中商人习惯法的适用情形对整个商人习惯法的适用具有重要的影响。但是,在我国,由于长期受计划经济体制的束缚,缺乏当事人意思自治的司法传统,法院在对仲裁裁决的监督,往往片面追求实体公正或坚持"以事实为根据,以法律为准绳"的原则,导致对仲裁裁决的监督有时显得很不适合,我国司法实践中也存在因适用商人习惯法而拒绝承认和执行的情形。因此,我国法院对仲裁裁决的监督应主要从程序上进行监督,在认定裁决是否违反社会公共利益时应谨慎,除非裁决所适用的商人习惯法构成重大违反社会公共利益,则不宜拒绝承认与执行。

最后,司法实践中,法院及仲裁庭等应更多适用比较成熟的商人习惯法规则,如 CISG 公约和 UNIDROIT 通则等。因为 CISG 公约和 UNIDROIT 通则等比较成熟的商人习惯法规则,已经得到国际社会大多数国家的认可,不但可以妥善解决争议,而且也符合国际做法,我们可以先从适用 CISG 公约和 UNIDROIT 通则等比较成熟的商人习惯法规则开始,总结出商人习惯法适用的心得,摸索出符合我国国情的商人习惯法适用方式。

总之,笔者认为,在经济全球化背景下,我国应以更加宽容的态度接受商人习惯法,从商人习惯法发展比较成熟的领域进行适用,不仅要注重维护我国在具体案件中的利益,而且更应立足维护我国的长远利益。

图书在版编目(CIP)数据

跨国商法研究:理论、编纂与适用/姜世波著. —厦门:厦门大学出版社,2014.10
(法意文丛)
ISBN 978-7-5615-5211-7

Ⅰ.①跨…　Ⅱ.①姜…　Ⅲ.①国际商法-研究　Ⅳ.①D996.1

中国版本图书馆 CIP 数据核字(2014)第 207847 号

厦门大学出版社出版发行

(地址:厦门市软件园二期望海路 39 号　邮编:361008)

http://www.xmupress.com

xmup @ xmupress.com

厦门市金凯龙印刷有限公司印刷

2014 年 10 月第 1 版　2014 年 10 月第 1 次印刷

开本:720×970　1/16　印张:16.5　插页:2

字数:287 千字　印数:1~1 500 册

定价:39.00 元

本书如有印装质量问题请直接寄承印厂调换